*E*valuation Report of Investor
*P*rotection of NEEQ Companies 2016

会计与投资者保护系列丛书

Series of Research on Accounting-based Investor Protection

中国新三板公司投资者保护评价报告 *2016*

谢志华 张宏亮 王力军 王久立 等/著

中国财经出版传媒集团

经济科学出版社

Economic Science Press

本报告系北京市教委创新团队项目"投资者保护的会计实现机制及其效果研究（IDHT20140503）"以及北京华财会计股份有限公司专项项目的研究成果，同时得到北京工商大学国有资产管理协同创新中心项目（GZ20130801）、北京市科技成果转化和产业化项目（市属高校创新能力提升计划项目）（PXM2013_014213_000099）、国家社科基金重大项目（14ZDA027）、国家社科基金重点项目（14AJY005）、国家社会科学面上项目（11BGL022）、北京市社科基金项目（13JGB056）、财政部会计名家培养工程支持项目（财会〔2014〕25号）、北京市教师队伍建设——青年拔尖项目（市级）（PXM2016_014260_000004_00205779_FCG）等的资助，在此表示衷心的感谢。

北京工商大学商学院
投资者保护研究中心（http：//bhzx.btbu.edu.cn）
北京工商大学中国创业投资研究中心
华财新三板研究院

前　言

本报告是我们首次发布中国新三板公司投资者保护指数（HNPI）。

投资者保护是我国资本市场的重中之重。我国资本市场发展的目标和方向是建立多层次的资本市场，从 2012 年到 2016 年，连续 4 年的《政府工作报告》中都强调发展多层次资本市场的重要性。新三板作为我国多层次资本市场的重要组成部分，其投资者保护能力关系到新三板的健康发展，也关系到多层次资本市场的完善与成熟。进行新三板公司投资者保护能力研究与评价，具有重要意义。

新三板作为多层次资本市场体系中的重要一环，主要为创新型、创业型、成长型中小微企业提供服务，在新三板挂牌的企业代表着中国经济的未来。但是，相比于主板相对成熟的上市公司，新三板挂牌公司普遍存在较大的风险和不确定性，信息的不对称程度也较高，有效的公司治理与会计信息质量在保护投资者利益方面发挥着基础性作用。投资者保护的核心是保证投资者的知情权、决策权与收益权，并最终保障投资者的投资价值。新三板公司投资者保护的目标也在于此，但在实现路径上有其特殊之处。特殊性之一体现在其挂牌采取注册制，融资方式、融资时点、融资规模、融资过程、融资价格的决定权都交予市场，需要有完善的外部市场治理机制、监管机制、信息披露机制和公司治理机制以保护投资者利益；特殊性之二体现在挂牌公司规模小、成长快，大部分处于创业及发展阶段，收益能力较低，所以投资者保护的重点不是只关注其盈利能力的高低，而应更多关注成长能力的大小，投资者更多期望在挂牌公司的成长中分享其成长价值；特殊性之三体现在挂牌公司的创新能力之上，新三板挂牌公司大多为中小型、科技型、创新型公司，其成长中技术性、人力性、管理性投入较多，其成长除了依赖市场之外，更多依赖创新、研发、人力资本等的推动作用，以及由这些投入所带来的增长潜力。

公司利用治理机制与信息披露，在法律规范机制、社会规范机制和市场机制的协同作用下，通过事前逆向选择规避、事中决策与控制、事后背德惩戒，在不同层面上保护公司价值、股东价值，并最终保障投资者的投资价值。成长是公司价值增值最直接的体现，良好的公司治理和管理能力有利于公司健康成长，提升公司价值，从而最终保护投资者利益。健全的投资者保护是一种制度保障，使投资者和企业均形成一种稳定的良性预期，有利于降低资本成本，投资者愿意主动提供资金，企业获得更多的创新资金，并将其投入创新项目。

基于以上思想，我们形成了包括公司治理、成长能力和创新能力的新三板投资者保护理论框架，并建立了中国新三板公司投资者保护指数体系。通过对新三板公司的公司治理、成长能力和创新能力进行评价，揭示新三板公司投资者保护能力和水平，提升投资者保护透明度，让市场机制发挥决定性作用，并逐渐形成投资者保护的社会规范。

本指数的完成凝聚了"会计与投资者保护"创新团队的大量心血。团队负责人谢志华教授提出总体思路、总体框架和总体方法，并对指标和数据进行仔细审核；学科带头人杨有红教授提供了重要的理论支持和技术指导；王峰娟教授、穆林娟教授、张宏亮副教授、王力军副教授、粟立钟博士等中青年骨干教师参与了指数讨论工作，北京工商大学的硕士生进行了数据采集与处理。本报告第一章由张宏亮副教授和王力军副教授共同编写完成；第二、三章由张宏亮副教授编写完成；第四、五章由王力军副教授编写完成。北京华财会计股份有限公司董事长王久立先生、董事会秘书杨孟怡女士和谢彩女士等为本指数报告的编制提供了重要指导和各方面的支持。本报告的最终面世归功于超过30人在6000个小时的全心投入，在此难以一一列举，特向他们致以深深的谢意。

我们的工作得到了北京工商大学商学院院长王国顺教授、党委书记欧阳爱平教授的大力支持与鼓励，以及商学院副院长孙永波教授、杨浩雄教授和毛新述教授的指导与协助，在此一并致以诚挚的谢意。

欢迎广大读者提出宝贵意见和建议。意见和建议可反馈至 bhzx@ btbu. edu. cn，新三板投资者保护指数电子版可以在投资者保护中心网站下载(http：// bhzx. btbu. edu. cn)。

目 录

第一章

中国新三板公司投资者
保护指数系统

一、新三板公司的投资者保护：理论基础

　　投资者保护是我国资本市场的重中之重。我国资本市场发展的目标和方向是建立多层次的资本市场，从2012年到2016年，连续4年的《政府工作报告》中都强调发展多层次资本市场的重要性。新三板作为我国多层次资本市场的重要组成部分，其投资者保护能力关系到新三板的健康发展，也关系到多层次市场的完善与成熟。进行新三板公司投资者保护能力研究与评价，具有重要意义。在新三板公司的投资者保护能力中，治理能力、创新能力与成长能力是其重要的组成。

　　我们认为，投资者保护的核心是保证投资者的知情权、决策权与收益权，并最终保障投资者的投资价值。新三板公司投资者保护的目标也在于此，但在实现路径上有其特殊之处。特殊性之一体现在其挂牌采取注册制，融资方式、融资时点、融资规模、融资过程、融资价格的决定权都交予市场，需要有完善的外部市场治理机制、监管机制、信息披露机制和公司治理机制以保护投资者利益；特殊性之二体现在挂牌公司规模小、成长快，大部分处于创业及发展阶段，收益能力较低，所以投资者保护的一个方面不是其盈利能力的高低，而是成长能力的大小，投资者更多期望在挂牌公司的成长中分享其成长价值；特殊性之三体现在挂牌公司的创新能力之上，新三板挂牌公司大多为中小型、科技型、创新型公司，其成长中技术性、人力性、管理性投入较多，其成长除了依赖市场之外，更多依赖创新、研发、人力资本等的推动作用，以及由这些投入所带来的增长潜力。

（一）公司治理、透明度与投资者保护

　　公司通过治理机制与信息披露，在法律规范机制、社会规范机制和市场机制的

协同作用下，通过事前逆向选择规避、事中决策与控制、事后背德惩戒，在不同层面上保护公司价值、股东价值，并最终保障投资者的投资价值。

投资者保护"三层价值"目标。投资者的投资价值不是抽象的、普适的，而是在特定语境、特定时间与空间下的具体价值。从中国企业与资本市场发展来看，我们所要保护的投资者的投资价值是有层次、有侧重的。相应的，投资者保护的价值目标也是一个具体的、分层的体系。从保护的价值享有主体来看，表现为企业价值与股东价值。企业价值是基础，是投资者保护的第一层价值。但是在两权分离的环境下，会出现第一级代理关系，即股东与经理两个利益层的委托代理关系（Jensen and Meckling，1976），并出现堑壕效应（entrenchment effects）（Morck et al.，1988），经理层为了自身利益的最大化可能损害股东价值，因而在第一级代理关系存在的情况下，会出现企业价值保护与股东价值保护不一致现象，进而引出投资者保护的第二层价值——股东价值。在资本市场与股东分散化条件下，主要的代理问题出现了大股东与中小股东间的利益冲突，大股东通过"掏空"侵害中小股东利益（La Porta et al.，2002；Dyck and Zingales，2004；Cheung，2006），从而出现第二级代理关系，大股东与中小股东之间的利益冲突，所以控制权分散的资本市场条件下投资者保护的另一个重要方面是保护中小股东价值，即投资者保护的第三层价值。

公司治理与信息披露机制在保护股东价值上有三个基本路径：事前逆向选择规避、事中决策与控制、事后背德惩戒。从事前来看，公司治理功能体现为逆向选择规避与市场资源配置。在两权分离条件下，外部投资者与企业之间形成一个柠檬市场，从新三板公司来看，存在股东与管理层、大股东与小股东、大机构与中小投资者之间的信息不对称，包括信息源不对称、信息的时间不对称和信息的数量不对称（蓝文永，2009），这种信息不对称引发的"逆向选择"将会导致市场失败（Akerlof，1970）。从投资者角度来看，获得及时、充分、可靠的信息能够降低信息不对称，提高投资者对公司价值与风险估计的精度，降低其投资失误的概率。这是公司治理降低事前代理成本，而起到投资者保护功能的最基本表现。从市场层面来看，高质量信息披露能缓解市场的信息不对称，将公司内部信息转化为外部信息，以控制可能的逆向选择（Scott，2003），防止出现"劣币驱逐良币"的现象，促进资源的合理配置及投资者与企业间的良性互动。

从事中来看，公司治理具有决策与控制价值。企业的主要决策有管理控制决策与财务决策。公司治理机制本身包括决策监督与制衡，信息披露是决策的基础。企业的本质是一种市场配置要素资源的替代，是短期契约的长期化，是平等要素提供主体的层级化与权威化（Coase，1937），这个契约表现为不完备契约（Cheung，1983）和隐性契约（陈冬华等，2008）。基于管理层经验、偏好与个人价值的管理控制决策与财务决策更多体现了隐性契约与不完备契约的特点。这种不完备契约的执行可以填补正式契约的不足，但也会形成对契约双方原定契约目标的偏离与扭曲。通过公司治理与信息披露可以降低代理成本，提升契约效率，提高事中决策的有效性。治理的本质表现为企业组织体系中各相关的平等利益主体之间的相互制衡和各科层权力主体依上而下的监督（谢志华，2009）。从监督来看，会存在监督权力外溢现象（陈冬华等，2008），组织内部会通过声誉机制、组织压力、自律机制和非正式沟通实现对正式监督制度的替代；从制衡来看，其发挥作用的条件是具有同一平行层次的不同主体，它们分别有各自的利益诉求，一个主体的不作为或非组织目标行为会损害另一主体的利益。制衡的运行更多基于平等主体的利益冲突、基于"三个和尚没水吃"的行为效应及非正式组织的社会规范效应。

从事后来看，通过治理与信息披露会创造一种市场化的管理层或大股东背德的声誉机制与惩戒机制（Dyck and Zingales，2004；向凯和陈胜蓝，2007；崔学刚，2011），表现在资本市场、经理人市场与产品市场，透明而高质量的信息、有效的公司治理能够降低外部投资者的信息风险与投资风险，并降低公司的股权与债务融资成本；失败的投资与运营、低下的经营业绩更可能引起高管的更换；公司治理能力的提升也会显著提高公司价值（李维安等，2003），等等。这些机制又会进一步反馈到事前与事中机制上来，强化了治理与信息披露的投资者保护功能。

（二）企业成长与投资者保护

20世纪80年代中期以来，新增长理论（new growth theory）的兴起极大地丰富和发展了经济增长理论，它强调物质资本积累、人力资本积累和政府公共资本对技术进步和经济增长的促进作用（Romer，1986；Lucas，1988；Barro，1990）。从微观角度而言，企业成长也是不断挖掘未被利用资源的无限过程，成长是企业价值的主要来源（Penrose，1959）。以彭罗斯（Penrose，1959）为代表的资源基础观学者将企业视作由一系列生产性资源组成的集合，认为企业成长就是企业生产性资源的增加和利用能力的增强。企业能力决定了企业成长的速度、方式和界限。管理活动就是试图最有效地利用企业所拥有的各种资源，是影响企业成长的基本因素。

投资者保护是公司治理的核心（Shleifer and Vishny，1997），而公司治理又是企业管理能力的制度基础。从控制层级来看，公司治理分为股东大会、董事会、管理层三个层次。股东作为公司的所有者，可以通过股东大会投票选举出代表股东利益的董事会成员，再由董事会遴选出具备相应管理能力的管理者。股东大会和董事会作用发挥得越充分，管理层能力发展的空间越大，管理者也更能够从股东利益的角度考虑问题，从而做出最大化公司价值的各种决策。成长是公司价值增值最直接的体现，良好的公司治理和管理能力有利于公司健康成长，提升公司价值，从而最终保护了投资者利益。

（三）企业创新与投资者保护

现代经济增长理论表明，技术进步和知识积累是决定经济增长的关键因素（Romer，1990），而研究与开发等创新活动则是技术和知识积累的主要源泉。创新也是国家发展命运所系。党的十八大提出建设创新型国家的战略目标，2016年发布的《国家创新驱动发展战略纲要》指出创新要成为引领发展的第一动力。我国经济发展进入新常态，传统发展动力不断减弱，粗放型增长方式难以为继，必须依靠创新驱动打造发展新引擎，培育新的经济增长点，持续提升我国经济发展的质量和效益，开辟我国发展的新空间，实现经济保持中高速增长和产业迈向中高端水平"双目标"。

施莱弗和维什奈（Shleifer and Vishny，1997）指出，公司治理的本质是如何保护投资者，使其获得理应获得的回报。因此，投资者保护的核心就是建立一套良好的公司治理机制。党印和鲁桐（2012）认为，公司治理是平衡股东、董事会和管理层等利益相关者关系的一套制度安排，其最终目的是提升企业效率和企业价值，实现企业长远发展并以此保护投资者利益。由于创新是任何企业保持长期竞争力的核心条件，因此良好的公司治理应以创新和价值创造为导向。泰莱科特等（Tylecote et al.，1998）也指出，企业技术创新的权、责、利配置是在公司框架内运作的，公司治理机制对技术创新的投入、利益分配和权力配置具有决定性的影响。贝洛克（Belloc，2012）认为，公司治理是企业技术创新的制度基础。从企业内部来看创新取决于个体是否投资于某创新项目，如何将他们的人力资本和物质资本整合到企业里，而这些均是由公司治理结构或机制决定的。由于创新是企业随着时间推移改善其绩效并取得长期成功的重要因素，公司治理体制决定着公司中谁有权做出投资决策、做出何种投资决策以及如何分配这种投资所产生的收益，因此公司治理对企业创新发挥着重要的影响作用。希勒等（Hiller et al.，2011）也认为，有效的内部治理机制和外部治理环境是促进技术创新的重要因素，并且从国别层面看公司治理、法律环境和金融体系的差异可以解释国家间的创新差异及经济增长的差异。可见，公司治理是影响技术创新的重要因素。良好的公司治理能使企业平衡短期目标和长期目标，有利于企业建立起创新的长效投入机制。

此外，创新具有风险和不确定性，若没有一定的制度保障，就不会有足够的创新投入。从投资者的角度看，良好的投资者保护是一种潜在需求（LLSV，1997；

2000）。如果投资者权利保护机制存在缺陷，企业在创新失败后不能合理有序地弥补投资者的损失，投资者将排斥企业的创新行为，拒绝为其提供资金。反之，如果企业的创新项目得不到实施，从长期来看投资者也将无法获得高收益。从企业的角度来看，只有创新才能获得垄断利润，企业也希望能够开展创新项目，提升企业价值（Kamien and Schwartz，1975；Belloc，2012），这同样需要以保护投资者权益为前提。总体而言，健全的投资者保护是一种制度保障，使投资者和企业均形成一种稳定的良性预期，有利于降低资本成本，投资者愿意主动提供资金，企业获得更多的创新资金，并将其投入创新项目。鲁桐和党印（2015）直接用一国法律对投资者权利的保护指数衡量企业面临的投资者保护环境，分析了 194 个国家 1996 ~ 2010 年的非平衡面板数据，发现一国法律对投资者权利保护越好，技术创新的资金投入越大，每百万人中研发人员数量越多，以专利形式衡量的创新产出也越多。说明投资者保护确实是企业创新的制度基础。

二、新三板企业的投资者保护：评价指标体系

治理、成长与创新能力是新三板公司投资者保护的基础，其投资者保护功能的发挥具有复杂的机制与路径，如何通过设立指标来评价一个新三板公司的投资者保护程度，是一个难点问题。从新三板公司的实际及其本身特征，可以设立指标，对其投资者保护能力进行评价。根据本章第一部分的论述，我们从三个方面设立指标体系，并开展评价。

（一）会计信息质量指标

会计信息质量指标设置了可靠性、治理及治理信息披露、财务信息披露三个方面的指标。

1. 可靠性

可靠性主要通过盈余管理（ACCU）、审计质量和年报编制质量三个方面的指标来衡量。具体分析如下：

（1）盈余管理（ACCU）。

我们使用应计利润分离法以测试盈余管理，把应计总额分解为操控性应计利润和非操控性应计利润，并假定非操控性应计利润随经济环境的变化而变化。分行业估计并且采用线下项目前总应计利润作为因变量估计特征参数的基本 Jones 模型和 KS 模型最能有效揭示出盈余管理，考虑到模型的普通适用性，我们采用基本的

Jones 模型来测度新三板公司的盈余管理程度。

$$TC_i = \alpha_0 + \alpha_1 \cdot \Delta REV_i + \alpha_2 \cdot PPE_i + \varepsilon$$

其中 TC 是公司当年的总应计，等于净利润减去经营活动的现金流量，ΔREV 是营业收入本年相对上年的增量，PPE 是公司当年年末的固定资产净额。以上三个指标都除以公司上年末的总资产，以实现指标的标准化。模型的残差 ε 是代表盈余管理程度，正值代表向上的盈余管理，负值代表向下的盈余管理。我们以残差 ε 的绝对值代表盈余管理程度，ε 值越大，则公司的盈余可靠性越低。

（2）审计质量。

审计质量采用 0、1 打分法进行评价。审计质量高低直接影响公司会计信息质量的高低。第一个指标是年报审计意见，这是一个直接的变量，若公司年报审计意见是标准无保留意见，则公司得 1 分，若为带强调事项段的保留意见，则该项得分为 0.5，若为保留意见，则该项扣 1 分，若为否定或无法表示意见，则会计信息质量整体得分为 0。第二个指标是观察新三板公司聘请的会计师事务所是否为国内十大会计师事务所，若为国内"十大"所，则审计质量较高（张宏亮，文挺，2016），得 1 分。第三个指标为公司当年是否变更会计师事务所，若未变更，则得 1 分。

（3）年报编制质量。

年报编制质量采用 0、1 打分法进行评价。年报编制质量的第一个指标是看年报的披露时间，一般来看，披露时间越早，则会计信息质量越高（程小可等，2004），因此用是否在 3 月底前披露年报评价（是则得 1 分，否则得 0 分）。第二个指标看是否有年报重述，公司披露当年年报后，无论是由于交易机构要求还是自身发现问题进行主动的重述，都认为是低质量的表现（没有年报重述得 1 分，有年报重述得 0 分）。第三个指标是当年是否变更了年报披露的预约时间，预约时间的变更，往往意味着有较低的年报编制质量，得 0 分，若没有变更，得 1 分。

2. 治理和治理信息披露

治理及治理信息披露主要从风险信息披露、股东与控制人披露、重要事项披露、董监高及核心人员信息披露、内部控制及信息披露、其他信息披露（是否实行做市商交易、是否披露知识产权取得或拥有的数量）六个方面进行评价（具体指标见表 1-1），这个指标中大部分（仅有内部控制披露采用 0~1 连续打分法进行评价）采用 0、1 打分法进行评价。

3. 财务信息披露

财务信息披露主要从管理费用明细披露、营业外支出项目明细、支付其他与经营活动有关的现金明细、主要报表项目的异常情况及原因说明、关联交易定价原则五个方面进行评价，全部采用0、1打分法进行评价。

表1-1 治理及治理信息披露评价指标

类别	指标	评分方法
风险信息披露	分析风险影响程度时是否采用定量形式	是1，否0
重要事项披露	有无重大诉讼仲裁事项	是1，否0
	是否为股东、实际控制人及其关联方提供担保	是1，否0
	是否有被查封、扣押、冻结或者被抵押、质押的资产	是1，否0
	公司高管股东控制人有无被处罚的情况	是1，否0
	公司报告期内关联方交易是否存在	是1，否0
	公司报告期内关联方交易是否重大	是1，否0
	是否存在自愿披露的重要事项	是1，否0
股东与控制人披露	是否披露实际控制人结构图	是1，否0
	是否披露控股股东（控制人）的教育和职业经历	是1，否0
董监高及核心人员信息披露	董事会是否设立专门委员会	是1，否0
	是否设置独立董事	是1，否0
	是否披露公司治理的机制或制度	是1，否0
	是否有高管（或核心技术人员）简历披露	是1，否0
内部控制及信息披露	是否建立内部控制体系	是1，否0
	是否有内部控制缺陷披露	是1，否0
	内部控制披露篇幅	0~1连续评分
	内控得分	是1，否0
	年度报告重大差错责任追究制度	是1，否0
	是否披露五分开情况	是1，否0
	是否实现五分开	是1，否0
	是否披露监事会对内部控制及监督事项的审计意见	是1，否0
其他	是否实行做市商交易	是1，否0
	是否披露知识产权取得或拥有的数量	是1，否0

（二）成长能力评价指标

企业成长的目标是实现规模的持续扩张，由小企业变为大企业。在对企业规模扩张的评价方面，国内外学者的观点基本是一致的（Hoy et al.，1992；Barkham et al.，1996；Delmar，1997；Ardishvili et al.，1998；Davidsson and Wiklund，2000；Frederic Delmar et al.，2003；张维迎等，2005；邹爱其，2005）。企业成长是量的成长和质的成长相结合的过程。其中，量的成长主要包括企业资源增加、盈利增长、销售额和人员规模扩张等；质的成长是指企业经营资源的性质、结构和支配主体的革新。由于量的成长更容易识别和衡量，所以企业的销售额增长、产品种类增加、雇员人数增加、总市值增长等指标经常被用来衡量企业成长。

根据上述分析，我们从收入、利润、资产和资源四个维度选取指标，对新三板公司的成长能力进行评价。具体指标如下。

（1）收入维度指标。

- 营业收入增长率

营业收入增长率 =（本年度营业收入 − 上年度营业收入）/上年度营业收入

（2）利润维度指标。

- 净利润增长率

净利润增长率 =（本年末净利润 − 上年末净利润）/上年末净利润

（3）资产维度指标。

该维度选取了两个指标，一个是总资产增长率，另一个是股东权益（净资产）增长率。

- 总资产增长率

总资产增长率 =（本年末总资产 − 上年末总资产）/上年末总资产

- 净资产增长率

净资产增长率 =（本年末净资产 − 上年末净资产）/上年末净资产

（4）资源维度指标。

上述指标度量的是企业物质资本的扩张程度。除了物质资本，人力资本也是企业非常重要的资源。新三板公司大多数是创新型企业，人力资本在企业发展和成长过程中更是发挥着重要作用。我们选择员工人数增长率来度量企业人力资本的成长。

- 员工人数增长率

员工人数增长率 =（本年末员工总数 − 上年末员工总数）/上年末员工总数

（三）创新能力评价指标

企业创新表现在不同方面，主要分为创新投入和创新产出。参照罗默（Romer，

1990)、约翰和威廉姆斯(Jones and Williams, 1998)、朱恒鹏(2006)、吴延兵(2007)、麦德逊(Madson, 2008)、安同良等(2009)、陈林和朱卫平(2011)、郝颖等(2014)的研究,我们分别从创新投入和创新结果两个层面来评价新三板公司的创新能力。具体指标如下。

(1)创新投入指标。

企业创新需要依赖在创新活动方面的投资,这主要表现为企业的研发支出;人才是经济社会发展的第一资源,是创新的根基("十三五"国家科技创新规划,2016),R&D活动需要作为知识和技能载体的人力资本投入(安同良等,2009)。根据杰斐逊(Jefferson, 2004)、吴延兵(2014)、鲁桐和党印(2015)的研究,我们选择研发支出强度和研发技术人员占比两个指标来度量企业的创新投入。

- 研发支出强度

$$研发支出强度 = 本年度研发费用/本年度营业收入$$

- 研发科技人员占比

$$研发技术人员占比 = 研发技术人员/员工总数$$

(2)创新结果指标。

鲁桐和党印(2014)认为,企业的技术创新产出通常用专利数量、专利的引用率、新产品的数量或新产品的销售收入等来度量。但是,由于新三板公司在这些方面的信息披露均不充分,无法使用这些指标来评价新三板公司的创新结果。另外,根据张和林(Cheung and Lin, 2004)及佩索(Pessoa, 2005)的研究,用专利数量来衡量创新产出时可能存在以下两方面的缺陷:一是不同专利的技术含量不同,包含的价值也差别很大;二是一些企业可能不会将其创新成果申请专利。原因是担心泄密,或者要在专利保护期限结束后公布其技术,这又可能使其丧失市场垄断权利。

企业的无形资产中包括了技术型资产,如专利权、软件和专有技术等;对企业实体来说,无形资产是体现其创新及可持续发展能力的重要资产,尤其是专利权、商标权等知识产权,关乎企业是否具有核心竞争力这一生存之本(崔也光、赵迎,2013)。企业在市场上竞争依靠的是产品或服务,根据波特的差异化竞争理论,只有产品或服务比竞争对手更好,或者有非常独特之处,企业才能在竞争中处于优势地位。这种差异化很大程度上需要创新才得以实现,在经营过程中则反映为企业的毛利率较高。

基于上述分析,我们选择无形资产增长率和毛利率来度量企业的创新结果。

- 无形资产增长率

$$无形资产增长率 = (本年末无形资产额 - 上年末无形资产额)/上年末无形资产额$$

● 毛利率

毛利率＝（本年度营业收入－本年度营业成本）/本年度营业收入

根据以上分析，本评价系统的指标体系如表1－2所示。

表1－2　　　　　　　　会计与投资者保护评价指标体系

一级指标	二级指标	三级指标	四级以下（略）
新三板公司投资者保护质量	会计信息质量	可靠性 治理及信息披露 财务信息披露	
	成长能力	收入维度 利润维度 资产维度 资源维度	
	创新能力	创新投入 创新结果	

三、评价指标权重的确定

我们选择使用 AHP 方法确定评价指标体系的权重。在经济、管理、环境、社会等学科的评价与评估研究中，特别在对目标对象进行综合评价过程中，常常需要确定指标体系中各指标的权重，AHP 方法是常用的权重确定方法之一。

美国运筹学家、匹兹堡大学教授萨迪（T. L. Seaty）提出了著名的层次分析法（The Analytic Hierarchy Process，AHP）。这是一种定性和定量相结合、系统化、层次化的分析方法。AHP 从本质上讲是一种思维方式。它把复杂问题分解成各个组成因素，又将这些因素按支配关系分组形成递进层次结构，通过两两比较的方式确定各个因素的相对重要性，然后综合决策者的判断，确定决策方案相对重要性的总排序（权重）。

在投资者保护评价过程中，所使用的指标是一个多层次的体系。因而，在不经过多轮修正的情况下，对于这种多层次、多指标的评价体系来说，AHP 方法具有独特的优点，能够得到比较理想和科学的指标权重。

为了完成相关专家意见的汇总，需要采用专家调查问卷形式进行调查。调查对象为投资、管理和财务方面的专家，既有理论研究学者，也有实务人员。我们选取了来自新三板交易机构、创新投资公司、基金管理公司、投资银行、证券公司、会计师事务所和高校的学者等人士。调查发放专家调查问卷20份，回收18份，回收率90%。对以上18位专家的AHP问卷进行逐一计算及随机一致性检验（CR），有16位专家的问卷通过检验，为有效问卷，有效率为89%，通过计算得到每一位专家对以上指标体系的权重赋值。对这些专家的权重进行简单平均，可以得到总体的指标体系权重（见表1-3）。

表1-3 会计与投资者保护评价指标权重

一级指标	二级指标	权重（%）	三级指标	权重（%）
新三板公司投资者保护质量100	会计信息质量	39.65	可靠性	37.85
			治理及信息披露	29.30
			财务信息披露	32.85
	成长能力	32.25	收入维度	29.89
			利润维度	24.16
			资产维度	18.65
			资源维度	27.30
	创新能力	28.10	创新投入	27.30
			创新结果	46.13

我们使用上述指标体系对2015年度中国新三板公司的会计投资者保护状况进行了评价。由于数据截至2016年5月10日，因而在本报告中我们称其为2016年度的评价。

第二章

中国新三板公司投资者
保护总体状况评价

一、公司来源及选取

（一）新三板公司的基本情况

本报告评价的对象为在全国中小企业股份转让系统挂牌的公司（以下简称"新三板公司"），我们对所有截至2016年5月10日挂牌并披露年度报告的新三板公司进行了评价，数据来源于截至2016年5月10日新三板公司所公布的公开信息（全国中小企业转让系统网站等）以及国泰安CSMAR数据库、万德（Wind）数据库中的信息。本年度我们所评价的新三板公司为6 921家。新三板公司按分层、交易方式、行业、省份分别如表2-1～表2-6所示。

我们以中国证监会发布的《新三板公司行业分类指引（2012年修订）》为基本依据，进行行业比较和分析。从证监会2012版的行业构成来看（见表2-1），制造业公司最多，达3 583家，占一半以上。信息传输、软件和信息技术服务业新三板公司的数量居第二位，占20%，体现了新三板公司的科技型特征。排名第三的是专用设备制造业，占6.94%。其他行业公司比例均在5%以下。需要指出的是，由于制造业以及信息传输、软件和信息技术服务业新三板公司数量较多，我们在分析时细化到其三级代码进行分析。

表2-1　　　中国新三板公司行业构成（2012版行业分类）

行业名称	公司数量	比例（%）
农、林、牧、渔业	154	2.23
采矿业	30	0.43
农副食品加工业	110	1.59

续表

行业名称	公司数量	比例（%）
制造业	3 583	51.77
食品制造业	73	1.05
酒、饮料和精制茶业	16	0.23
烟草制品业	1	0.01
纺织业	48	0.69
服装、服饰、皮毛和制鞋业	39	0.56
木材加工和家具制造业	33	0.48
造纸和纸制品业	40	0.58
印刷和记录媒介复制业	36	0.52
文化娱乐用品制造业	30	0.43
石油加工、炼焦业	19	0.27
化学原料和化学制品制造业	365	5.27
医药制造业	206	2.98
化学纤维制造业	13	0.19
橡胶和塑料制品业	137	1.98
非金属矿物制品业	172	2.49
黑色金属冶炼和加工业	14	0.20
有色金属冶炼和加工业	68	0.98
金属制品业	130	1.88
通用设备制造业	320	4.62
专用设备制造业	480	6.94
汽车制造业	133	1.92
铁路和其他交通运输设备制造业	42	0.61
电气机械和器材制造业	396	5.72
计算机和其他电子设备制造业	424	6.13
仪器仪表制造业	169	2.44
其他制造业	23	0.33
废弃资源综合利用业	37	0.53
金属制品、机械和设备修理业	9	0.13

续表

行业名称	公司数量	比例（%）
电、热、气、水生产和供应业	61	0.88
建筑业	206	2.98
批发和零售业	263	3.80
交通运输、仓储和邮政业	89	1.29
住宿和餐饮业	20	0.29
信息传输、软件和信息技术服务业	1 390	20.00
电信、广播电视和卫星传输服务	32	0.46
互联网和相关服务	306	4.42
软件和信息技术服务业	1 052	15.20
金融业	115	1.66
房地产业	41	0.59
商务租赁和服务业	301	4.35
科研和技术服务业	308	4.45
水利、环境和公共设施管理业	121	1.75
居民服务、修理和其他服务业	17	0.25
教育	38	0.55
卫生和社会工作	34	0.49
文化、体育和娱乐业	150	2.17
合计	**6 921**	**100.00**

同时，为了分析不同地区新三板公司投资者保护状况，我们以省（市、自治区、直辖市，以下简称"省份"）为对象，进行了地区分类。

表 2 - 2　　　　　　　中国新三板公司省份构成

省份	公司数量	比例（%）
安徽	225	3.25
北京	1 047	15.13
福建	205	2.96
甘肃	19	0.27
广东	972	14.04

续表

省份	公司数量	比例（%）
广西	37	0.53
贵州	42	0.61
海南	20	0.29
河北	132	1.91
河南	244	3.53
黑龙江	67	0.97
湖北	258	3.73
湖南	144	2.08
吉林	52	0.75
江苏	862	12.45
江西	91	1.31
辽宁	143	2.07
内蒙古	40	0.58
宁夏	41	0.59
青海	3	0.04
山东	423	6.11
山西	38	0.55
陕西	97	1.40
上海	611	8.83
四川	190	2.75
天津	120	1.73
西藏	2	0.03
新疆	72	1.04
云南	59	0.85
浙江	589	8.51
重庆	76	1.10
合计	**6 921**	**100**

从中国新三板公司的省份构成来看，发达地区所占比例较大，前三名分别是北京（429 家，占 15.13%）、广东（972 家，占 14.04%）和江苏（862 家，占

12. 45%），都超过 80 家，西藏和青海的新三板公司数量最少，分别只有 2 家和 3 家，其次是甘肃，仅有 19 家。

表 2 - 3　　　　中国新三板公司按挂牌交易方式的构成统计

上市类型	公司数	比例（%）
协议方式	5 300	76. 58
做市方式	1 621	23. 42
合计	**6 921**	**100. 00**

中国新三板公司以协议方式进行交易的公司数量为 5 300 家，占 3/4 以上，而以做市方式交易的公司数量为 1 621 家，占不到 1/4。新三板公司大部分为协议方式交易，交投相对不太活跃。

表 2 - 4　　　　中国新三板公司按分层的构成统计

上市类型	公司数	比例（%）
基础层	5 967	86. 22
创新层	954	13. 78
合计	**6 921**	**100. 00**

中国新三板公司基础层挂牌公司数量为 5 967 家，占 86. 22%，创新层挂牌公司 954 家，占 13. 78%。

表 2 - 5　　　　中国新三板公司按成立时间段分类的投资者保护分析

成立时间段	公司数量	比例（%）
2000 年及以前	1 104	15. 95
2001 ~ 2005 年	2 304	33. 29
2006 ~ 2010 年	2 594	37. 48
2011 年及以后	919	13. 28
总计	**6 921**	**100. 00**

从成立时间段来看分析，2000 年及以前成立公司和 2011 年以后成立公司的数量都在 1 000 家左右，分别占总挂牌公司数量的 15. 95% 和 13. 28%，2001 ~ 2005 年和 2006 ~ 2010 年挂牌公司数量接近，在 2 400 家左右，分别占总挂牌公司数量的 33. 29% 和 37. 48%。

表 2 - 6　　　按挂牌时间段分类的中国新三板公司投资者保护分析

上市时间段	公司数量	比例（%）
2013 年及以前	342	4.94
2014 年	1 213	17.53
2015 年	3 556	51.38
2016 年	1 810	26.15
总计	6 921	100.00

从挂牌时间段来看，2015 年挂牌公司数量最多，达到 3 556 家，占全部挂牌公司数量的 51.38%，超过一半，主要是我国在 2015 年加速了新三板市场的扩容，把新三板作为注册制的试验田而大力推广和着力发展。

（二）中国新三板公司投资者保护总体状况描述

从总体上来看，中国新三板公司 2016 年度的投资者保护指数得分的均值为 55.55 分，最大值（78.67 分）与最小值（26.39）相差 52.28 分。相对来看，成长能力的保护力度最强（59.92 分），创新能力的保护力度较弱（52.39 分），透明度与治理质量居中（见表 2 - 7）。2016 年中国新三板公司呈现成长能力、透明度与治理能力较高，而创新能力较低的特点。

表 2 - 7　　　中国新三板公司投资者保护状况描述（2016）

各级指数	公司数	平均	最小值	最大值	标准差
投资者保护指数	6 921	55.55	26.39	78.67	6.69
——透明度与治理	6 921	54.24	22.64	79.97	8.22
——成长能力	6 921	59.92	19.91	99.72	11.18
——创新能力	6 921	52.39	14.38	94.54	13.28

从总体上看，中国新三板公司的投资者保护得分大部分分布在 40 ~ 75 之间，其分布形式基本上呈正态分布（峰度为 - 0.065，偏度为 0.137），中国新三板公司呈平峰且略右偏分布状态（见图 2 - 1）。

在 6 921 家公司中，只有 119 家（占 1.72%）公司的投资者保护总分数超过 70 分，有 48 家（占 0.49%）公司的得分在 40 分以下，得分分布在 50 - 60 分之间的公司占一半以上（53.53%），表现出一定的投资者保护趋同现象（见表 2 - 8）。

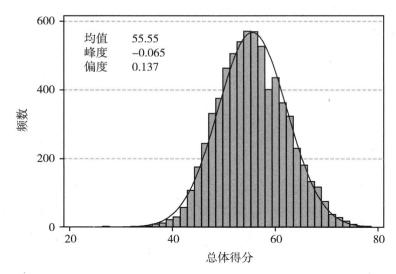

图2-1　中国新三板公司投资者保护指数总体分布

表2-8　　　　　中国新三板公司投资者保护指数的分数分布

得分	公司数	比例（%）
40分（不含）以下	48	0.69
40~50分（不含）	1 387	20.04
50~60分（不含）	3 705	53.53
60~70分（不含）	1 662	24.01
70分及以上	119	1.72
合计	6 921	100

二、按行业分类的投资者保护状况评价

本节按照中国证监会2012年的行业分类标准，对新三板公司所处的18个行业门类进行分析，由于"制造业"以及"信息传输、软件和信息技术服务业"这两个行业门类公司数量较多，分别为3 583家和1 390家，对这两个行业门类我们又进行了细分，其中制造业共有31个行业细类，我们对行业相近、数量不多的4个行业进行了合并，C18纺织服装、服饰业与C19皮革、毛皮、羽毛及其制品和制鞋业合并，C20木材加工木制品业与C21家具制造业合并，合并后按29个制造业行业细类进行分析。信息传输、软件和信息技术服务业按3个细类进行分析。因此，我们共分 48 个行业进行分析。

（一）总体描述

表 2 - 9 分 48 个行业对中国新三板公司的投资者保护状况进行了描述性统计分析。

表 2 - 9　　　中国新三板公司不同行业的投资者保护得分

行业名称	公司数量	均值	最大值	最小值	标准差
农、林、牧、渔业	154	53.57	64.92	37.04	5.26
采矿业	30	53.10	67.18	42.49	6.30
制造业	3 583	54.08	75.66	32.61	5.90
农副食品加工业	110	51.06	63.65	40.88	5.35
食品制造业	73	52.62	67.32	40.36	5.66
酒、饮料和精制茶业	16	53.95	63.28	44.55	5.14
烟草制品业	1	48.77	48.77	48.77	—
纺织业	48	50.86	64.80	42.98	4.82
服装、服饰、皮毛和制鞋业	39	50.60	63.06	39.47	5.01
木材加工和家具制造业	33	51.96	66.38	39.23	5.23
造纸和纸制品业	40	51.39	60.42	40.30	4.63
印刷和记录媒介复制业	36	50.78	61.13	40.11	4.23
文化娱乐用品制造业	30	54.70	65.99	43.45	5.43
石油加工、炼焦业	19	50.44	64.88	32.61	6.95
化学原料和化学制品制造业	365	53.86	71.87	41.47	4.97
医药制造业	206	56.15	74.10	42.69	5.74
化学纤维制造业	13	51.72	62.53	42.11	5.92
橡胶和塑料制品业	137	52.39	70.25	41.28	5.20
非金属矿物制品业	172	52.93	68.96	37.72	5.60
黑色金属冶炼和加工业	14	52.12	65.12	39.90	7.77
有色金属冶炼和加工业	68	51.74	68.72	42.51	4.99
金属制品业	130	52.25	65.79	37.21	5.34
通用设备制造业	320	53.86	69.33	37.36	5.66

行业名称	公司数量	均值	最大值	最小值	标准差
专用设备制造业	480	55.14	74.55	39.14	5.69
汽车制造业	133	53.04	66.35	37.76	5.98
铁路和其他交通运输设备制造业	42	55.37	66.36	47.57	4.46
电气机械和器材制造业	396	54.32	72.24	35.70	5.85
计算机和其他电子设备制造业	424	56.22	75.66	32.89	6.64
仪器仪表制造业	169	56.65	73.68	44.14	5.90
其他制造业	23	51.68	60.25	39.87	4.93
废弃资源综合利用业	37	50.59	62.75	38.41	5.93
金属制品、机械和设备修理业	9	54.78	66.60	47.33	6.54
电、热、气、水生产和供应业	61	54.23	69.44	40.96	6.06
建筑业	206	53.74	69.43	38.72	5.90
批发和零售业	263	51.79	69.26	30.56	6.31
交通运输、仓储和邮政业	89	50.19	64.47	39.43	5.47
住宿和餐饮业	20	51.56	63.87	43.40	5.30
信息传输、软件和信息技术服务业	1 390	60.70	78.67	26.39	6.32
电信、广播电视和卫星传输服务	32	58.29	70.79	46.76	6.76
互联网和相关服务	306	60.16	78.67	36.00	6.72
软件和信息技术服务业	1 052	60.93	77.17	26.39	6.16
金融业	115	53.68	69.26	38.09	7.08
房地产业	41	52.02	66.79	39.16	5.70
商务租赁和服务业	301	55.07	69.90	36.69	6.40
科研和技术服务业	308	57.86	77.35	40.82	6.36
水利、环境和公共设施管理业	121	55.94	70.46	41.65	6.18
居民服务、修理和其他服务业	17	54.62	61.50	45.77	5.03
教育	38	59.22	69.78	46.93	6.54
卫生和社会工作	34	57.71	70.87	47.12	5.70
文化、体育和娱乐业	150	56.01	72.33	41.68	6.26
合计	**6 921**	**55.55**	**78.67**	**26.39**	**6.69**

注：行业名称后有空格的行业为二级明细行业。

（二）2016 年行业排名分析

为了更好地比较各行业总体投资者保护水平，我们按行业得分排名由高到低进行了描述统计分析（见表 2-10）。从表中各行业得分及排名情况可看出，排名在前三位的行业均值都在 60 分以上，分别为软件和信息技术服务业（60.93 分）、信息传输、软件和信息技术服务业（60.70 分）及互联网和相关服务（60.16 分）。投资者保护最差的三个行业分别为烟草制品业（48.77 分）、交通运输、仓储和邮政业（50.19 分）及石油加工、炼焦业（50.44 分）。从得分趋势来看，以科技创新、科研服务、技术研发为主要特征的新兴行业的投资者保护水平较高，而传统的制造业、污染行业、资源依赖为特征的夕阳行业的投资者保护水平偏低。

表 2-10　　　　　　2016 年中国新三板公司各行业得分及排名情况

行业名称	公司数量	均值	排名
软件和信息技术服务业	1 052	60.93	1
信息传输、软件和信息技术服务业	1 390	60.70	2
互联网和相关服务	306	60.16	3
教育	38	59.22	4
电信、广播电视和卫星传输服务	32	58.29	5
科研和技术服务业	308	57.86	6
卫生和社会工作	34	57.71	7
仪器仪表制造业	169	56.65	8
计算机和其他电子设备制造业	424	56.22	9
医药制造业	206	56.15	10
文化、体育和娱乐业	150	56.01	11
水利、环境和公共设施管理业	121	55.94	12
铁路和其他交通运输设备制造业	42	55.37	13
专用设备制造业	480	55.14	14
商务租赁和服务业	301	55.07	15
金属制品、机械和设备修理业	9	54.78	16
文化娱乐用品制造业	30	54.7	17
居民服务、修理和其他服务业	17	54.62	18
电气机械和器材制造业	396	54.32	19
电、热、气、水生产和供应业	61	54.23	20

续表

行业名称	公司数量	均值	排名
制造业	3 583	54.08	21
酒、饮料和精制茶业	16	53.95	22
化学原料和化学制品制造业	365	53.86	23
通用设备制造业	320	53.86	24
建筑业	206	53.74	25
金融业	115	53.68	26
农、林、牧、渔业	154	53.57	27
采矿业	30	53.10	28
汽车制造业	133	53.04	29
非金属矿物制品业	172	52.93	30
食品制造业	73	52.62	31
橡胶和塑料制品业	137	52.39	32
金属制品业	130	52.25	33
黑色金属冶炼和加工业	14	52.12	34
房地产业	41	52.02	35
木材加工和家具制造业	33	51.96	36
批发和零售业	263	51.79	37
有色金属冶炼和加工业	68	51.74	38
化学纤维制造业	13	51.72	39
其他制造业	23	51.68	40
住宿和餐饮业	20	51.56	41
造纸和纸制品业	40	51.39	42
农副食品加工业	110	51.06	43
纺织业	48	50.86	44
印刷和记录媒介复制业	36	50.78	45
服装、服饰、皮毛和制鞋业	39	50.60	46
废弃资源综合利用业	37	50.59	47
石油加工、炼焦业	19	50.44	48
交通运输、仓储和邮政业	89	50.19	49
烟草制品业	1	48.77	50

注：行业名称后有空格的行业为二级明细行业，由于加入了"制造业"和"信息传输、软件和信息技术服务业"两个行业门类既有本行业总体数据，又有这两个行业的细类数据，因此行业总数目为50个。

三、按省份分类的投资者保护状况评价

我们将 2016 年的 6921 家被评价挂牌公司，按照注册地的不同分组为 31 个省（直辖市、自治区），分析不同省份的中国新三板公司投资者保护的分布特征，比较中国新三板公司投资者保护的地区差异。

（一）总体描述

从地域来看，除西藏得分低于 50 分以外，其他各省份的平均得分均在 50～60 分之间，各省的投资者保护状况的描述性统计如表 2－11 所示。

表 2－11　　按省份分类的中国新三板公司投资者保护指数描述性统计

省份	公司数量	均值	最大值	最小值	标准差
安徽	225	54.10	70.77	38.09	5.83
北京	1 047	57.86	77.35	37.72	6.79
福建	205	56.73	72.44	38.72	6.97
甘肃	19	55.24	62.64	45.69	5.31
广东	972	56.02	76.50	37.54	6.40
广西	37	54.47	75.79	42.70	6.78
贵州	42	54.55	67.10	40.93	6.55
海南	20	53.99	69.10	38.41	8.77
河北	132	55.12	73.37	42.11	6.55
河南	244	54.76	70.81	37.36	5.94
黑龙江	67	53.83	70.37	36.69	6.36
湖北	258	55.13	71.47	35.70	6.68
湖南	144	54.88	68.87	40.82	5.95
吉林	52	54.51	75.21	43.92	6.23
江苏	862	54.22	74.55	36.00	6.58
江西	91	54.26	70.53	37.21	6.41
辽宁	143	54.06	68.43	26.56	6.42
内蒙古	40	54.39	71.49	40.88	6.48

省份	公司数量	均值	最大值	最小值	标准差
宁夏	41	56. 31	72. 24	43. 83	6. 38
青海	3	50. 03	51. 32	47. 75	1. 98
山东	423	54. 09	73. 71	37. 26	6. 74
山西	38	56. 57	70. 07	44. 53	6. 88
陕西	97	56. 62	69. 44	45. 48	5. 90
上海	611	57. 00	78. 67	30. 56	6. 64
四川	190	55. 66	72. 39	35. 92	6. 89
天津	120	54. 43	72. 20	26. 39	7. 26
西藏	2	47. 18	48. 42	45. 95	1. 75
新疆	72	52. 46	66. 38	32. 61	6. 07
云南	59	54. 16	72. 60	37. 45	7. 31
浙江	589	55. 02	76. 13	39. 87	6. 53
重庆	76	53. 12	65. 98	42. 15	6. 20
总计	**6 921**	**55. 55**	**78. 67**	**26. 39**	**6. 69**

（二）2016 年分省份的排名分析

由 2016 年各省份得分及排名情况可看出，排名在前三位的省份分别为：北京（57.86 分）、上海（57.00 分）、福建（56.73 分），北京、上海的均值都在 57 分以上。后三名分别为新疆（52.46 分）、青海（50.03 分）、西藏（47.18 分），其中，均值低于 50 分的只有西藏（见表 2 – 12）。

表 2 – 12　　　　2016 年各省份新三板公司得分及排名情况

省份	公司数量	均值	排名
北京	1 047	57. 86	1
上海	611	57. 00	2
福建	205	56. 73	3
陕西	97	56. 62	4
山西	38	56. 57	5
宁夏	41	56. 31	6

续表

省份	公司数量	均值	排名
广东	972	56.02	7
四川	190	55.66	8
甘肃	19	55.24	9
湖北	258	55.13	10
河北	132	55.12	11
浙江	589	55.02	12
湖南	144	54.88	13
河南	244	54.76	14
贵州	42	54.55	15
吉林	52	54.51	16
广西	37	54.47	17
天津	120	54.43	18
内蒙古	40	54.39	19
江西	91	54.26	20
江苏	862	54.22	21
云南	59	54.16	22
安徽	225	54.10	23
山东	423	54.09	24
辽宁	143	54.06	25
海南	20	53.99	26
黑龙江	67	53.83	27
重庆	76	53.12	28
新疆	72	52.46	29
青海	3	50.03	30
西藏	2	47.18	31

另外，在北京、上海、福建、陕西、山西、宁夏、广东、四川8个省份注册的新三板公司的投资者保护水平高于均值，其他23个省份低于均值。可见，新三板公司在地区层面上，呈现出一定的两极分化状态。

四、按其他标准分类的投资者保护状况分析

我们按新三板公司的挂牌交易方式、市场分层、成立时间和挂牌时间，从不同侧面对新三板公司的投资者保护状况进行了进一步分析（见表2－13～表2－16）。

表2－13　　　　中国新三板公司按挂牌交易方式分类的投资者保护分析

挂牌方式	公司数量	均值	最大值	最小值	标准差
协议	5 300	55.15	78.67	26.39	6.71
做市	1 621	56.87	76.50	37.52	6.45
总计	**6 921**	**55.55**	**78.67**	**26.39**	**6.69**

从表2－13可以看出，通过协议方式挂牌交易的公司共5 300家，投资者保护得分为55.15分，通过做市方式挂牌交易的公司共1 621家，得分均值为56.87分，以做市方式进行挂牌交易的投资者保护水平要高于以协议方式进行挂牌交易的公司。这说明，有做市商参与治理的新三板公司，其投资者保护水平会显著提高。

表2－14　　　　中国新三板公司按市场分层分类的投资者保护分析

市场分层	公司数量	均值	最大值	最小值	标准差
基础	5 967	55.10	78.67	26.39	6.64
创新	954	58.38	74.99	40.82	6.34
总计	**6 921**	**55.55**	**78.67**	**26.39**	**6.69**

从不同市场分层来看，创新层的公司有954家，投资者保护平均得分为58.38分，基础层公司5 967家，投资者保护平均得分55.10分，创新层公司的投资者保护水平显著高于基础层，这进一步印证了交易机构市场分层的有效性，创新层投资者保护水平较高，也说明本指数有较强的信度。

表2－15　　　　中国新三板公司按成立时间段分类的投资者保护分析

成立时间段	公司数量	均值	最大值	最小值	标准差
2000年及以前	1 104	54.08	76.50	26.56	6.14
2001～2005年	2 304	54.95	75.76	32.89	6.46
2006～2010年	2 594	56.16	77.52	26.39	6.85
2011年及以后	919	57.12	78.67	32.61	6.95
总计	**6 921**	**55.55**	**78.67**	**26.39**	**6.69**

从成立时间段来看分析，成立时间越靠近现在，则挂牌公司的投资者保护水平越高，从 2000 年及以前的 54.08 分上升到 2011 年及以后的 57.12 分。这说明，随着法律、监管等投资者保护环境的优化，新成立公司的投资者保护水平逐步提高。

表 2-16　　　　中国新三板公司按挂牌时间段分类的投资者保护分析

上市时间段	公司数量	平均值	最大值	最小值	标准差
2013 年及以前	342	57.03	73.68	26.39	7.09
2014 年	1 213	55.72	75.79	26.56	6.56
2015 年	3 556	55.32	76.50	32.61	6.70
2016 年	1 810	55.62	78.67	37.21	6.66
总计	**6 921**	**55.55**	**78.67**	**26.39**	**6.69**

从挂牌时间段来看，除 2013 年及以前挂牌公司的投资者保护水平较高（57.03 分），2014 年、2105 年和 2016 年三年挂牌公司的投资者保护水平接近，其中 2014 年和 2016 年稍好，2015 年稍差。

五、主要结论

（1）从总体上来看，中国新三板公司 2016 年度的会计投资者保护指数均值为 55.55 分，呈现成长能力、透明度与治理能力较高，而创新能力较低的特点。

（2）分行业来看，投资者保护程度最高的三个行业分别为软件和信息技术服务业、信息传输、软件和信息技术服务业及互联网和相关服务。投资者保护最差的三个行业分别为烟草制品业、交通运输、仓储和邮政业及石油加工、炼焦业。以科技创新、科研服务、技术研发为主要特征的新兴行业的投资者保护水平较高，而传统的制造业、污染行业、资源依赖为特征的夕阳行业的投资者保护水平偏低。

（3）分省份来看，排名在前三位的省份分别为：北京、上海和福建，后三名分别为新疆、青海和西藏。北京、上海、福建、陕西、山西、宁夏、广东、四川 8 个省份的新三板公司的投资者保护水平高于均值，其他 23 个省份低于均值。新三板公司在省份层面上，呈现出一定的两极分化状态。

（4）从挂牌交易方式来看，以做市方式进行挂牌交易的投资者保护水平要高于以协议方式进行挂牌交易的公司；从不同市场分层来看，创新层公司的投资者保护水平显著高于基础层公司；从成立时间段来看分析，成立时间越靠近现在，则挂牌公司的投资者保护水平越高；从挂牌时间段来看，除 2013 年及以前挂牌公司的投资者保护水平较高（57.03 分），2014 年、2105 年和 2016 年三年挂牌公司的投资者保护水平接近。

中国新三板公司透明度与治理状况评价

一、透明度与治理质量总体描述

我们对所有截至 2016 年 5 月 10 日挂牌并披露年度报告的新三板公司的透明度与治理状况进行了评价，数据来源于截至 2016 年 5 月 10 日新三板公司所公布的公开信息（全国中小企业转让系统网站等）以及国泰安 CSMAR 数据库、万德（Wind）数据库中的信息。本年度我们所评价的新三板公司数量为 6 921 家，现分析如下。

从总体上来看，中国新三板公司 2016 年度的透明度与治理指数得分的均值为54. 24 分，最大值（79. 97 分）与最小值（22. 64 分）相差 57. 33 分（见表 3 - 1）。可见，2016 年中国新三板公司呈现内外部治理质量较高，而财务运行质量较低的特点。

表 3 - 1   中国新三板公司透明度与治理状况描述（2016）

各级指数	公司数	平均	最小值	最大值	标准差
透明度与治理指数	6 921	54. 24	79. 97	22. 64	8. 22
——可靠性	6 921	54. 97	0. 00	86. 86	14. 47
——治理及治理信息披露	6 921	56. 34	7. 10	97. 00	56. 34
——财务信息披露	6 921	51. 54	16. 00	98. 00	17. 94

从总体上看，中国新三板公司的透明度与治理得分大部分分布在 30 ~ 80 分之间，其分布形式基本上呈正态分布（峰度为 - 0. 031，偏为 - 0. 08），中国新三板公司呈平峰且略左偏分布状态（见图 3 - 1）。

在 6 921 家公司中，179 家（占 2. 59%）公司的透明度与治理总分数超过 70

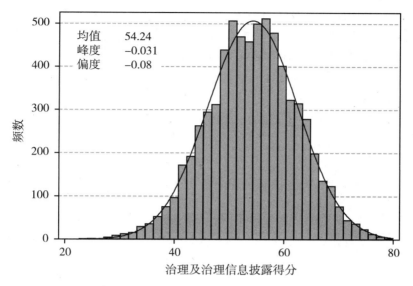

图 3 -1　中国新三板公司治理及治理信息披露得分分布

分，287 家（4.15%）公司得分在 40 分以下，在 50～60 分之间的公司占 45.83%，将近一半，40～50 分区间以及 60～70 分区间的公司数量相差不多，分别为 1 793 家和 1 490 家，表现出一定的透明度与治理趋同现象（见表 3 -2）。

表 3 -2　　　　中国新三板公司透明度与治理指数的分数分布

得分	公司数	比例（%）
40 分（不含）以下	287	4.15
40～50 分（不含）	1 793	25.91
50～60 分（不含）	3 172	45.83
60～70 分（不含）	1 490	21.53
70 分及以上	179	2.59
合计	6 921	100

二、按行业分类的透明度与治理状况评价

本节按照中国证监会 2012 年的行业分类标准，对新三板公司所处的 18 个行业门类进行分析，由于"制造业"以及"信息传输、软件和信息技术服务业"这两个行业门类公司数量较多，分别为 3 583 家和 1 390 家，对这两个行业门类我们又

进行了细分，其中制造业共有 31 个行业细类，我们对行业相近数量不多的 4 个行业进行了合并，C18 纺织服装、服饰业与 C19 皮革、毛皮、羽毛及其制品和制鞋业合并，C20 木材加工木制品业与 C21 家具制造业合并，合并后按 29 个制造业行业细类进行分析。信息传输、软件和信息技术服务业按 3 个细类进行分析。因此，我们共分 48 个行业进行分析。

（一）总体描述

表 3-3 分行业对中国新三板公司的透明度与治理状况进行了统计描述。

表 3-3　　　　中国新三板公司不同行业的透明度与治理得分

行业名称	公司数量	均值	最大值	最小值	标准差
农、林、牧、渔业	154	53.53	74.67	33.32	7.84
采矿业	30	54.42	75.00	39.35	7.75
制造业	3 583	54.06	79.83	24.81	8.07
农副食品加工业	110	52.15	71.70	30.28	8.57
食品制造业	73	52.67	72.98	28.18	9.12
酒、饮料和精制茶业	16	52.94	66.10	38.07	8.56
烟草制品业	1	47.89	47.89	47.89	—
纺织业	48	52.42	66.54	32.20	7.99
服装、服饰、皮毛和制鞋业	39	52.22	72.38	38.13	7.21
木材加工和家具制造业	33	52.89	71.86	35.42	8.81
造纸和纸制品业	40	53.54	75.16	41.48	6.25
印刷和记录媒介复制业	36	53.04	63.61	31.13	6.47
文化娱乐用品制造业	30	53.62	78.17	35.38	8.64
石油加工、炼焦业	19	52.96	70.02	39.35	9.37
化学原料和化学制品制造业	365	55.21	74.29	30.80	7.76
医药制造业	206	55.46	75.98	35.36	7.84
化学纤维制造业	13	51.91	66.07	36.99	9.21
橡胶和塑料制品业	137	52.41	74.52	29.28	8.02
非金属矿物制品业	172	53.31	79.83	29.95	7.93
黑色金属冶炼和加工业	14	57.23	72.66	30.53	11.81
有色金属冶炼和加工业	68	54.33	72.83	32.08	8.40

续表

行业名称	公司数量	均值	最大值	最小值	标准差
金属制品业	130	53.99	77.28	31.25	8.00
通用设备制造业	320	54.37	77.67	29.98	8.43
专用设备制造业	480	54.05	78.25	33.17	7.86
汽车制造业	133	53.07	76.14	28.29	8.62
铁路和其他交通运输设备制造业	42	54.22	68.71	35.38	7.36
电气机械和器材制造业	396	54.12	74.73	30.55	7.88
计算机和其他电子设备制造业	424	54.78	77.26	24.81	8.10
仪器仪表制造业	169	54.00	74.79	34.48	7.36
其他制造业	23	52.18	70.83	31.56	9.32
废弃资源综合利用业	37	53.26	74.67	32.41	9.18
金属制品、机械和设备修理业	9	56.49	74.87	49.71	8.07
电、热、气、水生产和供应业	61	52.71	70.29	36.39	8.45
建筑业	206	53.46	72.62	33.08	7.94
批发和零售业	263	52.70	73.57	28.16	8.67
交通运输、仓储和邮政业	89	52.66	72.79	29.18	8.28
住宿和餐饮业	20	52.26	68.83	31.25	9.40
信息传输、软件和信息技术服务业	1 390	55.37	79.31	22.64	8.46
电信、广播电视和卫星传输服务	32	53.76	76.81	38.12	7.90
互联网和相关服务	306	54.95	76.56	30.44	8.50
软件和信息技术服务业	1 052	55.54	79.31	22.64	8.47
金融业	115	54.16	72.71	37.56	7.88
房地产业	41	53.59	69.69	33.09	7.42
商务租赁和服务业	301	54.09	76.02	24.76	8.15
科研和技术服务业	308	53.86	78.27	30.83	8.62
水利、环境和公共设施管理业	121	54.49	79.97	34.21	9.13
居民服务、修理和其他服务业	17	55.89	69.30	45.14	6.96
教育	38	57.01	69.63	38.46	7.82
卫生和社会工作	34	57.87	69.38	46.64	5.85
文化、体育和娱乐业	150	54.00	69.11	32.32	7.46
合计	**6 921**	**54.24**	**22.64**	**79.97**	**8.22**

注：行业名称后有空格的行业为二级明细行业。

（二）2016年行业排名分析

为了更好地比较各行业的透明度与治理状况，我们进一步对各行业的透明度与治理状况进行了排名（见表3-4）。从均值来看，透明度与治理程度最高的三个行业分别为卫生和社会工作（57.87分）、黑色金属冶炼和加工业（57.23分）及教育业（57.01分）。透明度与治理状况最差的三个行业分别为烟草制品业（47.89分）、化学纤维制造业（51.91分）及农副食品加工业（52.15分），全部为制造业企业。

表3-4　　　2016年中国新三板公司各行业得分及排名情况

行业名称	公司数量	均值	排名
卫生和社会工作	34	57.87	1
黑色金属冶炼和加工业	14	57.23	2
教育	38	57.01	3
金属制品、机械和设备修理业	9	56.49	4
居民服务、修理和其他服务业	17	55.89	5
软件和信息技术服务业	1 052	55.54	6
医药制造业	206	55.46	7
信息传输、软件和信息技术服务业	1 390	55.37	8
化学原料和化学制品制造业	365	55.21	9
互联网和相关服务	306	54.95	10
计算机和其他电子设备制造业	424	54.78	11
水利、环境和公共设施管理业	121	54.49	12
采矿业	30	54.42	13
通用设备制造业	320	54.37	14
有色金属冶炼和加工业	68	54.33	15
铁路和其他交通运输设备制造业	42	54.22	16
金融业	115	54.16	17
电气机械和器材制造业	396	54.12	18
商务租赁和服务业	301	54.09	19
制造业	3 583	54.06	20
专用设备制造业	480	54.05	21
仪器仪表制造业	169	54	22

续表

行业名称	公司数量	均值	排名
文化、体育和娱乐业	150	54	23
金属制品业	130	53.99	24
科研和技术服务业	308	53.86	25
电信、广播电视和卫星传输服务	32	53.76	26
文化娱乐用品制造业	30	53.62	27
房地产业	41	53.59	28
造纸和纸制品业	40	53.54	29
农、林、牧、渔业	154	53.53	30
建筑业	206	53.46	31
非金属矿物制品业	172	53.31	32
废弃资源综合利用业	37	53.26	33
汽车制造业	133	53.07	34
印刷和记录媒介复制业	36	53.04	35
石油加工、炼焦业	19	52.96	36
酒、饮料和精制茶业	16	52.94	37
木材加工和家具制造业	33	52.89	38
电、热、气、水生产和供应业	61	52.71	39
批发和零售业	263	52.7	40
食品制造业	73	52.67	41
交通运输、仓储和邮政业	89	52.66	42
纺织业	48	52.42	43
橡胶和塑料制品业	137	52.41	44
住宿和餐饮业	20	52.26	45
服装、服饰、皮毛和制鞋业	39	52.22	46
其他制造业	23	52.18	47
农副食品加工业	110	52.15	48
化学纤维制造业	13	51.91	49
烟草制品业	1	47.89	50

注：行业名称后有空格的行业为二级明细行业，由于加入了"制造业"和"信息传输、软件和信息技术服务业"两个行业门类既有本行业总体数据，又有这两个行业的细类数据，因此行业总数目为50个。

三、按省份分类的透明度与治理状况评价

我们将 2016 年的 6 921 家被评价挂牌公司，按照注册地的不同分组为 31 个省份（直辖市、自治区），分析不同省份的中国新三板公司透明度与治理的分布特征，比较中国新三板公司透明度与治理的地区差异。

（一）总体描述

我们分省份对中国新三板公司的透明度与治理状况进行了描述性统计（见表 3 - 5）。

表 3 - 5　　按省份分类的中国新三板公司透明度与治理指数描述性统计

省份	公司数量	均值	最大值	最小值	标准差
安徽	225	54.80	78.17	34.98	8.41
北京	1 047	54.34	78.27	27.62	8.21
福建	205	55.21	74.51	37.28	7.53
甘肃	19	56.83	71.05	38.62	10.35
广东	972	53.82	77.28	28.98	8.09
广西	37	53.72	72.98	32.00	8.89
贵州	42	54.22	72.56	41.13	7.48
海南	20	52.74	72.72	32.41	11.50
河北	132	55.16	73.57	36.99	7.71
河南	244	53.65	73.61	28.29	8.18
黑龙江	67	53.28	69.49	24.76	8.35
湖北	258	52.74	71.76	33.24	8.21
湖南	144	53.44	71.70	29.18	8.45
吉林	52	53.25	64.30	40.39	6.50
江苏	862	54.10	79.97	29.28	8.25
江西	91	53.34	74.67	31.25	9.17
辽宁	143	54.28	74.16	22.64	8.13
内蒙古	40	53.65	68.49	33.08	8.54

省份	公司数量	均值	最大值	最小值	标准差
宁夏	41	56.33	70.89	40.75	7.10
青海	3	52.90	56.66	46.58	5.51
山东	423	54.02	78.25	28.80	8.50
山西	38	57.93	76.66	43.06	8.71
陕西	97	56.58	75.00	37.87	8.05
上海	611	54.43	76.79	28.16	7.79
四川	190	55.16	72.48	28.18	8.47
天津	120	54.39	74.73	24.81	8.47
西藏	2	45.60	46.25	44.95	0.91
新疆	72	53.59	69.72	36.54	7.89
云南	59	55.36	73.28	27.18	10.33
浙江	589	54.69	79.31	29.30	8.22
重庆	76	53.58	72.28	32.08	8.05
总计	**6 921**	**54.24**	**22.64**	**79.97**	**8.22**

(二) 2016 年分省份排名分析

为了进一步比较分析各省份挂牌公司的透明度与治理状况,我们对 2016 年分省份挂牌公司的透明度与治理状况进行了排名,如表 3-6 所示。

表 3-6　　　　2016 年透明度与治理各省份得分及排名情况

省份	公司数量	均值	排名
山西	38	57.93	1
甘肃	19	56.83	2
陕西	97	56.58	3
宁夏	41	56.33	4
云南	59	55.36	5
福建	205	55.21	6
四川	190	55.16	7
河北	132	55.16	8

省份	公司数量	均值	排名
安徽	225	54.80	9
浙江	589	54.69	10
上海	611	54.43	11
天津	120	54.39	12
北京	1 047	54.34	13
辽宁	143	54.28	14
贵州	42	54.22	15
江苏	862	54.10	16
山东	423	54.02	17
广东	972	53.82	18
广西	37	53.72	19
内蒙古	40	53.65	20
河南	244	53.65	21
新疆	72	53.59	22
重庆	76	53.58	23
湖南	144	53.44	24
江西	91	53.34	25
黑龙江	67	53.28	26
吉林	52	53.25	27
青海	3	52.90	28
湖北	258	52.74	29
海南	20	52.74	30
西藏	2	45.60	31

　　山西、甘肃、陕西三个省份的透明度与治理质量排名前三，其中，山西新三板公司的透明度与治理质量指数均值为57.93分，排名第一。西藏、海南、湖北三个省份的透明度与治理质量分列后三位。

四、按其他标准分类的透明度与治理状况分析

　　我们按新三板公司的挂牌方式、市场分层、成立时间和挂牌时间，从不同侧面

对新三板公司的投资者保护状况进行了进一步分析（见表3－7~表3－10）。

按挂牌方式分类的中国新三板公司透明度与治理指数状况见表3－7。

表3－7　　　　中国新三板公司按挂牌交易方式分类的透明度与治理分析

挂牌方式	公司数量	均值	最大值	最小值	标准差
协议	5 300	53.86	79.83	22.64	8.12
做市	1 621	55.51	79.97	28.16	8.39
总计	**6 921**	**54.24**	**79.97**	**22.64**	**8.22**

从表3－7中可以看出，通过协议方式挂牌交易的公司有5 300家，而通过做市方式挂牌交易的公司有1 621家，明显少于协议方式。采用做市方式进行挂牌交易公司的透明度与治理能力要明显高于采用协议方式挂牌交易的公司，表明有做市商参与公司治理的挂牌公司能够显著影响公司的治理效率和信息披露质量。

表3－8　　　　中国新三板公司按市场分层分类的透明度与治理分析

市场分层	公司数量	均值	最大值	最小值	标准差
基础	5 967	54.03	79.83	22.64	8.14
创新	954	55.61	79.97	28.88	8.59
总计	**6 921**	**54.24**	**79.97**	**22.64**	**8.22**

从不同市场分层来看，创新层市场的公司有954家，而基础层市场有5967家，明显多于创新性市场。创新层公司的透明度与治理质量要高于基础层，表明交易机构在新三板分层上考虑了公司的透明度与治理因素。

表3－9　　　　中国新三板公司按成立时间段分类的透明度与治理分析

成立时间段	公司数量	均值	最大值	最小值	标准差
2000年及以前	1 104	53.93	79.97	22.64	8.38
2001~2005年	2 304	54.07	78.25	24.81	8.30
2006~2010年	2 594	54.40	78.27	24.76	8.17
2011年及以后	919	54.62	79.83	28.16	7.92
总计	**6 921**	**54.24**	**79.97**	**22.64**	**8.22**

从成立时间段来看，新三板公司成立时间越短，则透明度与治理质量越高。从2000年及以前的53.93分上升到2011年及以后的54.62分。主要是因为越是新成立公司，越注重公司的透明度与治理建设，越是最近成立的公司，面临的监管环境、治理环境越好，其治理质量越高。

表3－10 中国新三板公司按挂牌时间段分类的透明度与治理分析

上市时间段	公司数量	平均值	最大值	最小值	标准差
2013 年及以前	342	52.77	76.79	24.81	8.32
2014 年	1 213	54.92	79.97	22.64	8.58
2015 年	3 556	54.26	79.31	24.76	8.37
2016 年	1 810	54.05	76.77	27.18	7.58
总计	**6 921**	**54.24**	**79.97**	**22.64**	**8.22**

从挂牌时间段来看，2013 年之前挂牌公司的透明度与治理质量最低，不到53分，明显低于 2014 年及以后挂牌的公司。2014 年及以后挂牌的公司透明度与治理质量相差不大，都在 54～55 分之间，相对来看，2014 年挂牌公司的透明度与治理质量要好于 2015 年和 2016 年挂牌公司，2015 年挂牌公司要好于 2016 年挂牌公司。

五、主要结论

（1）从总体上来看，中国新三板公司 2016 年度的透明度与治理指数得分的均值为 54.24 分，最大值（79.97 分）与最小值（22.64）相差 57.33 分。2016 年中国新三板公司呈现内外部治理质量较高，而财务运行质量较低的特点。

（2）透明度与治理程度最高的三个行业分别为卫生和社会工作（57.87 分）、黑色金属冶炼和加工业（57.23 分）及教育业（57.01 分）。透明度与治理最差的三个行业分别为烟草制品业（47.89 分）、化学纤维制造业（51.91 分）及农副食品加工业（52.15 分），全部为传统制造业企业。

（3）分省份来看，山西、甘肃、陕西三个省份的透明度与治理质量排名前三，其中，山西新三板公司的透明度与治理质量指数均值为 57.93 分，排名第一。西藏、海南、湖北三个省份的透明度与治理质量分列后三位。

（4）从挂牌交易方式分类来看，采用做市方式进行挂牌交易公司的透明度与治理能力要明显高于采用协议方式挂牌交易的公司；从不同市场分层来看，创新层公司的透明度与治理质量要高于基础层；从成立时间段来看，新三板公司成立时间越短，则透明度与治理质量越高；从挂牌时间段来看，2013 年之前挂牌公司的透明度与治理质量最低，2014 年及以后挂牌的公司透明度与治理质量相差不大。

第四章

中国新三板公司成长能力评价

一、成长能力总体描述

我们对新三板截至 2016 年 5 月 10 日已挂牌公司的成长能力进行了逐一评价，共涵盖在中国新三板挂牌的 6 921 家公司，数据来源于 2015 年年报或审计报表。整体而言，新三板挂牌公司 2016 年度的成长能力指数平均值为 59.92，最小值为 19.91，最大值为 99.72，标准差为 11.18。最小值和最大值差异巨大，但大部分公司的得分比较接近平均水平，这表现在标准差较小，且分布形式基本上呈正态分布（峰度为 -0.13，偏度为 0.20，见图 4-1）。

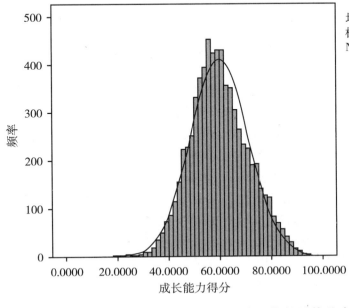

图 4-1 样本公司成长能力指数总体分布

分单项指数来看，营业收入增长率指数的均值为59.99，最小值为0，最大值为100，标准差为17.09，这说明营业收入增长率指数的差异性要高于总体指数；净利润增长率指数的均值为64.22，最小值为20.75，最大值为99.60，标准差为18.79；总资产增长率指数的均值为61.38，最小值为8.38，最大值为100，标准差为15.07；净资产增长率指数的均值为63.06，最小值为3，最大值为98，标准差为15.36；员工人数增长率指数的均值为54.46，最小值为9.02，最大值为100，标准差为10.37。比较而言，净利润增长率得分平均最高，其次为净资产增长率，再次为总资产增长率，员工人数增长率得分平均是最低的。

总体来说，新三板公司在2015年表现出一定的成长性，但平均水平仍有待提高，特别是作为创新型企业较为集中的所在，人力资本的发展水平较低，也拖累了新三板公司的成长速度（见表4-1）。

表4-1   中国新三板公司成长能力指数总体描述性统计

变量	公司数量	平均值	最小值	最大值	标准差
成长能力指数	6 921	59.92	19.91	99.72	11.18
——营业收入增长率指数	6 921	59.99	0.00	100.00	17.09
——净利润增长率指数	6 921	64.22	20.75	99.60	18.79
——总资产增长率指数	6 921	61.38	8.38	100.00	15.07
——净资产增长率指数	6 921	63.06	3.00	98.00	15.36
——员工人数增长率指数	6 921	54.46	9.02	100.00	10.37

从具体财务指标来看，新三板公司2015年营业收入增长率的平均值为121.31%，说明新三板公司2015年营业收入平均比2014年增长一倍以上，最小值为-100%，最大值为235 520%，标准差为3 217.82%，说明营业收入增长最快的公司相比增长最慢的公司差异巨大；同时，我们还考察了营业收入增长率的中值，仅为16.94%（未披露），说明营业收入增长率均值较高是因为少数公司增长幅度很大，从而拉高了均值，但是大部分公司2015年营业收入的实际增长率仍是比较低的。新三板公司2015年净利润增长率的平均值为189.36%，说明新三板公司2015年净利润平均比2014年增长将近两倍，最小值为-78 142.74%，最大值为254 607.54%，标准差为4 836.86%，说明公司间差异巨大；新三板公司2015年总资产增长率的平均值为79.81%，最小值为-83.24%，最大值为54 907.33%，标准差为743.42%；新三板公司2015年净资产增长率的平均值为299.96%，最小值为-3 240.48%，最大值为378 909.70%，标准差为5 924.13%；新三板公司2015年员工人数增长率的平均值为25.08%，最小值为-91.07%，最大值为10 135.29%，标准差为179.35%。

　　总体而言，新三板公司 2015 年的营业收入、净利润、总资产、净资产和员工人数相比 2014 年均有所增长，反映出新三板公司的综合成长能力。其中，净资产平均增长最快，这说明新三板的融资功能发挥了积极作用，加快了挂牌公司的资本积累，增强了其资本实力；净利润增长率也较快，其次是营业收入增长率，说明新三板公司平均而言处于成长期，在获取收入和创造利润方面仍具有较大的发展空间；总资产增长率远低于净资产增长率，这反映出新三板公司股权资本的增长速度大于负债资金的增加，说明新三板发挥了良好的融资功能，降低了挂牌公司的债务资金所占比例，改善了其资本结构，对于大多数处于成长期的挂牌公司来说，股权资本更能与其发展阶段相匹配；与指数反映的结果一致，新三板公司 2015 年的员工人数增长率在所有成长财务指标中是最低的，说明平均而言，新三板公司在人力资源方面的投入发展较慢，无法匹配物质资本的增长速度，新三板公司整体仍处于粗放式发展过程之中；短期来看有助于降低人工成本增加带来的压力，但长期可能会影响企业的成长质量，不利于其长远发展。

　　我们也考察了各财务指标的中值（未披露），均远低于平均值，说明有少数新三板公司成长速度很快，从而拉高了整体的平均值，大部分公司的成长速度一般，新三板公司发展的差异较大，存在良莠不齐的现象。这也印证出新三板主管部门作出的创新层制度安排有其合理性，通过分层促进发展质量好的企业加快成长，而让市场动态自然筛选并淘汰发展质量较差的企业，不管是对于挂牌公司还是新三板本身都能起到积极的推动作用，也有利于投资者利益的保护（见表 4-2）。

表 4-2　　　　　中国新三板公司成长能力各财务指标总体描述性统计

变量	公司数量	平均值（%）	最小值（%）	最大值（%）	标准差（%）
营业收入增长率	6914	121.31	-100.00	235 520	3 217.82
净利润增长率	6 921	189.36	-78 142.74	254 607.54	4 836.86
总资产增长率	6 921	79.81	-83.24	54 907.33	743.42
净资产增长率	6 921	299.96	-3 240.48	378 909.70	5 924.13
员工人数增长率	6 921	25.08	-91.07	10 135.29	179.35

二、按行业分类的成长能力评价

　　本节按照中国证监会 2012 年的行业分类标准，对新三板公司所处的 18 个行业门类进行分析。由于"制造业"以及"信息传输、软件和信息技术服务业"这两个行业门类公司数量较多，分别为 3 583 家和 1 390 家，对这两个行业门类我们又进行了细分，其中制造业共有 31 个行业大类，我们对行业相近数量不多的 4 个行业进行了合并，C18 纺织服装、服饰业与 C19 皮革、毛皮、羽毛及其制品和制鞋业合并，C20 木材加工木制品业与 C21 家具制造业合并，合并后按 29 个制造业行业细类进行分析。信息传输、软件和信息技术服务业按 3 个大类进行分析。因此，我们共分 48 个行业进行分析（见表 4 - 3、表 4 - 4）。

从指数得分的均值来看，排名前五的行业分别为教育（65.66）、互联网和相关服务（65.34）、文化、体育和娱乐业（65.18）、文化娱乐用品制造业（64.04）、商务租赁和服务业（63.77）。排名后五位的行业分别为其他制造业（54.92）、黑色金属冶炼和加工业（52.06）、石油加工、炼焦业（51.91）、采矿业（50.81）、烟草制造业（50.49）。从成长性来看，指数得分排名靠前的行业大部分是具有巨大增长前景的战略性新兴行业，指数得分排名靠后的行业则是发展前景受到限制的传统制造业，说明身处的行业对于公司成长性非常关键。新三板应更多鼓励战略新兴等朝阳行业公司挂牌，适度限制重工业、高污染等传统工业企业。

表 4 - 3　　　　　　　　分行业的成长能力指数描述性统计

行业名称	公司数量	均值	最小值	最大值	标准差
农、林、牧、渔业	154	60.57	31.32	84.38	10.39
采矿业	30	50.81	33.37	78.06	11.65
制造业	3 583	57.67	19.91	92.44	10.31
农副食品加工业	110	58.12	34.59	81.94	9.11
食品制造业	73	58.99	36.94	86.98	10.57
酒、饮料和精制茶业	16	63.46	48.71	88.02	10.44
烟草制品业	1	50.49	50.49	50.49	—
纺织业	48	57.57	45.34	75.47	6.68
服装、服饰、皮毛和制鞋业	39	56.53	41.13	77.42	9.38
木材加工和家具制造业	33	59.22	46.55	83.84	9.00
造纸和纸制品业	40	58.17	38.00	82.66	8.70
印刷和记录媒介复制业	36	55.94	38.64	84.61	9.47
文化娱乐用品制造业	30	64.04	42.97	85.51	10.58
石油加工、炼焦业	19	51.91	24.60	74.95	10.73
化学原料和化学制品制造业	365	56.94	34.65	87.28	8.55
医药制造业	206	58.55	30.10	87.85	9.13
化学纤维制造业	13	58.57	47.63	73.88	6.01
橡胶和塑料制品业	137	58.01	38.80	79.79	8.99

续表

行业名称	公司数量	均值	最小值	最大值	标准差
非金属矿物制品业	172	57.16	36.22	85.89	10.71
黑色金属冶炼和加工业	14	52.06	36.39	77.14	11.24
有色金属冶炼和加工业	68	56.17	38.77	79.67	8.68
金属制品业	130	55.84	31.35	79.72	9.10
通用设备制造业	320	55.62	32.96	85.44	10.12
专用设备制造业	480	57.35	29.05	87.08	11.02
汽车制造业	133	58.57	37.37	85.62	10.36
铁路和其他交通运输设备制造业	42	57.36	39.18	84.35	9.70
电气机械和器材制造业	396	58.64	26.70	92.44	11.24
计算机和其他电子设备制造业	424	59.35	19.91	91.48	11.71
仪器仪表制造业	169	57.57	30.75	87.34	10.81
其他制造业	23	54.92	40.69	73.82	10.11
废弃资源综合利用业	37	56.52	39.06	76.20	9.41
金属制品、机械和设备修理业	9	57.98	44.97	74.66	8.80
电、热、气、水生产和供应业	61	60.42	40.17	83.28	11.72
建筑业	206	60.05	37.40	83.87	9.67
批发和零售业	263	60.83	32.36	89.75	11.09
交通运输、仓储和邮政业	89	58.70	35.45	94.95	10.40
住宿和餐饮业	20	60.48	45.79	87.22	10.63
信息传输、软件和信息技术服务业	1 390	63.49	24.94	99.72	11.83
电信、广播电视和卫星传输服务	32	62.57	42.76	84.44	11.66
互联网和相关服务	306	65.34	28.97	99.72	13.48
软件和信息技术服务业	1 052	62.98	24.94	92.17	11.27
金融业	115	62.58	36.62	95.24	12.30
房地产业	41	61.16	39.29	85.79	9.81
商务租赁和服务业	301	63.77	24.17	94.58	11.06
科研和技术服务业	308	60.99	31.42	91.28	11.40
水利、环境和公共设施管理业	121	60.61	38.63	89.38	11.42
居民服务、修理和其他服务业	17	59.68	43.07	85.70	12.70
教育	38	65.66	36.57	88.50	12.89
卫生和社会工作	34	63.08	40.71	84.03	10.95
文化、体育和娱乐业	150	65.18	24.48	90.81	12.02

注：行业名称后有空格的行业为二级明细行业。

会计与投资者保护系列丛书

表 4 - 4　　　　　　　各行业成长能力指数得分及排名情况

行业名称	公司数量	均值	排名
教育	38	65.66	1
互联网和相关服务	306	65.34	2
文化、体育和娱乐业	150	65.18	3
文化娱乐用品制造业	30	64.04	4
商务租赁和服务业	301	63.77	5
信息传输、软件和信息技术服务业	1 390	63.49	6
酒、饮料和精制茶业	16	63.46	7
卫生和社会工作	34	63.08	8
软件和信息技术服务业	1 052	62.98	9
金融业	115	62.58	10
电信、广播电视和卫星传输服务	32	62.57	11
房地产业	41	61.16	12
科研和技术服务业	308	60.99	13
批发和零售业	263	60.83	14
水利、环境和公共设施管理业	121	60.61	15
农、林、牧、渔业	154	60.57	16
住宿和餐饮业	20	60.48	17
电、热、气、水生产和供应业	61	60.42	18
建筑业	206	60.05	19
居民服务、修理和其他服务业	17	59.68	20
计算机和其他电子设备制造业	424	59.35	21
木材加工和家具制造业	33	59.22	22
食品制造业	73	58.99	23
交通运输、仓储和邮政业	89	58.7	24
电气机械和器材制造业	396	58.64	25
化学纤维制造业	13	58.57	26
汽车制造业	133	58.57	27
医药制造业	206	58.55	28
造纸和纸制品业	40	58.17	29
农副食品加工业	110	58.12	30
橡胶和塑料制品业	137	58.01	31

行业名称	公司数量	均值	排名
金属制品、机械和设备修理业	9	57.98	32
制造业	3 583	57.67	33
纺织业	48	57.57	34
仪器仪表制造业	169	57.57	35
铁路和其他交通运输设备制造业	42	57.36	36
专用设备制造业	480	57.35	37
非金属矿物制品业	172	57.16	38
化学原料和化学制品制造业	365	56.94	39
服装、服饰、皮毛和制鞋业	39	56.53	40
废弃资源综合利用业	37	56.52	41
有色金属冶炼和加工业	68	56.17	42
印刷和记录媒介复制业	36	55.94	43
金属制品业	130	55.84	44
通用设备制造业	320	55.62	45
其他制造业	23	54.92	46
黑色金属冶炼和加工业	14	52.06	47
石油加工、炼焦业	19	51.91	48
采矿业	30	50.81	49
烟草制品业	1	50.49	50

注：由于加入了"制造业"和"信息传输、软件和信息技术服务业"两个行业门类既有本行业总体数据，又有这两个行业的大类数据，因此行业总数目为50个。

从具体财务指标来看（见表4-5）。营业收入增长率均值排名前五位的行业分别为互联网和相关服务（1 014.87%）、商务租赁和服务业（540.60%）、食品制造业（232.06%）、文化、体育和娱乐业（149.70%）、水利、环境和公共设施管理业（133.31%）。排名后五位的行业分别为其他金属制品业（9.80%）、黑色金属冶炼和加工业（2.25%）、采矿业（-2.79%）、烟草制造业（-8.01%）、石油加工、炼焦业（-8.99%）。互联网和相关服务行业2015年营业收入平均比2014年增长超过10倍，反映了该行业的巨大成长性，也体现了与互联网相关的商业模式对我国经济的影响越来越大。与总指数得分类似，营业收入增长率排名靠后的依然是发展受限的传统制造业。

净利润增长率均值排名前五位的行业分别为互联网和相关服务（1 264.76%）、

教育（1 158.25%）、文化娱乐用品制造业（493.13%）、有色金属冶炼和加工业（423.11%）、汽车制造（390.18%）。排名后五位的行业分别为居民服务、修理和其他服务业（−205.89%）、金属制品、机械和设备修理业（−268.46%）、石油加工、炼焦业（−287.05%）、黑色金属冶炼和加工业（−327.73%）、电、热、气、水生产和供应业（−997.95%）。

总资产增长率均值排名前五位的行业分别为互联网和相关服务（531.08%）、教育（189.85%）、金融业（143.58%）、商务租赁和服务业（135.00%）、文化、体育和娱乐业（128.88%）。排名后五位的行业分别为石油加工、炼焦业（13.74%）、金属制品业（13.41%）、废弃资源综合利用业（13.19%）、有色金属冶炼和加工业（12.72%）、黑色金属冶炼和加工业（11.51%）。

净资产增长率均值排名前五位的行业分别为互联网和相关服务（1831.28%）、文化、体育和娱乐业（701.16%）、教育（691.52%）、软件和信息技术服务业（553.36%）、批发和零售业（430.58%）。排名后五位的行业分别为有色金属冶炼和加工业（56.84%）、黑色金属冶炼和加工业（47.25%）、化学纤维制造业（41.85%）、石油加工、炼焦业（30.26%）、金属制品、机械和设备修理业（25.90%）。

员工人数增长率均值排名前五位的行业分别为互联网和相关服务（86.13%）、仪器仪表制造业（69.02%）、居民服务、修理和其他服务业（64.60%）、教育（62.60%）、金融业（45.54%）。排名后五位的行业分别为采矿业（2.06%）、其他制造业（1.09%）、烟草制品业（−0.93%）、黑色金属冶炼和加工业（−0.99%）、石油加工、炼焦业（−1.54%）。

表 4 −5　　　　　　分行业的成长能力各财务指标描述性统计

行业分类	变量	营业收入增长率（%）	净利润增长率（%）	总资产增长率（%）	净资产增长率（%）	员工人数增长率（%）
农、林、牧、渔业	均值	68.70	87.75	43.66	106.97	26.37
	最小值	−84.41	−1 163.59	−41.51	−98.91	−37.50
	最大值	2 623.58	2 579.63	1 730.96	3 879.02	490.13
	标准差	241.64	379.17	147.01	343.95	58.55
	公司数	153	154	154	154	154
采矿业	均值	−2.79	−115.08	19.10	74.53	2.06
	最小值	−82.07	−1 729.27	−17.39	−78.46	−60.53
	最大值	219.51	759.03	109.03	1 513.68	85.19
	标准差	60.97	487.36	36.15	277.57	28.19
	公司数	30	30	30	30	30

续表

行业分类	变量	营业收入增长率（%）	净利润增长率（%）	总资产增长率（%）	净资产增长率（%）	员工人数增长率（%）
农副食品加工业	均值	39.38	125.95	32.76	77.18	13.10
	最小值	-61.73	-2 772.21	-43.39	-28.94	-43.84
	最大值	2 570.44	3 634.61	457.43	1 302.68	225.53
	标准差	247.19	584.58	67.78	149.43	33.30
	公司数	110	110	110	110	110
食品制造业	均值	232.06	199.38	73.42	122.43	23.35
	最小值	-54.52	-1 561.29	-31.22	-19.42	-45.38
	最大值	13 225.40	8 889.59	3 545.73	3 028.91	803.13
	标准差	1 551.89	1 114.80	415.06	369.67	96.96
	公司数	73	73	73	73	73
酒、饮料和精制茶业	均值	71.55	155.26	19.69	281.47	39.80
	最小值	-41.11	-1 227.36	-15.69	8.16	-1.47
	最大值	580.76	1 820.18	69.49	1 473.33	270.00
	标准差	146.01	586.25	26.33	427.96	80.20
	公司数	16	16	16	16	16
烟草制品业	均值	-8.01	-92.43	30.46	185.59	-0.93
	最小值	-8.01	-92.43	30.46	185.59	-0.93
	最大值	-8.01	-92.43	30.46	185.59	-0.93
	标准差	—	—	—	—	—
	公司数	1	1	1	1	1
纺织业	均值	14.95	368.54	18.23	67.25	7.23
	最小值	-64.90	-629.20	-16.71	-23.60	-39.62
	最大值	163.66	12 782.67	127.98	1 223.07	58.20
	标准差	37.99	1 843.53	29.21	185.75	20.07
	公司数	48	48	48	48	48
服装、服饰、皮毛和制鞋业	均值	13.37	61.16	18.02	121.60	14.35
	最小值	-44.27	-1 125.79	-40.59	-34.87	-31.43
	最大值	203.41	1 314.73	151.69	1 456.70	228.19
	标准差	44.00	406.30	35.04	285.05	45.85
	公司数	39	39	39	39	39

行业分类	变量	营业收入增长率（%）	净利润增长率（%）	总资产增长率（%）	净资产增长率（%）	员工人数增长率（%）
木材加工和家具制造业	均值	33.18	180.64	18.50	89.47	8.51
	最小值	-27.51	-276.90	-12.47	-4.86	-35.77
	最大值	347.45	2 254.62	98.71	993.51	202.38
	标准差	71.21	428.07	24.25	177.82	38.45
	公司数	33	33	33	33	33
造纸和纸制品业	均值	16.38	373.18	19.76	157.57	14.28
	最小值	-64.78	-2 084.26	-75.37	-86.17	-15.77
	最大值	191.29	6 789.69	111.31	4 431.05	168.00
	标准差	40.49	1 500.32	36.47	696.88	30.96
	公司数	40	40	40	40	40
印刷和记录媒介复制业	均值	17.32	-2.03	19.58	88.42	17.84
	最小值	-30.15	-4 699.98	-7.33	-22.77	-21.57
	最大值	269.21	3 943.74	261.15	1 676.15	264.71
	标准差	48.19	1 067.49	44.23	280.13	54.55
	公司数	36	36	36	36	36
文化娱乐用品制造业	均值	73.84	493.13	41.08	111.55	19.38
	最小值	-15.30	-194.71	-22.83	-15.60	-25.93
	最大值	1 168.05	3 025.58	295.15	502.13	110.23
	标准差	210.20	867.97	61.60	126.70	35.15
	公司数	30	30	30	30	30
石油加工、炼焦业	均值	-8.99	-287.05	13.74	30.26	-1.54
	最小值	-98.74	-7 137.26	-39.31	-23.33	-91.07
	最大值	145.37	773.01	126.07	121.81	30.56
	标准差	48.65	1 679.83	39.40	35.26	23.69
	公司数	19	19	19	19	19
化学原料和化学制品制造业	均值	15.95	37.54	20.59	77.56	10.71
	最小值	-80.21	-12 689.07	-42.61	-52.72	-71.43
	最大值	356.12	4 487.89	307.07	5 659.35	289.11
	标准差	50.44	986.56	39.76	320.95	29.33
	公司数	365	365	365	365	365

续表

行业分类	变量	营业收入增长率（%）	净利润增长率（%）	总资产增长率（%）	净资产增长率（%）	员工人数增长率（%）
医药制造业	均值	40.69	56.55	34.58	85.83	14.38
	最小值	−100.00	−6 312.68	−41.97	−57.06	−29.87
	最大值	1 870.12	8 324.32	297.61	1 681.45	132.26
	标准差	167.10	776.52	51.43	164.18	27.39
	公司数	203	206	206	206	206
化学纤维制造业	均值	22.43	72.25	14.81	41.85	12.49
	最小值	−25.57	−97.99	−42.50	−25.52	−5.67
	最大值	108.80	320.30	112.26	213.79	48.00
	标准差	37.24	115.12	35.42	67.92	14.28
	公司数	13	13	13	13	13
橡胶和塑料制品业	均值	19.14	357.97	22.14	138.31	15.53
	最小值	−56.55	−4 144.92	−59.53	−59.31	−40.00
	最大值	605.84	23 596.71	317.58	7 051.41	403.37
	标准差	65.13	2 310.83	47.11	634.44	47.56
	公司数	137	137	137	137	137
非金属矿物制品业	均值	28.41	191.90	26.44	67.29	13.11
	最小值	−60.38	−4 572.09	−38.87	−29.09	−69.11
	最大值	559.02	11 854.52	452.07	627.65	538.00
	标准差	88.11	1 192.58	56.85	110.59	52.32
	公司数	172	172	172	172	172
黑色金属冶炼和加工业	均值	2.25	−327.73	11.51	47.25	−0.99
	最小值	−49.61	−3 301.96	−22.93	−6.86	−20.33
	最大值	151.05	354.58	123.39	163.70	20.00
	标准差	49.75	1 014.50	37.04	57.70	10.41
	公司数	14	14	14	14	14
有色金属冶炼和加工业	均值	44.37	423.11	12.72	56.84	12.15
	最小值	−52.97	−539.60	−32.82	−32.13	−39.00
	最大值	1 860.88	21 836.87	143.63	986.18	364.37
	标准差	237.08	2 663.32	29.28	134.59	48.40
	公司数	68	68	68	68	68

行业分类	变量	营业收入增长率（％）	净利润增长率（％）	总资产增长率（％）	净资产增长率（％）	员工人数增长率（％）
金属制品业	均值	9.80	153.95	13.41	355.17	9.46
	最小值	−67.29	−28 369.91	−37.63	−45.12	−43.96
	最大值	215.85	34 913.33	151.69	33 078.33	121.52
	标准差	39.79	3 991.76	28.35	2 948.33	27.03
	公司数	130	130	130	130	130
通用设备制造业	均值	22.44	7.14	23.66	111.69	7.34
	最小值	−77.60	−12 531.04	−68.85	−72.73	−42.11
	最大值	2 099.97	8 974.91	884.24	3 871.82	251.85
	标准差	130.52	1 259.48	69.12	392.16	29.55
	公司数	320	320	320	320	320
专用设备制造业	均值	24.33	188.94	43.37	120.70	10.07
	最小值	−91.61	−6 774.53	−56.55	−181.11	−80.77
	最大值	627.67	60 174.79	2 499.16	8 539.69	196.00
	标准差	70.93	2 917.13	151.04	490.31	31.01
	公司数	479	480	480	480	480
汽车制造业	均值	25.22	390.18	31.01	122.20	13.85
	最小值	−73.46	−9 453.98	−40.57	−41.25	−51.85
	最大值	330.80	42 141.00	545.13	3 465.41	136.36
	标准差	56.33	3 796.21	57.83	404.36	28.64
	公司数	133	133	133	133	133
铁路和其他交通运输设备制造业	均值	17.33	37.29	33.83	77.56	14.27
	最小值	−37.61	−1 630.86	−25.88	−13.11	−37.50
	最大值	256.58	1 434.26	169.73	498.64	152.78
	标准差	48.73	370.88	50.38	111.53	35.74
	公司数	42	42	42	42	42
电气机械和器材制造业	均值	40.30	76.39	36.50	104.92	15.21
	最小值	−78.50	−17 136.75	−67.48	−146.53	−74.19
	最大值	1 340.50	3 979.07	1 682.63	4 824.81	414.71
	标准差	127.53	1 037.77	103.20	327.51	45.94
	公司数	396	396	396	396	396

续表

行业分类	变量	营业收入增长率（%）	净利润增长率（%）	总资产增长率（%）	净资产增长率（%）	员工人数增长率（%）
计算机和其他电子设备制造业	均值	50.68	197.82	47.46	168.18	17.70
	最小值	-86.01	-4 718.76	-67.65	-282.41	-84.41
	最大值	4 725.88	31 428.67	1 474.80	27 275.03	536.84
	标准差	249.09	1 722.02	108.92	1 336.56	52.94
	公司数	424	424	424	424	424
仪器仪表制造业	均值	42.79	175.45	112.87	134.76	69.02
	最小值	-86.32	-4 947.63	-38.60	-75.85	-34.30
	最大值	2 350.32	8 681.98	10 656.27	8 868.82	10 135.29
	标准差	224.32	1 230.93	822.50	692.49	779.39
	公司数	169	169	169	169	169
其他制造业	均值	13.48	42.35	15.78	64.64	1.09
	最小值	-57.52	-410.53	-12.30	-10.94	-26.34
	最大值	224.27	797.81	64.23	445.71	35.29
	标准差	54.04	253.65	22.83	96.83	15.94
	公司数	23	23	23	23	23
废弃资源综合利用业	均值	22.05	213.32	13.19	67.09	5.31
	最小值	-47.02	-846.47	-46.34	-3.97	-31.15
	最大值	331.17	4 842.73	83.03	206.07	136.76
	标准差	64.79	871.80	28.96	63.30	27.90
	公司数	37	37	37	37	37
金属制品、机械和设备修理业	均值	35.70	-268.46	26.71	25.90	13.88
	最小值	-7.65	-2 832.99	-8.32	-5.29	-10.95
	最大值	179.91	248.61	92.73	49.15	46.15
	标准差	56.98	966.09	34.74	20.73	19.79
	公司数	9	9	9	9	9
电、热、气、水生产和供应业	均值	97.25	-997.95	43.28	140.56	28.54
	最小值	-76.32	-77 276.76	-52.30	-172.74	-29.27
	最大值	2 403.89	11 019.90	246.59	2 373.59	500.00
	标准差	332.04	10 077.50	63.85	337.93	86.36
	公司数	61	61	61	61	61

续表

行业分类	变量	营业收入增长率（%）	净利润增长率（%）	总资产增长率（%）	净资产增长率（%）	员工人数增长率（%）
建筑业	均值	37.01	140.80	36.78	61.92	17.75
	最小值	−60.55	−4 343.64	−83.24	−88.34	−53.20
	最大值	796.85	9 164.11	274.18	812.34	507.50
	标准差	79.59	783.58	50.28	96.38	52.61
	公司数	206	206	206	206	206
批发和零售业	均值	66.99	41.07	67.12	430.58	32.58
	最小值	−58.94	−45 242.36	−78.71	−54.71	−82.76
	最大值	1 812.78	47 490.37	1 555.61	62 779.21	1 287.50
	标准差	185.36	4 248.84	155.84	3 882.55	103.83
	公司数	263	263	263	263	263
交通运输、仓储和邮政业	均值	36.08	334.49	73.89	159.87	25.46
	最小值	−73.66	−531.29	−60.68	−62.73	−60.49
	最大值	1 424.15	17 098.63	3 074.66	7 010.74	813.64
	标准差	155.61	1 854.82	336.10	752.48	98.29
	公司数	89	89	89	89	89
住宿和餐饮业	均值	34.93	194.86	32.54	417.52	11.40
	最小值	−15.95	−234.89	−27.19	−30.46	−25.29
	最大值	191.90	1 315.00	149.07	5 550.53	105.56
	标准差	54.86	403.51	52.09	1 228.37	29.05
	公司数	20	20	20	20	20
电信、广播电视和卫星传输服务	均值	48.04	186.90	73.26	119.18	27.41
	最小值	−11.75	−591.92	−41.55	−24.14	−35.09
	最大值	248.54	3 513.72	772.81	741.25	254.33
	标准差	66.24	667.12	149.33	165.91	55.33
	公司数	32	32	32	32	32
互联网和相关服务	均值	1 014.87	1 264.76	531.08	1 831.28	86.13
	最小值	−86.85	−26 907.36	−79.04	−3 240.48	−69.51
	最大值	235 516.96	254 607.54	54 907.33	291 892.14	9 500.00
	标准差	13 551.80	19 474.20	3 336.59	17 125.30	548.71
	公司数	305	306	306	306	306

续表

行业分类	变量	营业收入增长率（%）	净利润增长率（%）	总资产增长率（%）	净资产增长率（%）	员工人数增长率（%）
软件和信息技术服务业	均值	115.34	129.48	97.67	553.36	30.32
	最小值	−100.00	−78 142.74	−65.94	−169.25	−66.67
	最大值	48 835.78	52 224.54	5 733.10	378 909.70	861.29
	标准差	1 538.98	3 468.09	292.13	11 697.70	64.74
	公司数	1 052	1 052	1 052	1 052	1 052
金融业	均值	114.38	266.87	143.58	191.20	45.54
	最小值	−82.50	−482.76	−41.23	−36.53	−38.10
	最大值	3 963.27	7 081.20	1 857.68	3 038.15	965.00
	标准差	415.49	908.97	312.71	456.54	126.64
	公司数	115	115	115	115	115
房地产业	均值	40.81	75.36	55.69	258.66	10.07
	最小值	−26.78	−2 262.48	−63.45	−54.35	−44.54
	最大值	255.12	606.28	444.42	3 177.52	153.41
	标准差	55.65	427.23	106.68	625.10	35.08
	公司数	41	41	41	41	41
商务租赁和服务业	均值	540.60	−34.87	135.00	241.15	42.10
	最小值	−88.85	−62 615.70	−63.36	−54.93	−60.53
	最大值	110 710.45	10 633.57	5 864.95	6 677.65	1 500.00
	标准差	6 453.23	3 724.50	437.56	651.95	113.83
	公司数	301	301	301	301	301
科研和技术服务业	均值	52.24	353.55	64.14	217.26	21.30
	最小值	−97.29	−3 087.85	−47.36	−49.52	−44.74
	最大值	1 470.13	22 870.58	1 470.94	13 924.15	283.33
	标准差	136.54	2 119.54	132.42	1 000.11	38.35
	公司数	308	308	308	308	308
水利、环境和公共设施管理业	均值	133.31	152.31	36.08	75.10	21.47
	最小值	−82.22	−28 073.97	−60.59	−28.15	−40.00
	最大值	10 039.29	27 115.66	203.22	1 445.76	261.29
	标准差	919.30	3 630.09	49.91	150.04	44.61
	公司数	120	121	121	121	121

续表

行业分类	变量	营业收入增长率（%）	净利润增长率（%）	总资产增长率（%）	净资产增长率（%）	员工人数增长率（%）
居民服务、修理和其他服务业	均值	30.44	−205.89	70.73	124.12	64.60
	最小值	−34.26	−4 276.24	−23.55	−69.93	−11.34
	最大值	173.62	709.41	390.33	584.23	704.48
	标准差	51.42	1 086.67	104.50	195.74	168.86
	公司数	17	17	17	17	17
教育	均值	91.62	1 158.25	189.85	691.52	62.60
	最小值	−76.47	−3 442.89	−47.22	−340.84	−30.61
	最大值	828.02	36 806.84	3 035.37	11 896.21	905.88
	标准差	185.82	6 034.83	494.66	2 042.26	148.66
	公司数	38	38	38	38	38
卫生和社会工作	均值	42.01	180.82	81.11	349.86	26.53
	最小值	−26.28	−321.41	−42.65	−28.05	−13.81
	最大值	358.49	2 180.17	627.58	3 294.49	146.55
	标准差	67.27	450.83	127.50	693.12	34.44
	公司数	34	34	34	34	34
文化、体育和娱乐业	均值	149.70	207.68	128.88	701.16	44.14
	最小值	−95.90	−4 077.69	−74.40	−223.64	−52.38
	最大值	5 210.96	6 644.57	1 711.72	35 214.39	1 657.14
	标准差	474.64	1 016.10	226.81	3 253.17	144.10
	公司数	150	150	150	150	150

三、按省份分类的成长能力评价

我们将6 921家被评价公司按照注册地的不同分组为31个省（直辖市、自治区），分析不同地区的新三板公司成长能力的分布特征。

从地域来看，北京、广东、江苏、上海、浙江和山东是新三板公司最多的省份，而山西、广西、海南、甘肃、青海和西藏则是新三板公司最少的省份，这反映了各地区经济发展程度的不同。从指数得分来看，前五名分别为宁夏（63.64分）、

福建（62.31 分）、上海（61.83 分）、北京（61.77 分）和内蒙古（61.42 分），
后五名分别为重庆（56.34 分）、辽宁（56.15 分）、新疆（55.33 分）、青海
（51.76 分）和西藏（47.08 分）。北京、宁夏和福建的新三板公司成长能力指数得
分波动性较大，其标准差分别为 11.92、11.85 和 11.75（见表 4 - 6）。

表 4 - 6　　　　按省份分类的成长能力指数描述性统计

省份	公司数量	均值	最大值	最小值	标准差
安徽	225	58.12	83.18	32.70	9.71
北京	1 047	61.77	94.95	28.76	11.92
福建	205	62.31	91.83	27.40	11.75
甘肃	19	59.37	72.72	43.43	7.58
广东	972	61.27	99.72	19.91	11.41
广西	37	59.92	86.98	37.70	11.34
贵州	42	57.70	83.39	42.47	10.32
海南	20	60.46	83.92	43.25	9.57
河北	132	60.20	88.11	35.53	9.87
河南	244	59.19	84.61	35.26	10.31
黑龙江	67	59.77	87.09	36.14	11.51
湖北	258	59.28	92.63	34.36	10.98
湖南	144	60.40	89.38	35.34	10.63
吉林	52	60.01	83.10	40.66	11.39
江苏	862	58.17	92.44	24.48	10.76
江西	91	60.01	86.67	34.65	11.09
辽宁	143	56.15	91.27	29.05	10.80
内蒙古	40	61.42	86.50	44.81	10.31
宁夏	41	63.64	90.03	40.23	11.85
青海	3	51.76	56.13	48.40	3.96
山东	423	58.28	88.50	33.37	10.90
山西	38	58.06	74.32	36.58	9.95
陕西	97	59.24	88.58	34.54	11.12
上海	611	61.83	95.24	32.21	11.44

省份	公司数量	均值	最大值	最小值	标准差
四川	190	58.23	87.38	34.21	10.65
天津	120	57.74	87.85	24.17	10.94
西藏	2	47.08	51.63	42.52	6.44
新疆	72	55.33	84.38	24.60	11.25
云南	59	58.16	80.87	37.12	10.44
浙江	589	59.61	91.10	34.57	10.57
重庆	76	56.34	81.43	31.32	9.98

从成长能力的各单项财务指标来看，营业收入增长率均值排名前五位的省份分别为广东（317.38%）、上海（252.38%）、重庆（173.33%）、北京（167.48%）和宁夏（95.64%），排名后五位的省份分别为贵州（20.78%）、山西（20.27%）、新疆（18.53%）、青海（-7.52%）和西藏（-36.19%）。

净利润增长率均值排名前五位的省份分别为湖南（1 992.34%）、陕西（599.34%）、河北（376.55%）、山东（339.35%）和贵州（327.05%），排名后五位的省份分别为青海（-23.40%）、天津（-23.70%）、新疆（-61.00%）、辽宁（-100.15%）和西藏（-38 739.00%）。

总资产增长率均值排名前五位的省份分别为广西（148.76%）、北京（146.89%）、西藏（131.48%）、广东（131.02%）和上海（109.75%），排名后五位的省份分别为安徽（26.28%）、山西（23.45%）、内蒙古（23.38%）、新疆（17.51%）和青海（-5.03%）。

净资产增长率均值排名前五位的省份分别为浙江（706.66%）、北京（617.41%）、河北（578.68%）、广东（377.84%）和上海（245.55%），排名后五位的省份分别为天津（63.94%）、甘肃（62.79%）、山西（49.52%）、云南（46.23%）和青海（0.23%）。

员工人数增长率均值排名前五位的省份分别为广西（58.18%）、内蒙古（50.30%）、宁夏（49.36%）、北京（40.26%）和广东（35.48%），排名后五位的省份分别为云南（11.51%）、重庆（10.06%）、安徽（9.37%）、海南（8.93%）和甘肃（5.04%）。

从未披露的中值来看，各省份成长能力各财务指标的中值普遍低于均值，与之前的分析一致，这表明分省份来看也存在少数挂牌公司成长迅速，而大部分公司成长速度一般的状况（见表4-7）。

表4-7 分省份的成长能力各财务指标描述性统计

所属省份	变量	营业收入 增长率（%）	净利润 增长率（%）	总资产 增长率（%）	净资产 增长率（%）	员工人数 增长率（%）
安徽	均值	25.97	257.08	26.28	89.34	9.37
	最小值	-63.28	-1 059.15	-42.50	-72.73	-38.10
	最大值	580.20	12 782.67	254.82	4 216.29	132.26
	标准差	64.43	1 163.52	41.21	304.92	22.74
	公司数	223	225	225	225	225
北京	均值	167.48	14.55	146.89	617.41	40.26
	最小值	-99.85	-62 615.70	-79.04	-3 240.48	-74.19
	最大值	48 835.78	36 806.84	12 189.84	378 909.70	10 135.29
	标准差	1 800.55	3 414.05	726.09	11 752.60	323.85
	公司数	1 045	1 047	1 047	1 047	1 047
福建	均值	54.25	123.17	100.74	180.45	29.14
	最小值	-86.01	-4 718.76	-48.91	-72.00	-41.80
	最大值	683.24	4 165.00	5 099.03	6 863.45	623.33
	标准差	102.33	708.16	418.43	662.22	66.18
	公司数	204	205	205	205	205
甘肃	均值	22.96	113.61	37.68	62.79	5.04
	最小值	-12.45	-86.87	-6.26	-19.27	-18.42
	最大值	94.61	719.31	130.65	245.68	27.78
	标准差	33.73	207.26	43.09	77.40	13.20
	公司数	19	19	19	19	19
广东	均值	317.38	312.98	131.02	377.84	35.48
	最小值	-81.56	-78 142.74	-76.51	-99.98	-84.41
	最大值	235 520.00	254 607.54	54 907.33	58 117.40	9 500.00
	标准差	7 562.21	8 678.77	1 768.20	2 644.52	310.90
	公司数	972	972	972	972	972
广西	均值	33.57	182.63	148.76	196.85	58.18
	最小值	-60.44	-2 772.21	-27.24	-20.34	-45.38
	最大值	377.94	8 889.59	3 545.73	3 028.91	803.13
	标准差	87.22	1 596.42	582.56	524.54	173.39
	公司数	37	37	37	37	37

所属省份	变量	营业收入增长率（%）	净利润增长率（%）	总资产增长率（%）	净资产增长率（%）	员工人数增长率（%）
贵州	均值	20.78	327.05	30.01	73.99	16.83
	最小值	−59.10	−1 371.32	−26.08	−12.75	−51.30
	最大值	190.41	11 440.28	222.76	931.49	244.90
	标准差	53.42	1 790.12	57.22	155.98	48.26
	公司数	42	42	42	42	42
海南	均值	52.44	86.55	73.53	158.07	8.93
	最小值	−24.32	−1 163.59	−25.54	−11.15	−14.90
	最大值	621.27	1 681.21	597.05	1 093.85	33.33
	标准差	136.04	494.66	135.48	262.54	14.78
	公司数	20	20	20	20	20
河北	均值	40.59	376.55	33.23	578.68	23.21
	最小值	−59.03	−4 403.77	−67.48	−50.04	−26.72
	最大值	496.72	34 913.33	815.83	62 779.21	1 287.50
	标准差	83.27	3 085.73	83.55	5 462.17	114.64
	公司数	132	132	132	132	132
河南	均值	46.45	156.43	40.11	133.90	14.56
	最小值	−80.89	−3 944.28	−83.24	−88.34	−50.86
	最大值	1 488.39	15 170.71	1 102.83	5 550.53	490.13
	标准差	154.60	1 201.61	107.98	464.55	43.92
	公司数	244	244	244	244	244
黑龙江	均值	91.71	39.89	37.06	124.66	20.11
	最小值	−60.68	−3 096.85	−43.39	−32.82	−36.00
	最大值	2 570.44	1 333.04	416.41	1 302.68	283.33
	标准差	339.60	479.78	81.17	221.22	47.72
	公司数	67	67	67	67	67
湖北	均值	35.03	260.12	44.80	96.75	16.70
	最小值	−73.38	−11 800.83	−33.20	−31.67	−62.50
	最大值	626.12	60 174.79	1 024.13	2 847.12	429.63
	标准差	77.92	3 898.19	93.63	237.39	44.82
	公司数	258	258	258	258	258

续表

所属省份	变量	营业收入增长率（％）	净利润增长率（％）	总资产增长率（％）	净资产增长率（％）	员工人数增长率（％）
湖南	均值	52.58	1 992.34	88.42	176.48	30.40
	最小值	−66.30	−2 708.31	−23.87	−39.44	−37.71
	最大值	1 464.69	221 980.04	1 711.72	3 110.32	1 657.14
	标准差	157.95	18 707.80	247.54	466.43	144.39
	公司数	144	144	144	144	144
吉林	均值	48.73	166.69	44.91	106.58	16.78
	最小值	−45.77	−268.35	−54.62	−79.28	−24.05
	最大值	570.56	2 812.22	418.11	1 551.97	151.79
	标准差	102.99	469.77	85.20	282.29	35.84
	公司数	52	52	52	52	52
江苏	均值	44.57	110.01	38.65	114.27	15.38
	最小值	−100.00	−17 136.75	−75.37	−181.11	−80.77
	最大值	3 257.84	52 224.54	5 733.10	15 636.15	500.00
	标准差	184.48	2 168.22	204.56	644.69	43.28
	公司数	861	862	862	862	862
江西	均值	67.16	219.09	52.18	185.16	18.26
	最小值	−80.21	−1 968.21	−34.15	−60.18	−30.51
	最大值	2 099.97	5 161.66	884.24	4 824.81	176.27
	标准差	244.55	865.60	136.45	675.42	36.41
	公司数	91	91	91	91	91
辽宁	均值	29.26	−100.15	35.62	119.21	22.32
	最小值	−100.00	−28 369.91	−39.55	−169.25	−42.86
	最大值	1 284.66	4 344.35	1 857.68	3 038.15	507.50
	标准差	140.41	2 460.28	160.21	400.38	65.53
	公司数	143	143	143	143	143
内蒙古	均值	52.01	16.97	23.38	68.41	50.30
	最小值	−20.51	−5 189.97	−31.80	−37.10	−20.35
	最大值	404.62	1 715.65	162.71	738.34	905.88
	标准差	81.31	904.20	37.84	131.64	165.19
	公司数	40	40	40	40	40

所属省份	变量	营业收入增长率（%）	净利润增长率（%）	总资产增长率（%）	净资产增长率（%）	员工人数增长率（%）
宁夏	均值	95.64	242.87	80.24	89.55	49.36
	最小值	-53.45	-2 771.59	-21.77	-97.06	-29.13
	最大值	1 168.05	6 766.79	1 114.52	589.98	734.38
	标准差	218.12	1 161.33	177.94	125.85	134.42
	公司数	41	41	41	41	41
青海	均值	-7.52	-23.40	-5.03	0.23	26.10
	最小值	-28.03	-99.77	-8.74	-2.42	2.40
	最大值	12.78	78.73	-0.94	3.07	54.17
	标准差	20.41	91.99	3.92	2.75	26.16
	公司数	3	3	3	3	3
山东	均值	32.46	339.35	40.60	98.63	14.99
	最小值	-91.61	-8 702.43	-64.80	-172.74	-47.83
	最大值	967.99	42 141.00	1 034.15	5 814.67	222.73
	标准差	93.64	2 829.50	92.54	335.87	34.00
	公司数	423	423	423	423	423
山西	均值	20.27	163.92	23.45	49.52	12.23
	最小值	-55.88	-1 105.51	-23.47	-19.97	-69.11
	最大值	215.85	2 998.79	114.96	517.93	114.47
	标准差	49.99	564.91	30.33	91.50	33.01
	公司数	38	38	38	38	38
陕西	均值	34.79	599.34	58.99	97.54	15.27
	最小值	-78.05	-3 275.20	-37.06	-16.33	-44.23
	最大值	576.32	47 490.37	1 462.14	1 811.15	700.00
	标准差	81.86	4 848.42	156.58	226.24	76.31
	公司数	97	97	97	97	97
上海	均值	252.38	165.83	109.75	245.55	29.49
	最小值	-75.89	-4 026.03	-78.71	-74.36	-82.76
	最大值	110 710.00	31 428.67	5 864.95	8 966.38	965.00
	标准差	4 494.27	1 540.24	360.18	791.64	69.21
	公司数	610	611	611	611	611

所属省份	变量	营业收入增长率（%）	净利润增长率（%）	总资产增长率（%）	净资产增长率（%）	员工人数增长率（%）
四川	均值	68.39	153.50	74.52	183.65	20.70
	最小值	−78.50	−12 689.07	−63.45	−54.35	−60.53
	最大值	4 725.88	26 750.08	3 605.56	6 450.45	289.85
	标准差	371.11	2 422.07	298.19	632.17	45.47
	公司数	190	190	190	190	190
天津	均值	27.27	−23.70	33.67	63.94	13.10
	最小值	−97.69	−7 137.26	−56.55	−282.41	−62.96
	最大值	282.13	7 005.94	647.15	1 084.90	138.46
	标准差	64.43	1 063.43	77.56	128.36	31.91
	公司数	120	120	120	120	120
西藏	均值	−36.19	−38 739.00	131.48	96.39	26.13
	最小值	−76.32	−77 276.76	16.36	88.47	15.52
	最大值	3.94	−200.43	246.59	104.31	36.73
	标准差	56.76	545 012.00	162.79	11.20	15.00
	公司数	2	2	2	2	2
新疆	均值	18.53	−61.00	17.51	74.84	13.23
	最小值	−98.74	−3 119.80	−41.51	−30.63	−91.07
	最大值	533.60	754.41	123.36	1 513.68	156.57
	标准差	78.23	490.88	29.96	248.69	41.71
	公司数	72	72	72	72	72
云南	均值	24.38	60.64	27.72	46.23	11.51
	最小值	−66.96	−1 453.27	−35.88	−59.12	−51.20
	最大值	162.28	1 033.02	394.43	466.56	100.00
	标准差	51.42	364.07	59.84	80.55	26.12
	公司数	59	59	59	59	59
浙江	均值	58.03	104.19	51.48	706.66	19.83
	最小值	−91.35	−10 443.21	−56.45	−146.53	−42.86
	最大值	7 719.50	8 324.32	1 682.63	291 892.14	468.18
	标准差	392.48	758.47	146.89	12 105.60	43.83
	公司数	589	589	589	589	589

所属省份	变量	营业收入 增长率（%）	净利润 增长率（%）	总资产 增长率（%）	净资产 增长率（%）	员工人数 增长率（%）
重庆	均值	173.33	9.66	33.75	107.73	10.06
	最小值	-84.41	-845.66	-24.09	-28.15	-53.20
	最大值	10 039.29	786.33	387.47	992.97	364.37
	标准差	1 178.38	217.77	60.78	186.23	50.22
	公司数	76	76	76	76	76

四、按指数得分分类的成长能力评价

我们将成长能力指数的均值按照得分区间分为 40 分以下、40～50 分（不含）、50～60 分（不含）、60～70 分（不含）、70～80 分（不含）和 80 分以上六个区间，考察其中各单项得分的分布。

结果表明，40 分以下区间的新三板公司，主要是营业收入增长率得分的均值以及净利润增长率得分的均值低于 40 分，从而拉低了总得分；40～50 分（不含）区间的新三板公司，总资产增长率得分的均值和净资产增长率得分的均值略高于50 分，其他单项得分均值均介于 40～50 分之间；50～60 分（不含）区间的新三板挂牌公司，只有净利润增长率得分的均值略高于 60 分，其他单项得分均值均介于 50～60 分之间；60～70 分（不含）区间的新三板公司，净利润增长率得分的均值略高于 70 分，员工人数增长率得分的均值则低于 60 分，其他单项得分均值均介于 60～70 分之间；70～80 分（不含）区间的新三板公司，其营业收入增长率得分的均值略高于 80 分，而员工人数增长率得分的均值则远低于 70 分，其他单项得分均值均介于 70～80 分之间；80 分以上区间的新三板公司，其员工人数增长率得分的均值低于 80 分，其他单项得分均值均在 80 分以上。

可见，对于处在较低水平成长能力的公司而言，应着重提高其收入和利润的成长性；而对于具备较高水平成长能力的公司而言，则应着重提升其员工人数的成长性（见表 4-8）。

表 4 – 8　　按指数得分分区间的成长能力各单项指标得分的描述性统计

指数得分分区	变量	营业收入增长率得分	净利润增长率得分	总资产增长率得分	净资产增长率得分	员工人数增长率得分
40 分以下	均值	29.87	32.42	44.60	40.65	42.45
	最小值	0.00	20.75	10.64	3.00	9.02
	最大值	51.50	74.78	95.55	94.55	81.13
	标准差	9.03	8.79	12.34	13.45	9.86
	公司数	210	210	210	210	210
40~50 分（不含）	均值	43.03	42.36	50.75	51.81	48.83
	最小值	0.00	20.75	8.38	3.00	13.65
	最大值	91.07	77.20	95.98	95.61	85.42
	标准差	7.77	10.33	10.15	12.25	7.20
	公司数	1 056	1 056	1 056	1 056	1 056
50~60 分（不含）	均值	52.65	60.50	56.44	58.90	51.85
	最小值	0.00	20.75	10.48	3.00	22.76
	最大值	94.79	96.23	97.63	95.30	86.79
	标准差	8.15	14.04	10.97	12.42	7.26
	公司数	2 402	2 402	2 402	2 402	2 402
60~70 分（不含）	均值	65.08	73.00	64.08	67.09	55.35
	最小值	31.08	20.75	17.03	3.00	18.72
	最大值	99.40	99.60	95.36	96.37	96.50
	标准差	10.62	13.62	13.03	13.01	8.71
	公司数	1 938	1 938	1 938	1 938	1 938
70~80 分（不含）	均值	82.21	78.62	75.39	75.56	61.29
	最小值	53.93	20.75	17.60	26.28	30.88
	最大值	100.00	99.60	97.28	98.00	97.00
	标准差	8.95	13.64	12.96	10.99	10.67
	公司数	1 000	1 000	1 000	1 000	1 000
80 分以上	均值	91.05	87.43	84.84	83.00	74.10
	最小值	62.35	50.77	32.99	51.37	43.78
	最大值	100.00	99.60	100.00	98.00	100.00
	标准差	5.71	7.94	8.79	8.87	10.01
	公司数	315	315	315	315	315

　　按照指数得分分区，我们考察了各单项财务指标的分布。结果表明，各单项财务指标均值的分布与指数得分一致，也即指数越低的区间，其各单项财务指标也较低，反之则反是，这也说明评价体系以及指数评分是可靠的，确实能够综合反映出新三板公司的成长能力。

　　具体而言，40 分以下区间的新三板公司，其营业收入增长率、净利润增长率以及员工人数增长率的均值皆为负数，说明 2015 年相比 2014 年有所下降，尤其是净利润增长率下降幅度惊人，这些公司不但面临业务萎缩、利润剧减，而且也存在员工流失的现象。40～50 分（不含）区间的新三板公司，营业收入增长率和净利润增长率同样为负，净利润的降幅同样惊人。50～60 分（不含）区间的新三板公司，其净利润增长率为负，其余各项财务指标皆为正，说明有一定成长性，但成长的质量不高，业务增长并不能带来更多利润。60～70 分（不含）区间的新三板公司各项财务指标均为正，尤其是净利润增长率相比前两个区间有较大幅度转变。70～80 分（不含）区间以及 80 分以上区间的新三板公司各项财务指标均值都较高，但是未披露的中值显示，这仍然是由少数超高速增长的公司带来的结果（见表 4-9）。

表 4-9　　　　　按指数得分分区间的成长能力各财务指标的描述性统计

指数得分分区	变量	营业收入增长率（％）	净利润增长率（％）	总资产增长率（％）	净资产增长率（％）	员工人数增长率（％）
40 分以下	均值	-49.60	-1 583.88	9.97	17.37	-15.62
	最小值	-100.00	-78 142.74	-78.71	-282.41	-91.07
	最大值	3.75	81.92	1 990.91	4 491.55	168.00
	标准差	21.45	6 645.07	185.23	347.07	25.65
	公司数	208	210	210	210	210
40～50 分	均值	-17.20	-437.04	12.12	44.80	0.28
	最小值	-100.00	-77 276.76	-83.24	-340.84	-80.77
	最大值	226.68	140.22	2 755.89	6 863.45	425.00
	标准差	20.23	2 851.96	108.94	308.66	27.59
	公司数	1 055	1 056	1 056	1 056	1 056
50～60 分	均值	7.33	-13.30	30.05	69.58	8.86
	最小值	-82.22	-10 724.05	-79.04	-214.34	-60.53
	最大值	352.94	3 583.72	5 733.10	6 174.90	507.50
	标准差	23.57	431.44	160.12	251.57	29.38
	公司数	2 398	2 402	2 402	2 402	2 402

续表

指数得分 分区	变量	营业收入 增长率（％）	净利润 增长率（％）	总资产 增长率（％）	净资产 增长率（％）	员工人数 增长率（％）
60~70分	均值	51.52	213.28	54.56	152.89	22.67
	最小值	−47.29	−62 615.70	−65.94	−3 240.48	−69.51
	最大值	5 210.96	26 750.08	1 641.65	8 571.93	1 500.00
	标准差	154.61	2 001.07	95.55	466.23	57.75
	公司数	1 938	1 938	1 938	1 938	1 938
70~80分	均值	234.78	864.18	141.12	854.57	50.03
	最小值	9.83	−22 105.50	−64.80	−48.26	−42.49
	最大值	48 835.78	221 980.04	5 099.03	378 909.70	1 657.14
	标准差	1 696.05	7 737.92	273.25	12 246.00	88.70
	公司数	1 000	1 000	1 000	1 000	1 000
80分以上	均值	1 634.95	2 727.27	693.56	2 244.69	194.57
	最小值	30.88	−26.48	−34.03	11.25	−13.83
	最大值	235 520.00	254 607.54	54 907.33	291 892.14	10 135.29
	标准差	14 700.44	15 185.40	3 346.01	16 985.60	785.91
	公司数	315	315	315	315	315

五、按其他标准分类的成长能力分析

从表4-10可见，以做市方式挂牌交易的新三板公司成长能力指数得分的均值略高于以协议方式挂牌交易的新三板公司。

表4-10　　　　　　按挂牌交易方式分类的成长能力评价

挂牌方式	公司数量	均值	最大值	最小值	标准差
协议	5 300	59.59	99.72	24.17	11.34
做市	1 621	60.99	94.95	19.91	10.55

从表4-11可见，创新层的新三板公司成长能力指数得分的均值显著高于基础层的新三板公司。

表4-11　　　　　　　　按市场分层分类的成长能力评价

市场分层	公司数量	均值	最大值	最小值	标准差
基础	5 967	58.94	99.72	19.91	11.08
创新	954	66.01	94.95	41.74	9.79

从表4-12可见，成立时间越久的新三板公司成长能力指数得分越低，创立时间越短的公司成长速度越快，这符合企业生命周期发展的一般规律。

表4-12　　　　　　　　按成立时间段分类的成长能力评价

成立时间段	公司数量	均值	最大值	最小值	标准差
2000年及以前	1 104	56.85	91.27	32.21	9.34
2001~2005年	2 304	58.27	95.24	19.91	10.28
2006~2010年	2 594	61.13	94.95	24.17	11.65
2011年及以后	919	64.32	99.72	24.60	12.12

从表4-13可见，挂牌时间越近的新三板公司成长能力越高，可能是挂牌时间越近的公司创立时间也越短所致。

表4-13　　　　　　　　按挂牌时间段分类的成长能力评价

挂牌时间段	公司数量	平均值	最大值	最小值	标准差
2013年及以前	342	58.90	92.63	26.51	12.14
2014年	1 213	58.52	94.95	24.17	10.95
2015年	3 556	59.71	99.72	19.91	11.09
2016年	1 810	61.46	94.58	32.67	11.15

六、主要结论

（1）从成长能力指数分布来看，新三板公司2016年度的成长能力指数得分均值为59.92，标准差为11.18。分单项指数来看，营业收入增长率指数的均值为59.99，标准差为17.09；净利润增长率指数的均值为64.22，标准差为18.79；总资产增长率指数的均值为61.38，标准差为15.07；净资产增长率指数的均值为63.06，标准差为15.36；员工人数增长率指数的均值为54.46，标准差为10.37。新三板公司在2015年表现出一定的成长性，但平均水平仍有待提高。从具体财务指标来看，新三板公司 2015 年的营业收入、净利润、总资产、净资产和员工人数相比 2014 年均有所增长，反映出新三板公司的综合成长能力。新三板的融资功能发挥了积极的作用，改善了挂牌公司的资本结构，但是新三板公司在人力资源方面的投入增长较慢，不利于其长远发展。

（2）分行业来看，指数得分均值排名前五位的行业分别为教育（65.66）、互联网和相关服务（65.34）、文化、体育和娱乐业（65.18）、文化娱乐用品制造业（64.04）、商务租赁和服务业（63.77）。排名后五位的行业分别为其他制造业（54.92）、黑色金属冶炼和加工业（52.06）、石油加工、炼焦业（51.91）、采矿业（50.81）、烟草制造业（50.49）。排名靠前的行业大部分是具有巨大增长前景的战略性新兴行业，排名靠后的行业则是发展前景受到限制的传统制造业。各单项财务指标也反映了类似的结果。新三板应更多鼓励战略新兴的朝阳行业公司挂牌，适度限制重工业、高污染等传统工业企业。

（3）分地域来看，北京、广东和江苏等东部发达经济地区新三板公司较多，而甘肃、青海和西藏等西部经济欠发达地区则新三板公司较少。从指数得分来看，宁夏、福建、上海和北京等地区得分较高，新疆、青海和西藏等省份得分较低。从成长能力的各单项财务指标来看，各个省份则互有优劣，但都存在少数挂牌公司成长迅速，而大部分公司成长速度一般的状况。

（4）按指数得分分区来看，40 分以下区间的新三板公司，营业收入增长率得分的均值以及净利润增长率得分的均值都低于 40 分，从而拉低了总得分；60～70 分（不含）、70～80 分（不含）以及 80 分以上区间的新三板公司，其员工人数增长率得分的均值都低于区间最低值。因此，对于处在较低水平成长能力的公司而言，应着重提高其收入和利润的成长性；而对于具备较高水平成长能力的公司而言，则应着重提升其员工人数的成长性。从具体财务指标看，指数得分区间越低，各项财务指标越差，尤其是 40 分以下以及 40～50 分（不含）区间的新三板公司，其营业收入增长率和净利润增长率的均值皆为负数，说明平均而言，这些成长能力指数得分较低的公司 2015 年面临业务萎缩和利润剧减的困难局面。

（5）其他分类研究表明，以做市方式挂牌的新三板公司成长能力指数得分的均值略高于以协议方式挂牌的新三板公司；创新层的新三板公司成长能力指数得分的均值显著高于基础层的新三板公司；成立时间越久的新三板公司成长能力越低；挂牌时间越近的新三板公司成长能力越高。

第五章

中国新三板公司创新能力评价

一、创新能力总体描述

我们对新三板截至 2016 年 5 月 10 日已挂牌公司的创新能力进行了逐一评价，共涵盖在中国新三板挂牌的 6 921 家公司，数据来源于 2015 年年报或审计报表。整体而言，新三板挂牌公司 2016 年度的创新能力指数平均值为 52.40；评分的最小值为 14.38，最大值为 94.54，标准差为 13.28。指数基本上呈正态分布（峰度为 -0.34，偏度为 0.32，见图 5-1）。

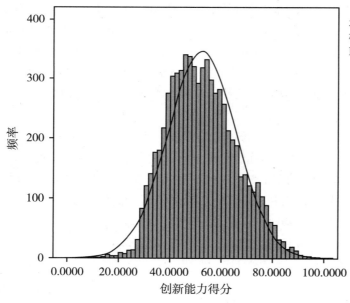

均值=52.3957
标准偏差.=13.2810
N=6 921

图 5-1 样本公司创新能力指数总体分布

　　分单项指数来看，研发支出强度指数的均值为41.28，最小值为20，最大值为100，标准差为20.80；研发技术人员占比指数的均值为54.03，最小值为0，最大值为96.79，标准差为31.51；无形资产增长率指数的均值为52.08，最小值为0，最大值为100，标准差为17.07；毛利率指数的均值为60.83，最小值为0，最大值为96.50，标准差为13.84（见表5-1）。比较而言，毛利率得分平均最高，其次为研发技术人员占比，再次为无形资产增长率，研发支出强度得分平均是最低的。

　　总体来说，新三板公司在2015年表现出一定的创新能力，但平均水平并不高；新三板公司在研发支出和研发技术人员配置方面投入不足，极大地影响了其创新能力。

表5-1　　　　　　样本公司创新能力指数总体描述性统计

变量	公司数量	平均值	最小值	最大值	标准差
创新能力指数	6 921	52.40	14.38	94.54	13.28
——研发支出强度指数	6 921	41.28	20.00	100.00	20.80
——研发技术人员占比指数	6 921	54.03	0.00	96.79	31.51
——无形资产增长率指数	6 921	52.08	0.00	100.00	17.07
——毛利率指数	6 921	60.83	0.00	96.50	13.84

　　从具体财务指标来看，新三板公司2015年研发支出强度的平均值为3.61%，最小值为0，最大值为2117.64%，标准差为25.75%，说明研发支出强度大的公司相比研发支出强度小的公司差异巨大；新三板公司2015年研发技术人员占比的平均值为25.52%，最小值为0，最大值为95.78%，标准差为21.76%；新三板公司2015年无形资产增长率的平均值为532.54%，最小值为-1 000.00%，最大值为595 083.00%，标准差为9 700.78%；新三板公司2015年毛利率的平均值为36.56%，最小值为-1 649.84%，最大值为102.64%，标准差为29.26%（见表5-2）。

表5-2　　　　　样本公司创新能力各财务指标总体描述性统计

变量	公司数量	平均值（%）	最小值（%）	最大值（%）	标准差（%）
研发支出强度	6 919	3.61	0.00	2 117.64	25.75
研发技术人员占比	6 713	25.52	0.00	95.78	21.76
无形资产增长率	6 398	532.54	-1 000.00	595 083.00	9 700.78
毛利率	6 895	36.56	-1 649.84	102.64	29.26

我们也考察了各财务指标的中值（未披露），均低于平均值，尤其是无形资产增长率的中值仅为 - 11.32%，说明大部分挂牌公司 2015 年的无形资产相比 2014 年是下降的，仅有少数公司无形资产剧增，拉动均值上升。

二、按行业分类的创新能力评价

本节按照中国证监会 2012 年的行业分类标准，对新三板公司所处的 18 个行业门类进行分析。由于"制造业"以及"信息传输、软件和信息技术服务业"这两个行业门类公司数量较多，分别为 3 583 家和 1 390 家，对这两个行业门类我们又进行了细分，其中制造业共有 31 个行业大类，我们对行业相近数量不多的 4 个行业进行了合并，C18 纺织服装、服饰业与 C19 皮革、毛皮、羽毛及其制品和制鞋业合并，C20 木材加工木制品业与 C21 家具制造业合并，合并后按 29 个制造业行业细类进行分析。信息传输、软件和信息技术服务业按 3 个大类进行分析。因此，我们共分 48 个行业进行分析。

从指数得分的均值来看，排名前五位的行业分别为软件和信息技术服务业（66.18）、互联网和相关服务（61.56）、科研和技术服务业（59.93）、电信、广播电视和卫星传输服务（59.79）、仪器仪表制造业（59.33）。排名后五位的行业分别为住宿和餐饮业（40.36）、批发和零售业（40.12）、废弃资源综合利用业（40.02）、房地产业（39.32）、交通运输、仓储和邮政业（36.95）（见表 5 - 3）。从创新能力来看，指数得分排名靠前的行业大部分是高科技或新兴行业，指数得分排名靠后的行业则是传统制造业和服务业（见表 5 - 4）。从建设创新型国家战略的高度考量，新三板应更多鼓励科技含量较高的行业挂牌，适度限制科技含量较低的行业，以发挥资本市场助推经济结构转型的作用。

表 5 - 3 　　　　　　　　分行业的创新能力指数描述性统计

行业名称	公司数量	均值	最大值	最小值	标准差
农、林、牧、渔业	154	45.58	16.45	71.24	9.53
采矿业	30	53.85	27.88	83.18	13.26
制造业	3 583	49.98	88.43	21.25	10.81
农副食品加工业	110	41.43	28.06	72.74	9.55
食品制造业	73	45.25	29.34	63.05	7.92
酒、饮料和精制茶业	16	44.46	38.39	57.11	5.29
烟草制品业	1	48.05	48.05	48.05	—

续表

行业名称	公司数量	均值	最大值	最小值	标准差
纺织业	48	40.97	27.97	58.71	7.64
服装、服饰、皮毛和制鞋业	39	41.51	26.79	56.57	8.04
木材加工和家具制造业	33	42.32	29.81	63.10	8.67
造纸和纸制品业	40	40.58	29.13	57.80	7.76
印刷和记录媒介复制业	36	41.68	23.26	56.43	8.39
文化娱乐用品制造业	30	45.51	30.12	69.92	10.55
石油加工、炼焦业	19	45.21	32.29	61.05	8.99
化学原料和化学制品制造业	365	48.40	25.06	81.33	9.38
医药制造业	206	54.38	30.12	84.08	11.30
化学纤维制造业	13	43.58	33.82	57.15	7.66
橡胶和塑料制品业	137	45.93	27.71	74.99	8.83
非金属矿物制品业	172	47.56	25.60	73.93	7.98
黑色金属冶炼和加工业	14	44.96	29.53	69.81	10.69
有色金属冶炼和加工业	68	43.01	28.02	67.64	9.16
金属制品业	130	45.68	25.92	66.06	8.20
通用设备制造业	320	51.14	21.25	79.53	8.96
专用设备制造业	480	54.15	31.35	83.30	9.87
汽车制造业	133	46.67	31.22	76.69	7.86
铁路和其他交通运输设备制造业	42	54.72	31.51	84.02	11.77
电气机械和器材制造业	396	49.64	21.75	83.04	10.00
计算机和其他电子设备制造业	424	54.66	29.60	87.27	11.93
仪器仪表制造业	169	59.33	30.74	87.16	10.74
其他制造业	23	47.25	29.78	68.28	9.45
废弃资源综合利用业	37	40.02	28.42	61.80	7.58
金属制品、机械和设备修理业	9	48.71	33.84	63.57	12.88
电、热、气、水生产和供应业	61	49.26	20.17	67.53	8.47
建筑业	206	46.91	19.73	68.14	9.77
批发和零售业	263	40.12	15.38	74.48	10.47
交通运输、仓储和邮政业	89	36.95	19.58	67.63	8.23

行业名称	公司数量	均值	最大值	最小值	标准差
住宿和餐饮业	20	40.36	28.15	59.20	7.49
信息传输、软件和信息技术服务业	1 390	65.01	94.54	20.14	12.23
电信、广播电视和卫星传输服务	32	59.79	37.45	79.85	12.38
互联网和相关服务	306	61.56	24.75	94.54	14.06
软件和信息技术服务业	1 052	66.18	20.14	94.05	11.41
金融业	115	42.78	20.13	75.00	10.29
房地产业	41	39.32	23.19	63.01	10.52
商务租赁和服务业	301	46.47	16.55	80.24	12.04
科研和技术服务业	308	59.93	30.97	88.07	10.64
水利、环境和公共设施管理业	121	52.64	27.04	74.08	9.49
居民服务、修理和其他服务业	17	47.03	31.25	71.51	14.11
教育	38	54.96	34.63	75.37	11.11
卫生和社会工作	34	51.33	32.02	86.61	14.08
文化、体育和娱乐业	150	48.33	14.38	76.25	13.39

注：行业名称后有空格的行业为二级明细行业。

表 5 - 4　　　　　　　各行业创新能力得分及排名情况

行业名称	公司数量	均值	排名
软件和信息技术服务业	1 052	66.18	1
信息传输、软件和信息技术服务业	1 390	65.01	2
互联网和相关服务	306	61.56	3
科研和技术服务业	308	59.93	4
电信、广播电视和卫星传输服务	32	59.79	5
仪器仪表制造业	169	59.33	6
教育	38	54.96	7
铁路和其他交通运输设备制造业	42	54.72	8
计算机和其他电子设备制造业	424	54.66	9
医药制造业	206	54.38	10
专用设备制造业	480	54.15	11
采矿业	30	53.85	12

续表

行业名称	公司数量	均值	排名
水利、环境和公共设施管理业	121	52.64	13
卫生和社会工作	34	51.33	14
通用设备制造业	320	51.14	15
制造业	3 583	49.98	16
电气机械和器材制造业	396	49.64	17
电、热、气、水生产和供应业	61	49.26	18
金属制品、机械和设备修理业	9	48.71	19
化学原料和化学制品制造业	365	48.4	20
文化、体育和娱乐业	150	48.33	21
烟草制品业	1	48.05	22
非金属矿物制品业	172	47.56	23
其他制造业	23	47.25	24
居民服务、修理和其他服务业	17	47.03	25
建筑业	206	46.91	26
汽车制造业	133	46.67	27
商务租赁和服务业	301	46.47	28
橡胶和塑料制品业	137	45.93	29
金属制品业	130	45.68	30
农、林、牧、渔业	154	45.58	31
文化娱乐用品制造业	30	45.51	32
食品制造业	73	45.25	33
石油加工、炼焦业	19	45.21	34
黑色金属冶炼和加工业	14	44.96	35
酒、饮料和精制茶业	16	44.46	36
化学纤维制造业	13	43.58	37
有色金属冶炼和加工业	68	43.01	38
金融业	115	42.78	39
木材加工和家具制造业	33	42.32	40
印刷和记录媒介复制业	36	41.68	41
服装、服饰、皮毛和制鞋业	39	41.51	42
农副食品加工业	110	41.43	43

行业名称	公司数量	均值	排名
纺织业	48	40.97	44
造纸和纸制品业	40	40.58	45
住宿和餐饮业	20	40.36	46
批发和零售业	263	40.12	47
废弃资源综合利用业	37	40.02	48
房地产业	41	39.32	49
交通运输、仓储和邮政业	89	36.95	50

注：由于加入了"制造业"和"信息传输、软件和信息技术服务业"两个行业门类既有本行业总体数据，又有这两个行业的细类数据，因此行业总数目为50个。

从具体财务指标来看。研发支出强度均值排名前五位的行业分别为化学纤维制造业（5.32%）、软件和信息技术服务业（5.00%）、居民服务、修理和其他服务业（4.53%）、住宿和餐饮业（4.24%）、纺织业（4.10%）。排名后五位的行业分别为通用设备制造业（2.77%）、采矿业（2.68%）、烟草制品业（2.58%）、铁路和其他交通运输设备制造业（2.47%）、废弃资源综合利用业（2.45%）。

研发技术人员占比均值排名前五位的行业分别为住宿和餐饮业（37.10%）、服装、服饰、皮毛和制鞋业（35.35%）、废弃资源综合利用业（33.26%）、教育（33.00%）、水利、环境和公共设施管理业（32.65%）。排名后五位的行业分别为木材加工和家具制造业（20.21%）、采矿业（19.80%）、仪器仪表制造业（19.54%）、石油加工、炼焦业（18.16%）、烟草制品业（14.29%）。

无形资产增长率均值排名前五位的行业分别为印刷和记录媒介复制业（17 512.84%）、橡胶和塑料制品业（1 699.27%）、水利、环境和公共设施管理业（1 415.93%）、造纸和纸制品业（1 086.17%）、商务租赁和服务业（994.82%）。排名后五位的行业分别为黑色金属冶炼和加工业（－75.96%）、文化娱乐用品制造业（－121.19%）、服装、服饰、皮毛和制鞋业（－134.33%）、酒、饮料和精制茶业（－155.25%）、烟草制品业（－215.97%）。

毛利率均值排名前五位的行业分别为住宿和餐饮业（49.95%）、服装、服饰、皮毛和制鞋业（43.54%）、其他制造业（43.10%）、造纸和纸制品业（40.79%）、有色金属冶炼和加工业（40.72%）。排名后五位的行业分别为食品制造业（33.39%）、酒、饮料和精制茶业（32.88%）商务租赁和服务业（32.55%）、黑色金属冶炼和加工业（31.55%）、烟草制品业（28.28%）。

具体数据参见表5－5。

表 5 – 5　　　　　　　分行业的创新能力各财务指标描述性统计

行业分类	变量	研发支出强度（%）	研发技术人员占比（%）	无形资产增长率（%）	毛利率（%）
农、林、牧、渔业	公司数	154	147	146	154
	均值	3.69	25.33	577.48	36.34
	最小值	0.00	0.00	− 901.00	7.53
	最大值	11.88	93.90	777.44	84.72
采矿业	公司数	30	30	29	30
	均值	2.68	19.80	158.24	35.13
	最小值	0.00	0.00	− 629.00	11.39
	最大值	8.26	69.01	5 322.00	68.00
农副食品加工业	公司数	110	108	104	110
	均值	3.27	25.32	163.07	36.73
	最小值	0.00	0.00	− 994.00	− 12.54
	最大值	9.87	93.87	8 157.00	89.69
食品制造业	公司数	73	70	66	73
	均值	3.64	24.58	185.67	33.39
	最小值	0.00	0.00	− 742.00	4.51
	最大值	9.60	80.47	8 717.00	70.54
酒、饮料和精制茶业	公司数	16	16	16	16
	均值	3.56	27.53	− 155.25	32.88
	最小值	0.00	0.00	− 979.00	6.00
	最大值	9.57	67.65	289.00	55.65
烟草制品业	公司数	1	1	1	1
	均值	2.58	14.29	− 215.97	28.28
	最小值	2.58	14.29	− 215.97	28.28
	最大值	2.58	14.29	− 215.97	28.28
纺织业	公司数	48	48	45	48
	均值	4.10	24.23	240.49	35.11
	最小值	0.00	0.00	− 713.00	13.48
	最大值	9.97	85.98	11 390.00	89.25

续表

行业分类	变量	研发支出强度（%）	研发技术人员占比（%）	无形资产增长率（%）	毛利率（%）
服装、服饰、皮毛和制鞋业	公司数	39	39	37	39
	均值	3.06	35.35	-134.33	43.5372
	最小值	0.00	0.00	-966.00	13.23
	最大值	8.75	90.10	406.00	97.88
木材加工和家具制造业	公司数	33	32	31	33
	均值	3.65	20.21	-31.61	36.65
	最小值	0.00	0.00	-570.00	7.81
	最大值	9.30	75.74	567.00	100.00
造纸和纸制品业	公司数	40	39	33	40
	均值	2.99	25.35	1 086.17	40.79
	最小值	0.00	0.00	-983.00	7.34
	最大值	9.43	86.91	28 005.00	91.59
印刷和记录媒介复制业	公司数	36	33	34	36
	均值	3.74	24.15	17 512.84	33.42
	最小值	0.00	0.00	-989.00	1.25
	最大值	9.64	77.03	595 083.00	80.95
文化娱乐用品制造业	公司数	30	29	29	30
	均值	3.33	28.57	-121.19	36.71
	最小值	0.00	4.35	-989.00	-3.46
	最大值	9.85	90.11	621.00	94.69
石油加工、炼焦业	公司数	19	19	17	19
	均值	3.09	18.16	-2.88	39.64
	最小值	0.00	0.00	-830.00	15.39
	最大值	9.19	55.79	1 225.00	79.26
化学原料和化学制品制造业	公司数	365	354	342	363
	均值	3.10	25.04	378.74	36.63
	最小值	0.00	0.00	-984.00	-85.11
	最大值	9.98	90.37	62 409.00	95.16

续表

行业分类	变量	研发支出强度（%）	研发技术人员占比（%）	无形资产增长率（%）	毛利率（%）
医药制造业	公司数	206	199	185	206
	均值	2.95	26.32	278.14	38.54
	最小值	0.00	0.00	−940.00	−33.17
	最大值	9.92	95.78	45 889.00	96.60
化学纤维制造业	公司数	13	12	12	13
	均值	5.32	21.84	58.52	38.83
	最小值	0.00	4.73	−257.00	15.80
	最大值	9.14	86.23	1 048.00	57.36
橡胶和塑料制品业	公司数	137	132	124	137
	均值	3.71	26.69	1 699.27	37.20
	最小值	0.00	0.00	−980.00	5.11
	最大值	9.69	93.59	82 182.00	96.05
非金属矿物制品业	公司数	172	164	161	171
	均值	3.32	24.47	19.88	37.27
	最小值	0.00	0.00	−998.00	−77.44
	最大值	18.24	85.37	6 289.00	100.00
黑色金属冶炼和加工业	公司数	14	14	13	14
	均值	3.29	20.45	−75.96	31.55
	最小值	0.00	0.00	−880.00	8.86
	最大值	9.03	46.15	1 199.00	58.79
有色金属冶炼和加工业	公司数	68	67	65	68
	均值	3.61	26.10	113.72	40.72
	最小值	0.00	0.00	−716.00	6.63
	最大值	9.35	88.06	5 873.00	97.81
金属制品业	公司数	130	129	124	129
	均值	3.40	25.71	151.27	36.90
	最小值	0.00	0.00	−968.00	−3.15
	最大值	9.83	84.90	13 448.00	102.64

行业分类	变量	研发支出强度（%）	研发技术人员占比（%）	无形资产增长率（%）	毛利率（%）
通用设备制造业	公司数	319	311	293	319
	均值	2.77	24.88	3.74	36.58
	最小值	0.00	0.00	−9.59	−18.41
	最大值	9.98	92.50	81 736.00	98.91
专用设备制造业	公司数	480	467	444	478
	均值	3.05	22.17	207.96	35.62
	最小值	0.00	0.00	−900.00	−153.84
	最大值	9.96	93.26	27 481.00	98.06
汽车制造业	公司数	133	130	125	133
	均值	3.70	23.00	30.24	38.35
	最小值	0.00	0.00	−949.00	1.92
	最大值	9.57	80.66	13 062.00	95.66
铁路和其他交通运输设备制造业	公司数	42	38	40	42
	均值	2.47	25.34	31.28	36.27
	最小值	0.00	0.00	−852.00	−15.59
	最大值	9.33	69.42	2 340.00	92.53
电气机械和器材制造业	公司数	396	389	373	395
	均值	3.44	24.96	194.23	34.49
	最小值	0.00	0.00	−982.00	−85.63
	最大值	9.86	91.14	51 335.00	94.09
计算机和其他电子设备制造业	公司数	423	410	386	424
	均值	3.52	23.46	823.55	35.27
	最小值	0.00	0.00	−910.00	−57.81
	最大值	92.79	92.97	233 929.00	98.65
仪器仪表制造业	公司数	169	162	150	167
	均值	3.01	19.54	260.01	33.84
	最小值	0.00	0.00	−900.00	−39.08
	最大值	9.89	85.78	31 704.00	91.65

续表

行业分类	变量	研发支出强度（%）	研发技术人员占比（%）	无形资产增长率（%）	毛利率（%）
其他制造业	公司数	23	23	21	23
	均值	3.45	27.35	332.09	43.10
	最小值	0.00	0.00	−291.00	16.61
	最大值	9.59	79.90	6 757.00	94.54
废弃资源综合利用业	公司数	37	36	35	36
	均值	2.45	33.26	114.26	36.48
	最小值	0.00	1.50	−980.00	−67.88
	最大值	9.15	86.25	6 499.00	71.14
金属制品、机械和设备修理业	公司数	9	9	9	9
	均值	3.89	25.58	98.42	37.55
	最小值	0.00	0.00	−218.00	19.24
	最大值	7.70	66.06	667.00	65.63
电、热、气、水生产和供应业	公司数	61	60	54	61
	均值	3.58	29.13	227.73	39.33
	最小值	0.00	0.00	−890.00	9.94
	最大值	9.81	81.95	4 323.00	82.85
建筑业	公司数	206	200	192	206
	均值	3.27	24.09	942.67	35.86
	最小值	0.00	0.00	−932.00	−9.94
	最大值	9.73	88.81	163 843.00	99.64
批发和零售业	公司数	263	255	238	261
	均值	4.06	31.01	342.53	40.32
	最小值	0.00	0.00	−1 000.00	2.29
	最大值	114.86	90.00	47 490.00	99.33
交通运输、仓储和邮政业	公司数	89	85	81	89
	均值	3.42	30.35	−27.47	39.98
	最小值	0.00	0.00	−754.00	6.64
	最大值	9.69	86.36	1 313.00	88.19

行业分类	变量	研发支出强度（%）	研发技术人员占比（%）	无形资产增长率（%）	毛利率（%）
住宿和餐饮业	公司数	20	20	18	20
	均值	4.24	37.10	49.24	49.95
	最小值	0.00	8.91	-405.00	11.70
	最大值	9.95	87.50	1 087.00	88.65
电信、广播电视和卫星传输服务	公司数	32	32	31	32
	均值	3.19	23.26	18.62	35.43
	最小值	0.00	0.00	-767.00	12.19
	最大值	9.28	80.00	2 859.00	99.45
互联网和相关服务	公司数	306	297	277	306
	均值	3.75	31.70	199.03	39.65
	最小值	0.00	0.00	-995.00	-9.65
	最大值	157.62	95.50	39 263.00	100.00
软件和信息技术服务业	公司数	1 052	1 021	969	1 045
	均值	5.00	23.50	665.97	35.20
	最小值	0.00	0.00	-992.00	-111.19
	最大值	2 117.64	88.31	122 633.00	100.00
金融业	公司数	115	111	109	115
	均值	4.05	21.84	-11.92	37.37
	最小值	0.00	0.00	-828.00	-2.88
	最大值	9.73	81.11	3 919.00	81.86
房地产业	公司数	41	38	40	41
	均值	3.16	31.01	327.74	38.35
	最小值	0.00	0.00	-903.00	-3.47
	最大值	9.70	88.89	13 171.00	74.55
商务租赁和服务业	公司数	301	291	275	298
	均值	3.34	28.70	994.82	32.55
	最小值	0.00	0.00	-1 000.00	-1 649.84
	最大值	25.07	92.15	213 261.00	99.74

续表

行业分类	变量	研发支出强度（％）	研发技术人员占比（％）	无形资产增长率（％）	毛利率（％）
科研和技术服务业	公司数	308	299	288	307
	均值	3.12	25.41	298.77	37.54
	最小值	0.00	0.00	-966.00	-122.30
	最大值	9.62	89.88	25 454.00	98.54
水利、环境和公共设施管理业	公司数	121	117	116	120
	均值	3.58	32.65	1 415.93	38.60
	最小值	0.00	0.00	-628.00	-85.98
	最大值	9.92	92.38	142 453.00	92.89
居民服务、修理和其他服务业	公司数	17	16	15	17
	均值	4.53	22.51	576.51	33.83
	最小值	0.00	0.00	-866.00	7.32
	最大值	9.27	58.67	10 686.00	59.31
教育	公司数	38	37	35	37
	均值	3.82	33.00	140.44	40.18
	最小值	0.00	0.52	-663.00	2.11
	最大值	45.38	88.82	5 716.00	89.05
卫生和社会工作	公司数	34	33	32	34
	均值	2.97	30.02	330.37	35.51
	最小值	0.00	0.00	-887.00	5.76
	最大值	9.19	82.69	5 917.00	68.99
文化、体育和娱乐业	公司数	150	144	138	150
	均值	3.26	29.06	406.23	38.92
	最小值	0.00	0.00	-903.00	0.38
	最大值	9.94	90.06	32 080.00	100.00

三、按省份分类的创新能力评价

我们将 6 921 家被评价公司按照注册地的不同分组为 31 个省（自治区、直辖市），分析不同省份的新三板公司创新能力的分布特征。

从指数得分来看，前五名分别为北京（58.34 分）、上海（55.08 分）、湖北（53.75 分）、陕西（53.66 分）和四川（53.42 分），后五名分别为云南（47.90 分）、黑龙江（47.80 分）、新疆（47.58 分）、内蒙古（47.38 分）和青海（44.00 分）。广西、海南和四川的新三板公司创新能力指数得分波动性较大，其标准差分别为 15.78、14.58 和 14.50（见表 5 - 6）。

表 5 - 6　　　　　　　　按省份分类的创新能力指数描述性统计

省份	公司数量	均值	最大值	最小值	标准差
安徽	225	48.5	85.53	20.17	11.31
北京	1 047	58.34	92.99	15.66	13.64
福建	205	52.49	85.06	15.38	13.11
甘肃	19	48.25	60.19	32.36	7.42
广东	972	53.10	93.52	19.58	13.12
广西	37	49.26	90.35	16.98	15.78
贵州	42	51.40	86.81	30.96	11.84
海南	20	48.32	72.81	23.19	14.58
河北	132	49.22	82.29	27.26	12.29
河南	244	51.25	89.54	21.25	11.94
黑龙江	67	47.80	73.49	23.15	11.09
湖北	258	53.75	86.29	23.21	12.99
湖南	144	50.56	79.53	17.79	12.07
吉林	52	50.00	88.61	31.34	13.84
江苏	862	49.87	94.05	14.38	12.17
江西	91	48.96	81.09	29.98	10.78
辽宁	143	51.34	88.76	21.03	13.32
内蒙古	40	47.38	71.61	28.63	13.38
宁夏	41	48.19	88.43	30.18	13.35
青海	3	44.00	47.78	39.78	4.01
山东	423	49.39	89.40	23.26	12.44
山西	38	52.95	75.72	26.97	12.49
陕西	97	53.66	88.51	28.94	11.71
上海	611	55.08	94.54	16.54	14.19
四川	190	53.42	92.27	21.75	14.50

续表

省份	公司数量	均值	最大值	最小值	标准差
天津	120	50.69	88.43	16.31	13.34
西藏	2	49.54	51.28	47.81	2.46
新疆	72	47.58	88.28	26.41	11.75
云南	59	47.90	74.82	29.93	11.60
浙江	589	50.24	91.10	19.73	12.65
重庆	76	48.78	76.33	29.00	12.14

从创新能力的各单项财务指标来看（见表5-7），研发支出强度均值排名前五位的省份分别为北京（5.09%）、青海（4.07%）、河南（3.82%）、湖北（3.80%）和陕西（3.74%），排名后五位的省份分别为贵州（2.15%）、新疆（2.05%）、海南（1.75%）、宁夏（1.62%）和西藏（1.16%）。

研发技术人员占比均值排名前五位的省份分别为北京（35.56%）、上海（31.13%）、四川（27.35%）、湖北（27.25%）和山西（27.24%），排名后五位的省份分别为安徽（19.38%）、黑龙江（19.26%）、江西（18.11%）、内蒙古（17.80%）和青海（5.74%）。

无形资产增长率均值排名前五位的省份分别为甘肃（12 258.15%）、吉林（2 506.67%）、北京（1 280.16%）、广西（1 180.79%）和新疆（932.98%），排名后五位的省份分别为安徽（-49.93%）、辽宁（-73.01%）、山西（-90.32%）、云南（-95.29%）和西藏（-119.76%）。

毛利率均值排名前五位的省份分别为青海（48.22%）、北京（44.49%）、海南（39.98%）、四川（39.75%）和贵州（39.68%），排名后五位的省份分别为宁夏（31.52%）、广西（31.34%）、新疆（30.68%）、甘肃（29.97%）和西藏（21.22%）。

表5-7　　　　分省份的创新能力各财务指标描述性统计

所属省份	变量	研发支出强度（%）	研发技术人员占比（%）	无形资产增长率（%）	毛利率（%）
安徽	公司数	225	220	212	224
	均值	3.68	19.38	-49.93	32.24
	最小值	0.00	0.00	-889.00	0.29
	标准差	2.82	18.81	367.33	16.48
	最大值	18.24	90.06	3 039.00	85.80

所属省份	变量	研发支出强度（%）	研发技术人员占比（%）	无形资产增长率（%）	毛利率（%）
北京	公司数	1 047	1 006	967	1 043
	均值	5.09	35.56	1 280.16	44.49
	最小值	0.00	0.00	-998.00	-85.11
	标准差	65.52	23.73	20 448.71	22.57
	最大值	2 117.64	92.17	595 083.00	100.00
福建	公司数	205	198	181	205
	均值	3.27	24.85	121.73	38.26
	最小值	0.00	0.00	-851.00	-12.84
	标准差	3.01	21.26	1 034.42	19.97
	最大值	9.67	93.87	10 208.00	100.00
甘肃	公司数	19	18	19	19
	均值	2.56	22.42	12 258.15	29.97
	最小值	0.00	0.00	-362.00	5.62
	标准差	2.75	20.83	53 680.62	12.94
	最大值	8.35	74.15	233 929.00	53.34
广东	公司数	972	946	871	967
	均值	3.31	24.92	790.93	35.73
	最小值	0.00	0.00	-983.00	-232.66
	标准差	2.91	20.16	8 699.15	21.10
	最大值	9.89	93.90	213 261.00	100.00
广西	公司数	37	36	36	37
	均值	2.90	24.51	1 180.79	31.34
	最小值	0.00	0.00	-845.00	2.74
	标准差	3.27	26.86	4 474.58	22.09
	最大值	9.62	95.50	22 938.00	97.29
贵州	公司数	42	38	39	42
	均值	2.15	25.24	-30.49	39.68
	最小值	0.00	0.00	-910.00	0.74
	标准差	2.84	21.83	446.89	20.85
	最大值	9.59	77.40	1 426.00	83.58

续表

所属省份	变量	研发支出强度（%）	研发技术人员占比（%）	无形资产增长率（%）	毛利率（%）
海南	公司数	20	17	20	20
	均值	1.75	22.86	48.07	39.98
	最小值	0.00	0.00	−610.00	−39.08
	标准差	2.89	26.12	390.93	29.44
	最大值	8.34	86.77	1 088.00	89.62
河北	公司数	132	127	123	132
	均值	3.33	20.49	−18.79	33.90
	最小值	0.00	0.00	−989.00	−67.88
	标准差	2.71	19.28	414.54	22.93
	最大值	9.96	92.97	2 442.00	92.76
河南	公司数	244	240	234	243
	均值	3.82	23.34	610.25	34.04
	最小值	0.00	0.00	−948.00	−5.09
	标准差	2.89	19.28	5 219.59	16.97
	最大值	10.00	84.90	62 409.00	97.88
黑龙江	公司数	67	67	58	66
	均值	3.22	19.26	570.60	36.92
	最小值	0.00	0.00	−910.00	−12.54
	标准差	2.99	19.01	4 747.79	19.12
	最大值	9.97	70.21	35 267.00	75.27
湖北	公司数	258	252	236	257
	均值	3.80	27.25	89.05	37.11
	最小值	0.00	0.00	−903.00	−54.03
	标准差	4.00	21.93	1 194.71	18.48
	最大值	45.38	88.57	12 448.00	89.61
湖南	公司数	144	140	130	144
	均值	3.56	20.35	427.50	34.65
	最小值	0.00	0.00	−834.00	−111.19
	标准差	3.06	17.58	3 726.03	23.69
	最大值	9.81	80.00	40 638.00	87.92

所属省份	变量	研发支出强度（%）	研发技术人员占比（%）	无形资产增长率（%）	毛利率（%）
吉林	公司数	52	49	51	52
	均值	2.74	20.09	2 506.67	38.52
	最小值	0.00	0.00	-849.00	5.79
	标准差	2.84	20.56	12 408.03	20.08
	最大值	9.67	76.40	81 736.00	97.33
江苏	公司数	861	834	821	860
	均值	3.63	20.79	277.80	33.46
	最小值	0.00	0.00	-1 000.00	-127.61
	标准差	4.25	18.70	5 437.89	20.49
	最大值	92.79	90.00	142 453.00	100.00
江西	公司数	91	87	84	91
	均值	3.64	18.11	-31.22	34.14
	最小值	0.00	0.00	-950.00	-12.43
	标准差	2.72	15.06	669.94	21.18
	最大值	9.87	74.51	5 244.00	94.86
辽宁	公司数	142	140	137	140
	均值	3.42	26.23	-73.01	37.06
	最小值	0.00	0.00	-980.00	-7.90
	标准差	3.18	23.77	340.89	19.30
	最大值	9.79	90.94	1 558.00	93.27
内蒙古	公司数	40	40	38	40
	均值	2.38	17.80	111.74	35.60
	最小值	0.00	0.00	-791.00	4.36
	标准差	2.64	16.89	918.69	18.57
	最大值	8.55	64.44	5 322.00	69.42
宁夏	公司数	41	37	39	41
	均值	1.62	21.22	334.36	31.52
	最小值	0.00	0.00	-851.00	-3.15
	标准差	2.49	21.35	2 194.55	18.30
	最大值	9.30	77.68	13 171.00	80.81

续表

所属省份	变量	研发支出强度（%）	研发技术人员占比（%）	无形资产增长率（%）	毛利率（%）
青海	公司数	3	3	3	3
	均值	4.07	5.74	123.99	48.22
	最小值	2.11	0.87	− 520.00	29.90
	标准差	1.97	5.04	706.71	21.10
	最大值	6.05	10.94	880.00	71.28
山东	公司数	423	415	394	421
	均值	3.33	21.49	379.14	33.81
	最小值	0.00	0.00	− 989.00	− 17.66
	标准差	3.00	20.19	5 544.35	18.82
	最大值	9.85	95.78	91 316.00	100.00
山西	公司数	38	36	34	38
	均值	2.81	27.24	− 90.32	38.37
	最小值	0.00	0.00	− 742.00	8.39
	标准差	3.02	22.88	306.88	18.11
	最大值	9.10	83.44	1 199.00	86.74
陕西	公司数	97	97	89	96
	均值	3.74	26.91	111.99	38.38
	最小值	0.00	0.00	− 852.00	4.66
	标准差	3.079	20.93	1 235.44	17.47
	最大值	9.69	83.33	10 597.00	102.64
上海	公司数	611	594	543	609
	均值	3.10	31.13	246.38	38.94
	最小值	0.00	0.00	− 995.00	− 153.84
	标准差	7.03	24.68	1 759.84	23.87
	最大值	157.62	93.26	22 494.00	99.64
四川	公司数	190	185	176	190
	均值	3.24	27.35	572.55	39.75
	最小值	0.00	0.00	− 1 000.00	1.06
	标准差	6.66	23.25	4 374.60	20.50
	最大值	84.80	86.60	51 335.00	99.33

所属省份	变量	研发支出强度（%）	研发技术人员占比（%）	无形资产增长率（%）	毛利率（%）
天津	公司数	120	112	113	120
	均值	3.28	23.93	901.02	35.52
	最小值	0.00	0.00	-934.00	-85.63
	标准差	3.00	21.39	9 989.83	26.04
	最大值	9.79	86.23	106 082.00	98.52
西藏	公司数	2	2	2	2
	均值	1.16	26.12	-119.76	21.22
	最小值	0.00	20.90	-240.00	1.37
	标准差	1.64	7.39	169.37	28.07
	最大值	2.32	31.34	0.00	41.06
新疆	公司数	72	71	69	72
	均值	2.05	20.98	932.98	30.68
	最小值	0.00	0.00	-931.00	-37.38
	标准差	2.93	21.77	7 399.96	19.49
	最大值	8.55	88.89	61 060.00	81.54
云南	公司数	59	57	57	59
	均值	2.91	19.98	-95.29	33.48
	最小值	0.00	0.00	-979.00	2.39
	标准差	2.78	20.57	404.67	18.35
	最大值	9.23	81.46	1 856.00	81.69
浙江	公司数	589	574	557	586
	均值	3.45	22.10	55.89	31.61
	最小值	0.00	0.00	-981.00	-1649.84
	标准差	2.99	19.87	1 470.00	71.97
	最大值	25.07	93.59	25 454.00	100.00
重庆	公司数	76	75	65	76
	均值	2.37	23.17	2.39	33.87
	最小值	0.00	0.00	-940.00	5.63
	标准差	2.97	19.64	560.54	17.50
	最大值	9.98	88.60	4 001.00	81.59

四、按指数得分分类的创新能力评价

我们将创新能力指数的均值按照得分区间分为 40 分以下、40~50 分（不含）、50~60 分（不含）、60~70 分（不含）、70~80 分（不含）和 80 分以上六个区间，考察其中各单项得分的分布。

结果表明，40 分以下区间的新三板公司，主要是研发支出强度得分的均值以及研发技术人员占比得分的均值均远低于 40 分，从而拉低了总得分；40~50 分（不含）区间的新三板公司也存在这个问题；50~60 分（不含）区间的新三板公司，则是研发支出强度得分的均值低于 50 分；60~70 分（不含）区间的新三板公司，研发支出强度得分的均值和无形资产增长率得分的均值均低于 60 分；70~80 分（不含）区间的新三板公司，则是无形资产增长率得分的均值低于 70 分；80 分以上区间的新三板公司，无形资产增长率得分的均值略低于 80 分。

可见，对于处在较低水平创新能力的公司而言，主要是在研发支出和研发技术人员配置方面投入不足；而对于具备较高水平创新能力的公司而言，则应进一步提高其研发投入的效率，创造更多的创新成果（见表 5-8）。

表 5-8　　　按指数得分分区间的创新能力各单项指标得分的描述性统计

创新得分分区	变量	研发支出强度得分	研发技术人员占比得分	无形资产增长率得分	毛利率得分
40 分以下	公司数	1 280	1 280	1 280	1 280
	均值	23.99	14.84	44.46	50.66
	最小值	20.00	0.00	0.00	0.00
	标准差	6.62	14.98	13.52	11.46
	最大值	61.40	90.57	89.33	96.50
40~50 分（不含）	公司数	1 928	1 928	1 928	1 928
	均值	32.80	38.22	49.92	56.67
	最小值	20.00	0.00	0.00	0.00
	标准差	10.31	19.51	13.35	11.45
	最大值	100.00	96.43	100.00	96.50

续表

创新得分分区	变量	研发支出强度得分	研发技术人员占比得分	无形资产增长率得分	毛利率得分
50～60分 （不含）	公司数	1 800	1 800	1 800	1 800
	均值	39.65	66.10	52.08	61.15
	最小值	20.00	0.00	0.00	0.00 –
	标准差	14.57	22.27	16.74	11.83
	最大值	100.00	96.65	100.00	96.50
60～70分 （不含）	公司数	1 132	1 132	1 132	1 132
	均值	53.06	81.55	55.53	68.13
	最小值	20.00	0.00	0.00	0.00
	标准差	18.89	17.12	18.17	11.51
	最大值	100.00	96.69	100.00	96.08
70～80分 （不含）	公司数	609	609	609	609
	均值	74.68	88.89	61.03	75.23
	最小值	20.00	15.35	18.10	22.90
	标准差	19.06	10.46	19.97	10.34
	最大值	100.00	96.79	100.00	96.50
80分以上	公司数	172	172	172	172
	均值	86.18	92.08	78.81	80.76
	最小值	47.29	66.67	42.88	40.54
	标准差	10.30	5.11	17.17	9.88
	最大值	100.00	96.56	100.00	96.50

按照指数得分分区，我们考察了各单项财务指标的分布。结果表明，除了研发支出强度，其他各项财务指标的分布与指数区间分布一致，即得分区间低的财务指标也小，说明创新能力指数的可靠性是比较高的。

具体而言，研发支出强度最大的区间是70～80分（不含）区间，其他依次为50～60分（不含）区间、60～70分（不含）区间、40～50分（不含）区间、40分以下区间和80分以上区间。70～80分（不含）区间和80分以上区间的研发技术人员占比的均值分别为51.97%和57.83%，说明平均而言，创新能力强的公司其研发技术人员占公司总员工的一半以上，是非常重要的人力资本和创新来源。另外，70～80分（不含）区间和80分以上区间的无形资产增长率的均值分别为1 359.42%和7 800.44%，说明创新能力强的公司2015年无形资产平均比2014年有较大幅度的增长，这反映了其创新投入产生了良好效益；70～80分（不含）区间和 80 分以上区间的毛利率均值分别为 58.68% 和 69.00%，说明创新能力强的公司产品竞争力也高，从而能够获得非常高的创新回报（见表 5 - 9）。

表 5 - 9　　按指数得分分区间的创新能力各财务指标的描述性统计

创新得分分区	变量	研发支出强度（%）	技术研发人员占比（%）	无形资产增长率（%）	毛利率（%）
40 分以下	公司数	1 279	1 266	1 187	1 266
	均值	1.78	5.10	- 112.55	22.43
	最小值	0.00	0.00	- 989.00	- 232.66
	标准差	2.44	5.21	234.55	18.52
	最大值	9.98	46.72	967.00	100.00
40 ~ 50 分（不含）	公司数	1 927	1 830	1 806	1 924
	均值	3.75	13.68	63.79	30.85
	最小值	0.00	0.00	- 1 000.00	- 127.61
	标准差	2.54	8.96	2 661.98	16.38
	最大值	9.98	88.60	82 182.00	100.00
50 ~ 60 分（不含）	公司数	1 800	1 729	1 662	1 793
	均值	4.18	29.47	449.39	36.64
	最小值	0.00	0.00	- 1 000.00	- 153.84
	标准差	2.93	17.96	7 255.05	17.78
	最大值	10.00	92.97	233 929.00	100.00
60 ~ 70 分（不含）	公司数	1 132	1 110	1 026	1 132
	均值	3.88	42.72	643.81	45.13
	最小值	0.00	0.00	- 994.00	- 1 649.84
	标准差	4.87	19.91	6 929.34	53.57
	最大值	114.86	93.87	163 843.00	99.15
70 ~ 80 分（不含）	公司数	609	606	555	608
	均值	5.50	51.97	1 359.42	58.68
	最小值	0.00	5.42	- 985.00	- 34.00
	标准差	86.10	18.39	7 632.27	18.30
	最大值	2 117.64	95.78	91 316.00	100.00
80 分以上	公司数	172	172	162	172
	均值	1.22	57.83	7 800.44	69.00
	最小值	0.10	23.53	- 666.00	8.08
	标准差	6.79	17.38	50 486.32	18.60
	最大值	84.80	91.14	595 083.00	102.64

五、按其他标准分类的创新能力分析

从表 5 – 10 可见，以做市方式挂牌交易的新三板公司的创新能力得分均值显著高于以协议方式挂牌交易的新三板公司。

表 5 – 10　　　　　　　　　　**按挂牌交易方式分类的创新能力评价**

挂牌方式	公司数量	均值	最大值	最小值	标准差
协议	5 300	51.89	94.54	14.38	13.40
做市	1 621	54.06	91.10	15.66	12.75

从表 5 – 11 可见，创新层新三板公司的创新能力得分均值显著高于基础层的新三板公司。

表 5 – 11　　　　　　　　　　**按市场分层分类的创新能力评价**

市场分层	公司数量	均值	最大值	最小值	标准差
基础	5 967	52.21	94.54	14.38	13.38
创新	954	53.55	94.05	16.31	12.58

从表 5 – 12 可见，基本趋势反映出成立时间越久的新三板公司的创新能力得分均值越低，但是 2011 年及以后成立的公司创新能力得分均值却有下降趋势。

表 5 – 12　　　　　　　　　　**按成立时间段分类的创新能力评价**

成立时间段	公司数量	均值	最大值	最小值	标准差
2000 年及以前	1 104	51.10	88.51	19.58	12.15
2001 ~ 2005 年	2 304	52.39	92.27	15.66	12.87
2006 ~ 2010 年	2 594	52.96	94.05	14.38	13.60
2011 年及以后	919	52.38	94.54	16.31	14.54

从表 5 – 13 可见，2013 年及以前挂牌的新三板公司的创新能力得分均值较高，2014 年、2015 年、2016 年挂牌的公司创新能力得分均值逐年下降。这有可能是新三板大幅度扩容所导致的结果，未来在持续扩容的基础上，新三板还需适度考量挂牌公司的创新能力。

表5-13　　　　按挂牌时间段分类的创新能力评价

上市时间段	公司数量	平均值	最大值	最小值	标准差
2013年及以前	342	60.90	90.35	20.14	12.71
2014年	1 213	53.65	89.54	15.66	12.38
2015年	3 556	51.80	94.05	14.38	13.14
2016年	1 810	51.13	94.54	15.38	13.62

六、主要结论

（1）从创新能力指数分布来看，新三板公司2016年度的创新能力指数平均值为52.40，最小值为14.38，最大值为94.54，标准差为13.28，指数基本上呈正态分布（峰度为-0.34，偏度为0.32，见图5-1）。分单项指数来看，研发支出强度指数的均值为41.28，最小值为20，最大值为100，标准差为20.80；研发技术人员占比指数的均值为54.03，最小值为0，最大值为96.79，标准差为31.51；无形资产增长率指数的均值为52.08，最小值为0，最大值为100，标准差为17.07；毛利率指数的均值为60.83，最小值为0，最大值为96.50，标准差为13.84。

从具体财务指标来看，新三板公司2015年研发支出强度的平均值为3.61%，最小值为0，最大值为2 117.64%，标准差为25.75%；研发技术人员占比的平均值25.52%，最小值为0，最大值为95.78%，标准差为21.76%；无形资产增长率的平均值为532.54%，最小值为-1 000.00%，最大值为595 083.00%，标准差为9 700.78%；毛利率的平均值为36.56%，最小值为-1 649.84%，最大值为102.64%，标准差为29.26%。

（2）分行业来看，指数得分均值排名前五位的行业分别为软件和信息技术服务业（66.18）、互联网和相关服务（61.56）、科研和技术服务业（59.93）、电信、广播电视和卫星传输服务（59.79）、仪器仪表制造业（59.33）。排名后五位的行业分别为住宿和餐饮业（40.36）、批发和零售业（40.12）、废弃资源综合利用业（40.02）、房地产业（39.32）、交通运输、仓储和邮政业（36.95）。从创新能力来看，指数得分排名靠前的行业大部分是高科技或新兴行业，指数得分排名靠后的行业则是传统制造业和服务业。从建设创新型国家战略的高度考量，新三板应更多鼓励科技含量较高的行业挂牌，适度限制科技含量较低的行业，以发挥资本市场助推经济结构转型的作用。

（3）分地域来看，指数得分前五名的分别是北京（58.34分）、上海（55.08分）、湖北（53.75分）、陕西（53.66分）和四川（53.42分），排名后五位的分别云南（47.90分）、黑龙江（47.80分）、新疆（47.58分）、内蒙古（47.38分）和青海（44.00分）。创新能力的各单项财务指标则各个省份互有优劣。

（4）按指数得分分区来看，40分以下以及40～50分（不含）区间的新三板公司研发支出强度得分和研发技术人员占比得分的均值均低于40分，从而拉低了总得分；70～80分（不含）以及80分以上区间的新三板公司无形资产增长率得分的均值低于区间最低值。这表明创新能力较低的公司在研发支出和研发技术人员配置方面投入不足，而创新能力较高的公司则应提高其研发投入的效率。

除了研发支出强度，其他各项财务指标的分布与指数区间分布一致。70～80分（不含）区间和80分以上区间研发技术人员占比的均值分别为51.97%和57.83%，无形资产增长率的均值分别为1 359.42%和7 800.44%，毛利率均值分别为58.68%和69.00%，说明创新能力强的公司在研发技术人员方面投入较多，创新结果比较丰富，并能够获得非常高的创新回报。

（5）其他分类研究表明，以做市方式挂牌的新三板公司的创新能力得分均值显著高于以协议方式挂牌的新三板公司，创新层新三板公司的创新能力得分均值显著高于基础层的新三板公司；成立时间越久的新三板公司的创新能力得分均值越低，但是2011年及以后成立的公司创新能力得分均值却有下降趋势；2013年及以前挂牌的新三板公司的创新能力得分均值较高，2014年、2015年、2016年挂牌的公司创新能力得分均值逐年下降。未来新三板还应更多吸引创新能力强的公司挂牌，以发挥资本市场助推经济结构转型的作用。

附表 中国新三板公司投资者保护总体指数及分指数

挂牌代码	公司简称	排名	总体指数	透明度与治理指数	成长能力指数	创新能力指数
835929	涵凌网络	1	78.67	66.58	79.71	94.54
836527	盛世锦天	2	77.52	67.95	90.44	76.20
834613	亿华通	3	77.35	64.94	91.28	78.86
835352	量邦科技	4	77.17	70.69	71.72	92.58
833181	泰久信息	5	76.50	75.38	74.07	80.86
834638	宝利明威	6	76.40	62.04	79.59	92.99
834537	中焯股份	7	76.13	68.23	85.52	76.49
831266	一铭软件	8	75.79	63.27	85.76	82.02
833205	博采网络	9	75.76	72.25	81.51	74.12
834963	森虎科技	10	75.66	63.46	91.48	74.71
834853	延边创业	11	75.21	64.30	82.64	82.06
835759	财人汇	12	75.13	63.51	86.42	78.55
832828	凡科股份	13	75.00	76.56	84.34	62.05
833416	掌上纵横	14	74.99	64.12	75.67	89.53
833597	雷格讯	15	74.84	76.33	80.96	65.73
836288	奥特维	16	74.55	67.57	84.70	72.76
834084	聚能鼎力	17	74.36	67.63	91.26	64.46
430613	腾晖科技	18	74.31	74.62	63.27	86.55
837069	华如科技	19	74.31	63.71	72.26	91.64
835732	匡信科技	20	74.26	65.17	84.62	75.19
835506	星博生物	21	74.10	72.78	70.75	79.81
835516	康铭泰克	22	73.88	74.07	79.93	66.67
832112	网智天元	23	73.72	65.26	83.84	74.04
831712	创泽信息	24	73.71	53.79	84.54	89.40
430292	威控科技	25	73.68	69.85	81.43	70.19
834361	融航信息	26	73.65	65.29	77.63	80.86
836989	赛四达	27	73.57	66.10	81.23	75.33

挂牌代码	公司简称	排名	总体指数	透明度与治理指数	成长能力指数	创新能力指数
430092	金刚游戏	28	73.56	52.60	89.71	84.60
834785	无忧互通	29	73.43	58.79	85.12	80.67
836277	中科恒运	30	73.37	55.05	88.11	82.29
832705	达瑞生物	31	73.30	61.46	82.75	79.16
836672	鑫日科	32	73.26	64.97	73.24	84.98
430062	中科国信	33	73.20	67.94	75.57	77.90
833326	金盾软件	34	73.17	61.74	82.12	79.04
832995	杰创智能	35	73.10	69.35	80.36	70.06
835381	爱玩网络	36	73.08	62.47	88.06	70.87
836229	众恒志信	37	72.88	71.63	69.31	78.73
834787	飞搏软件	38	72.83	69.44	75.46	74.59
835831	智铸科技	39	72.65	56.34	82.16	84.77
833007	东华宏泰	40	72.62	62.93	80.60	77.14
834621	润晶水利	41	72.60	65.78	79.54	74.25
835288	贝特莱	42	72.58	66.33	77.91	75.29
834911	高达软件	43	72.52	79.31	67.21	69.03
836269	广升信息	44	72.51	57.27	90.25	73.65
833857	时光科技	45	72.47	70.14	76.49	71.16
430216	风格信息	46	72.44	58.48	78.05	85.70
832571	点击网络	47	72.44	55.94	91.83	73.47
832859	晨越建管	48	72.39	68.31	76.51	73.42
834729	朗朗教育	49	72.33	69.11	82.05	65.71
833783	源培生物	50	72.26	63.65	72.56	84.08
834675	中科防雷	51	72.24	61.79	75.68	83.04
834800	荣程创新	52	72.20	65.17	79.20	74.10
834556	神州商龙	53	72.20	74.07	55.75	88.43
831903	汇川科技	54	72.11	65.36	75.66	77.56
832800	赛特斯	55	72.05	54.71	74.20	94.05

挂牌代码	公司简称	排名	总体指数	透明度与治理指数	成长能力指数	创新能力指数
836538	网城科技	56	72.04	62.07	82.68	73.91
835213	福信富通	57	72.01	66.33	74.07	77.64
835247	云晖航科	58	71.97	58.42	76.67	85.69
836914	微动天下	59	71.97	64.97	77.39	75.61
833587	网班教育	60	71.93	62.40	78.38	77.97
833401	鸿合智能	61	71.87	76.86	77.08	58.85
830933	纳晶科技	62	71.87	68.46	74.46	73.72
836576	天戏互娱	63	71.83	67.64	68.52	81.53
834077	新智视讯	64	71.78	53.98	87.85	78.46
836188	品茗股份	65	71.74	63.08	77.89	76.89
833668	天力软件	66	71.59	63.88	69.21	85.21
832367	慧图科技	67	71.59	62.99	79.92	74.15
834299	汇量科技	68	71.53	63.24	99.72	50.87
836619	显鸿科技	69	71.49	60.66	85.14	71.11
832432	科列技术	70	71.48	58.27	88.64	70.42
833529	视纪印象	71	71.47	65.03	71.82	80.14
837024	广州瀚润	72	71.45	59.16	78.61	80.58
831405	赞普科技	73	71.41	68.58	71.81	74.95
834181	龙贝世纪	74	71.37	67.51	72.09	75.97
831557	中呼科技	75	71.32	66.31	71.98	77.63
833554	新翔科技	76	71.32	63.79	79.40	72.67
430055	达通通信	77	71.30	63.29	67.30	87.20
833629	合力亿捷	78	71.23	76.48	55.77	81.57
834878	华尊科技	79	71.20	61.38	75.36	80.27
833029	鹏信科技	80	71.16	72.32	67.31	73.95
835705	睿易教育	81	71.16	64.37	87.65	61.80
832624	金智教育	82	71.14	70.52	59.53	85.33
833056	通用数据	83	71.10	68.88	62.32	84.32

挂牌代码	公司简称	排名	总体指数	透明度与治理指数	成长能力指数	创新能力指数
835801	博大光通	84	71.04	54.97	87.19	75.18
835720	宝藤生物	85	70.87	59.02	82.29	74.48
830917	网波股份	86	70.84	63.59	76.51	74.54
834346	亿海蓝	87	70.84	71.71	68.61	72.16
832900	紫荆股份	88	70.82	56.57	77.73	83.01
831022	三和视讯	89	70.81	60.80	78.39	76.24
430177	点点客	90	70.79	55.74	82.41	78.71
430670	东芯通信	91	70.77	58.07	77.86	80.55
833727	兆晟科技	92	70.70	68.08	75.88	68.47
833568	华谊创星	93	70.68	73.57	77.57	58.71
834534	曼恒数字	94	70.61	73.21	57.30	82.21
835865	蓝网科技	95	70.59	56.88	77.78	81.67
430347	地大信息	96	70.58	66.20	79.26	66.80
836706	施美药业	97	70.53	70.77	74.40	65.76
835339	壹进制	98	70.49	62.62	65.09	87.79
832677	贵仁科技	99	70.47	57.23	88.46	68.51
835461	瑞霖环保	100	70.46	61.12	78.79	74.08
836098	华浩科技	101	70.45	69.25	63.64	79.96
835778	安明斯	102	70.41	63.32	74.17	76.11
832338	博克森	103	70.41	60.88	85.66	66.35
830776	帕特尔	104	70.37	69.49	79.68	60.92
833521	海积信息	105	70.35	57.50	81.19	76.04
831429	创力股份	106	70.28	64.19	73.12	75.63
834373	晶淼材料	107	70.25	71.03	73.58	65.31
833619	佰聆数据	108	70.21	70.17	75.67	63.99
835539	中宇万通	109	70.18	63.14	72.90	77.00
832768	爱可生	110	70.17	61.46	68.88	83.95
430011	指南针	111	70.12	63.04	87.29	60.40

挂牌代码	公司简称	排名	总体指数	透明度与治理指数	成长能力指数	创新能力指数
430534	天涌科技	112	70.12	63.88	72.75	75.89
430290	和隆优化	113	70.10	50.32	79.75	86.93
833670	易康云	114	70.09	59.68	65.70	89.81
835625	悦然心动	115	70.08	56.69	77.94	79.95
832773	寰烁股份	116	70.07	62.61	74.32	75.72
833449	联达动力	117	70.06	68.67	66.62	75.96
430416	地林伟业	118	70.04	61.89	71.33	80.05
833423	穗晶光电	119	70.01	73.80	70.01	64.67
430178	白虹软件	120	69.94	55.71	79.67	78.87
831330	普适导航	121	69.91	62.30	79.63	69.51
833451	璧合科技	122	69.90	61.22	85.32	64.46
835531	蓝创股份	123	69.88	64.87	71.71	74.85
834333	国是经纬	124	69.85	63.68	89.60	55.90
833059	超腾能源	125	69.84	59.40	79.24	73.79
837013	梧桐世界	126	69.79	57.66	75.79	80.00
831398	东联教育	127	69.78	64.39	86.50	58.20
833352	东尚信息	128	69.76	63.97	62.34	86.46
831724	信而泰	129	69.76	52.66	75.62	87.16
833175	浩瀚深度	130	69.74	64.39	66.33	81.22
834157	一丁芯	131	69.68	74.51	56.21	78.33
833030	立方控股	132	69.68	61.94	74.84	74.68
831490	成电光信	133	69.67	63.45	61.17	88.19
831922	长宝科技	134	69.63	66.84	59.41	85.32
833331	爱夫卡	135	69.62	63.88	71.80	75.21
831975	温迪数字	136	69.60	59.26	88.65	62.33
836333	像素软件	137	69.57	65.80	58.00	88.16
430032	凯英信业	138	69.57	67.82	60.22	82.77
834924	悦游网络	139	69.57	60.51	85.30	64.29

挂牌代码	公司简称	排名	总体指数	透明度与治理指数	成长能力指数	创新能力指数
832915	汉尧环保	140	69.53	60.87	73.59	77.08
831308	华博教育	141	69.49	67.25	62.97	80.13
833504	骐俊股份	142	69.48	73.78	78.10	53.54
833173	赢鼎教育	143	69.48	64.76	88.40	54.41
832148	云媒股份	144	69.46	51.42	76.18	87.20
832303	广安车联	145	69.45	57.27	81.48	72.84
832854	紫光新能	146	69.44	67.55	77.31	63.07
832794	万斯达	147	69.43	66.35	76.93	65.17
430127	英雄互娱	148	69.40	53.15	82.99	76.73
834147	汉密顿	149	69.40	69.11	65.52	74.26
831187	创尔生物	150	69.38	75.98	68.12	61.53
831751	虎符通信	151	69.38	50.66	76.81	87.27
836485	支点科技	152	69.35	54.40	77.74	80.83
430140	新眼光	153	69.33	76.79	72.23	55.48
834755	嘉一高科	154	69.33	63.96	85.44	58.41
832999	法本信息	155	69.32	61.48	77.26	71.27
430245	奥特美克	156	69.27	66.02	70.96	71.94
831566	盛世大联	157	69.26	62.18	75.98	71.56
831255	佳和电气	158	69.26	70.70	66.60	70.28
834655	恩迪生物	159	69.26	73.57	70.32	61.95
831412	天际航	160	69.25	58.70	75.20	77.30
834496	赛乐奇	161	69.24	68.04	69.45	70.69
835983	诺博教育	162	69.24	59.65	79.25	71.28
831140	力阳科技	163	69.20	68.38	74.61	64.13
831802	智华信	164	69.19	65.58	78.21	63.94
836795	狼和医疗	165	69.18	65.83	83.85	57.05
834021	流金岁月	166	69.17	63.82	75.35	69.62
831194	派拉软件	167	69.16	57.20	70.56	84.44

挂牌代码	公司简称	排名	总体指数	透明度与治理指数	成长能力指数	创新能力指数
831511	水治理	168	69.16	64.27	80.33	63.24
832738	天润基业	169	69.14	63.79	67.67	78.36
834195	华清飞扬	170	69.14	53.56	74.83	84.58
831428	数据堂	171	69.13	48.54	86.31	78.47
835902	科盾科技	172	69.13	64.07	78.09	66.00
833894	卓影科技	173	69.11	67.82	87.38	49.96
833835	天鸿设计	174	69.10	72.72	61.41	72.81
836688	远行科技	175	69.09	61.44	76.27	71.65
836685	雕龙数据	176	69.07	61.81	71.03	77.08
831415	城兴股份	177	69.04	57.98	77.75	74.63
831097	思为同飞	178	69.02	67.13	63.17	78.41
836731	盛邦安全	179	69.01	54.40	78.49	78.73
835053	帝尔激光	180	69.01	66.55	78.92	61.09
835739	般若系统	181	69.00	52.72	82.35	76.65
832638	瓦力科技	182	68.97	68.13	76.60	61.40
830781	精鹰传媒	183	68.97	53.79	85.90	70.94
832911	正方股份	184	68.96	56.15	87.09	66.24
835672	华高墨烯	185	68.96	66.04	74.66	66.55
832371	莱茵环保	186	68.93	65.62	83.06	57.40
430237	大汉三通	187	68.92	62.54	77.86	67.66
831789	英诺迅	188	68.91	63.86	67.28	77.90
831257	赛德盛	189	68.91	68.47	71.65	66.37
831129	领信股份	190	68.90	50.98	87.21	73.19
835126	金版文化	191	68.89	57.62	83.34	68.19
836396	寅源科技	192	68.88	67.07	66.01	74.73
837035	宏乾科技	193	68.88	65.37	80.57	60.41
834260	中惠旅	194	68.87	63.12	89.38	53.44
831153	全通服	195	68.86	58.31	82.76	67.81

续表

挂牌代码	公司简称	排名	总体指数	透明度与治理指数	成长能力指数	创新能力指数
834322	赛思软件	196	68.86	46.39	82.78	84.59
832317	观典航空	197	68.86	57.79	72.11	80.75
834048	蓝灯数据	198	68.86	56.38	76.58	77.60
831517	凯伦建材	199	68.84	79.83	64.14	58.71
836191	亚讯星科	200	68.83	66.67	67.23	73.70
834418	好买财富	201	68.82	65.65	80.19	60.24
835041	三加六	202	68.77	64.86	73.32	69.06
834987	清睿教育	203	68.75	69.97	61.06	75.86
430310	博易股份	204	68.75	47.46	80.78	84.97
830938	可恩口腔	205	68.75	64.40	76.52	65.96
831062	远古信息	206	68.75	69.95	68.75	67.03
430665	高衡力	207	68.72	64.73	81.74	59.39
831152	昆工科技	208	68.72	72.83	64.60	67.64
430021	海鑫科金	209	68.71	56.86	67.70	86.59
430356	雷腾软件	210	68.68	59.82	72.45	76.86
831392	天迈科技	211	68.68	66.03	66.43	74.99
836261	闻道网络	212	68.67	61.02	81.51	64.71
831585	鸿业科技	213	68.66	65.77	62.85	79.43
832979	弘天生物	214	68.66	58.84	81.77	67.48
835468	雅捷信息	215	68.66	61.11	61.67	87.34
835049	瀚易特	216	68.64	45.83	78.32	89.70
430580	云天软件	217	68.63	68.52	64.72	73.26
832760	上海君屹	218	68.62	65.60	76.02	64.37
835804	安趣股份	219	68.61	73.36	86.62	41.25
833373	锐融科技	220	68.61	53.83	74.71	82.48
834196	大娱号	221	68.60	60.91	73.85	73.43
833066	亿联科技	222	68.60	63.40	74.11	69.60
831157	信合节能	223	68.59	72.70	71.67	59.26

挂牌代码	公司简称	排名	总体指数	透明度与治理指数	成长能力指数	创新能力指数
430191	波尔通信	224	68.59	70.49	61.15	74.44
834249	神鹰城讯	225	68.58	66.63	76.18	62.61
833247	军一物联	226	68.57	64.73	73.09	68.81
430374	英富森	227	68.57	56.36	75.00	78.42
836327	西岐网络	228	68.57	57.01	77.10	75.08
837030	新空气	229	68.55	60.32	64.93	84.30
834158	鸿大网络	230	68.54	76.81	56.23	70.98
835034	化龙网络	231	68.52	63.78	69.28	74.35
830777	金达莱	232	68.52	66.78	67.86	71.73
836801	睦合达	233	68.51	61.43	78.98	66.49
834733	华卓精科	234	68.51	55.38	80.08	73.75
834013	利和兴	235	68.49	52.97	85.79	70.54
833369	朗尼科	236	68.48	59.79	87.96	58.37
831190	第六元素	237	68.47	67.77	79.10	57.25
430424	联合创业	238	68.47	66.71	77.75	60.29
430515	麟龙股份	239	68.43	69.29	77.19	57.17
835743	展鸿软通	240	68.43	64.56	79.49	61.20
833277	丽晶软件	241	68.42	68.61	67.64	69.05
430569	安尔发	242	68.40	61.20	88.00	56.08
430591	明德生物	243	68.38	68.17	71.87	64.69
430182	全网数商	244	68.37	56.70	74.48	77.82
835212	多想互动	245	68.35	65.09	83.23	55.88
833306	六行君通	246	68.32	63.11	66.33	77.94
836984	翔博科技	247	68.31	52.08	75.96	82.44
831467	世窗信息	248	68.31	64.56	71.24	70.25
430435	数聚股份	249	68.29	63.01	70.69	72.99
832642	确信信息	250	68.27	65.11	70.01	70.74
832079	华邦云	251	68.27	45.22	76.67	91.16

续表

挂牌代码	公司简称	排名	总体指数	透明度与治理指数	成长能力指数	创新能力指数
833190	华生科技	252	68.25	62.71	74.74	68.62
835325	搜搜电商	253	68.25	63.65	67.31	75.82
834045	泰和鑫	254	68.21	74.01	56.41	73.57
837073	喜悦动漫	255	68.20	56.99	84.94	64.81
430060	永邦科技	256	68.19	49.10	82.26	78.97
835691	海森电子	257	68.19	68.14	74.49	61.01
835653	天润融通	258	68.15	65.93	66.64	73.01
836391	工大科雅	259	68.14	66.09	69.18	69.83
830878	智信股份	260	68.13	53.04	80.87	74.82
835089	爱酷游	261	68.11	56.03	86.01	64.62
832686	育星达	262	68.11	60.52	67.50	79.50
430230	银都传媒	263	68.10	59.35	78.45	68.58
836713	中天引控	264	68.08	53.29	88.58	65.45
835561	杭开科技	265	68.08	64.29	78.78	61.13
831049	赛莱拉	266	68.02	59.74	71.48	75.74
835100	艾漫数据	267	68.01	61.82	58.59	87.55
836390	北科软件	268	67.99	63.97	73.41	67.45
836084	江苏北人	269	67.99	60.64	74.21	71.23
835937	迈测科技	270	67.99	69.37	72.46	60.90
835225	世纪空间	271	67.97	71.14	55.57	77.74
834063	卡车之家	272	67.96	63.86	80.85	58.95
430437	食安科技	273	67.95	56.27	78.73	72.05
835346	赛普特	274	67.95	56.72	68.83	82.77
835019	神尔科技	275	67.93	65.90	76.91	60.51
832652	杭州目乐	276	67.91	66.61	71.31	65.83
835810	长盈科技	277	67.91	50.02	81.27	77.81
834901	锐取信息	278	67.89	71.66	63.57	67.54
832046	天安智联	279	67.84	57.23	72.47	77.51

挂牌代码	公司简称	排名	总体指数	透明度与治理指数	成长能力指数	创新能力指数
831072	瑞聚股份	280	67.84	61.15	74.81	69.30
833144	毅康股份	281	67.84	57.54	88.50	58.66
835507	恒光信息	282	67.83	59.15	73.20	73.93
836851	星盾科技	283	67.83	55.11	78.27	73.78
430251	光电高斯	284	67.81	68.37	73.05	61.00
836460	风云科技	285	67.81	59.38	79.12	66.71
830892	海迈科技	286	67.79	65.18	62.26	77.82
835982	联盛科技	287	67.79	57.08	77.17	72.13
830864	诚思科技	288	67.76	67.43	62.65	74.09
833470	泰聚泰	289	67.76	71.44	51.92	80.74
833968	资源环保	290	67.75	64.53	78.23	60.25
430494	华博胜讯	291	67.74	71.47	70.06	59.82
836705	精准传媒	292	67.73	54.36	82.29	69.89
836554	谛听科技	293	67.72	66.10	73.24	63.67
835715	顶联信息	294	67.69	65.30	79.62	57.37
832714	思晗科技	295	67.68	57.36	81.41	66.48
834490	聚标股份	296	67.66	75.12	61.93	63.71
833913	坤鼎集团	297	67.66	69.08	78.18	53.58
832077	合成药业	298	67.63	67.06	55.75	82.09
830817	鼎炬科技	299	67.62	57.27	72.23	76.94
830978	先临三维	300	67.62	53.79	78.27	74.89
832567	伟志股份	301	67.61	65.33	86.37	49.30
833148	乐卓网络	302	67.60	46.81	79.91	82.80
836177	映潮科技	303	67.59	61.27	78.07	64.48
837052	京融教育	304	67.57	68.66	70.39	62.81
836581	捷思锐	305	67.56	48.51	74.05	86.99
831853	世游科技	306	67.55	66.47	77.27	57.93
834674	瑞能股份	307	67.55	57.93	80.78	65.95

续表

挂牌代码	公司简称	排名	总体指数	透明度与治理指数	成长能力指数	创新能力指数
830943	科明数码	308	67.52	59.00	62.42	85.40
832664	未名信息	309	67.51	62.45	70.32	71.41
831797	爱乐祺	310	67.51	60.18	82.67	60.43
834707	爱迪科技	311	67.47	70.44	68.65	61.93
830899	联讯证券	312	67.46	71.21	79.73	48.08
835032	正益移动	313	67.46	55.16	65.62	86.91
832387	大众口腔	314	67.45	66.43	66.94	69.49
832114	中爆数字	315	67.43	44.13	73.34	93.52
836655	安正软件	316	67.42	59.24	84.64	59.19
832389	睿思凯	317	67.41	56.58	72.51	76.84
834622	通铭教育	318	67.40	58.63	75.67	70.28
833109	灵犀金融	319	67.40	69.92	70.32	60.48
833237	国路安	320	67.39	63.81	60.28	80.60
833954	飞天经纬	321	67.38	62.01	77.36	63.52
836507	纽迈分析	322	67.37	51.96	73.58	81.97
834357	绿度股份	323	67.36	54.70	78.99	71.88
834976	互普股份	324	67.35	66.19	57.27	80.54
835734	祥维斯	325	67.32	72.63	80.79	44.39
833477	希德电子	326	67.32	51.78	78.00	76.99
834681	金象文化	327	67.32	73.59	66.83	59.03
835599	鼎川物联	328	67.32	55.63	70.55	80.11
831635	金鹏信息	329	67.30	62.70	75.05	64.91
833686	顺昊生物	330	67.28	72.71	57.41	70.95
836709	昀丰科技	331	67.26	64.97	78.86	57.17
833631	汇通金融	332	67.26	70.13	78.94	49.80
833581	长城华冠	333	67.23	56.25	62.57	88.07
835434	亿同科技	334	67.23	63.36	64.48	75.84
832801	思坦仪器	335	67.18	75.00	60.08	64.30

续表

挂牌代码	公司简称	排名	总体指数	透明度与治理指数	成长能力指数	创新能力指数
835477	金三科技	336	67.18	72.47	79.96	45.04
833343	东文高压	337	67.17	74.73	63.16	61.11
834272	数腾软件	338	67.16	56.87	77.83	69.45
831111	智明恒	339	67.15	57.85	69.06	78.08
430681	芒冠股份	340	67.13	62.56	65.88	75.03
831384	华创网安	341	67.13	68.04	69.72	62.87
832074	慧景科技	342	67.13	66.33	61.52	74.68
836493	和信瑞通	343	67.13	74.34	71.72	51.68
832031	嘉银金科	344	67.12	47.93	95.24	61.91
835836	胄天科技	345	67.12	50.88	78.28	77.22
832455	传视影视	346	67.10	62.16	78.75	60.71
835044	勤邦生物	347	67.10	65.80	51.53	86.81
831101	奥维云网	348	67.10	56.62	71.26	77.12
835303	昆腾微	349	67.09	58.65	61.07	85.91
833099	乐旅股份	350	67.09	66.00	76.04	58.34
831486	索尔科技	351	67.08	59.27	92.44	48.98
833465	特力惠	352	67.07	61.30	76.44	64.46
833438	鑫时空	353	67.06	59.79	78.47	64.20
831185	众智软件	354	67.05	52.32	65.57	89.54
833221	艾为电子	355	67.05	65.12	77.72	57.53
836020	达唯科技	356	67.02	60.36	67.89	75.43
430688	鹏远光电	357	67.02	71.89	71.29	55.26
834516	智恒医药	358	67.02	60.29	68.88	74.37
833862	六合峰	359	67.01	65.04	80.27	54.58
836534	百诺医药	360	67.00	51.72	73.26	81.37
835238	泰克贝思	361	67.00	57.53	79.87	65.59
430380	成明节能	362	67.00	71.95	70.46	56.04
835534	七洲科技	363	67.00	67.83	46.62	89.20

续表

挂牌代码	公司简称	排名	总体指数	透明度与治理指数	成长能力指数	创新能力指数
834832	络捷斯特	364	66.98	66.56	67.39	67.11
836085	友浩车联	365	66.98	60.11	67.60	75.96
430327	元工国际	366	66.97	55.35	73.02	76.43
831287	启奥科技	367	66.96	59.74	69.41	74.33
430603	回水科技	368	66.91	57.03	66.76	81.02
833185	富煌科技	369	66.91	70.80	55.76	74.22
832493	珠海港信	370	66.91	61.05	74..09	66.92
835330	东奇科技	371	66.89	65.92	67.15	67.96
833955	盈丰软件	372	66.88	67.57	55.98	78.41
831341	必由学	373	66.83	55.28	80.30	67.68
836646	博德维	374	66.83	62.83	81.19	55.97
430124	汉唐自远	375	66.82	60.46	68.71	73.61
430157	腾龙电子	376	66.81	61.54	52.78	90.35
836803	依能科技	377	66.80	66.99	44.37	92.27
835086	房米网	378	66.79	64.08	85.79	48.80
834525	西普教育	379	66.77	66.39	69.18	64.55
831277	钢钢网	380	66.75	59.30	71.51	71.79
834748	神码在线	381	66.74	64.82	73.97	61.16
834344	中邮基金	382	66.74	66.26	71.66	61.77
835955	易流科技	383	66.73	59.68	73.27	69.16
430727	金格科技	384	66.70	55.59	67.82	81.09
430229	绿岸网络	385	66.68	68.12	52.04	81.45
430642	映翰通	386	66.67	55.70	73.12	74.75
831306	丽明股份	387	66.67	63.05	67.74	70.54
836586	有棵树	388	66.65	55.71	89.75	55.57
836014	掌游天下	389	66.64	41.90	83.43	82.30
836559	海润检测	390	66.64	62.57	70.43	68.03
833150	安宁创新	391	66.64	67.12	59.09	74.62

挂牌代码	公司简称	排名	总体指数	透明度与治理指数	成长能力指数	创新能力指数
835596	创达环科	392	66.62	53.08	87.54	61.70
836568	亿商联动	393	66.61	62.07	77.81	60.17
833160	鲁班药业	394	66.60	71.10	67.76	58.92
832167	宝中海洋	395	66.60	62.29	74.66	63.43
835571	前景云	396	66.60	74.85	62.76	59.35
830767	网虫股份	397	66.56	54.44	90.03	56.73
836037	红枫智控	398	66.52	60.54	73.75	66.67
836486	宝利软件	399	66.52	61.51	77.15	61.37
834686	华夏科技	400	66.49	63.29	72.96	63.58
834297	数智源	401	66.47	59.00	76.69	65.31
831560	盈建科	402	66.47	53.19	68.19	83.24
835834	达伦股份	403	66.44	60.14	86.69	52.09
832996	民生科技	404	66.43	72.71	67.88	55.91
834863	佳顺智能	405	66.42	57.85	74.23	69.56
832929	原点股份	406	66.42	66.07	67.51	65.67
831512	环创科技	407	66.41	60.88	79.78	58.89
835184	国源科技	408	66.41	55.01	77.52	69.73
832645	高德信	409	66.39	64.09	74.06	60.84
831351	浙达精益	410	66.39	63.12	61.66	76.43
834390	润格股份	411	66.38	61.30	83.84	53.51
836663	金牛物联	412	66.38	56.31	59.66	88.28
833294	亿邦股份	413	66.37	57.99	77.08	65.90
430353	百傲科技	414	66.37	58.31	73.44	69.62
837006	晟楠科技	415	66.36	66.39	64.63	68.30
835536	正通电子	416	66.35	71.19	72.87	52.05
833933	ST 诸葛	417	66.35	63.84	67.31	68.78
831688	山大地纬	418	66.35	67.59	62.02	69.56
832585	精英科技	419	66.34	76.66	55.08	64.73

挂牌代码	公司简称	排名	总体指数	透明度与治理指数	成长能力指数	创新能力指数
835903	华域唐风	420	66.34	61.84	60.82	79.04
835997	雨神电竞	421	66.34	57.86	83.88	58.18
832744	瑞风协同	422	66.33	70.19	52.84	76.38
836373	耐维思通	423	66.33	49.17	82.99	71.44
430360	竹邦能源	424	66.32	65.57	76.74	55.43
834578	锐正股份	425	66.31	56.58	82.59	61.36
836600	艾迪普	426	66.31	63.69	72.58	62.80
833812	天溯计量	427	66.30	59.68	76.50	63.94
830960	微步信息	428	66.29	65.87	73.92	58.13
835971	尚睿通	429	66.29	60.59	76.20	62.96
831619	五舟科技	430	66.28	67.66	69.70	60.40
430109	中航讯	431	66.28	49.22	80.75	73.74
836025	博易创为	432	66.25	52.99	79.46	69.81
835687	西普数据	433	66.24	67.45	65.72	65.14
833252	帜讯信息	434	66.24	56.89	76.49	67.68
831204	汇通控股	435	66.23	68.52	74.27	53.77
430335	华韩整形	436	66.22	68.02	74.37	54.31
834791	飞企互联	437	66.20	48.45	77.03	78.82
832036	康复得	438	66.18	56.74	72.07	72.76
831583	未来宽带	439	66.18	73.22	65.89	56.58
833685	天元信息	440	66.18	65.27	80.69	50.81
835331	创星科技	441	66.18	62.52	71.18	65.61
830983	保得威尔	442	66.17	65.43	66.08	67.31
834734	创谐信息	443	66.17	47.24	85.26	70.97
836095	思贤股份	444	66.16	58.15	74.30	68.13
836874	翔晟信息	445	66.16	54.62	76.57	70.49
430261	易维科技	446	66.15	60.74	75.82	62.68
834207	东方数码	447	66.13	52.26	73.13	77.67

挂牌代码	公司简称	排名	总体指数	透明度与治理指数	成长能力指数	创新能力指数
831114	易销科技	448	66.13	55.12	83.32	61.93
836592	友声科技	449	66.13	63.10	59.91	77.54
430469	必控科技	450	66.09	67.62	65.36	64.76
836615	白鹭科技	451	66.09	40.95	76.24	89.91
831106	埃林哲	452	66.09	57.51	72.27	71.11
834750	宁远科技	453	66.09	53.15	70.30	79.51
833844	智德安全	454	66.08	71.60	52.59	73.78
833712	观堂设计	455	66.08	67.78	65.20	64.68
836031	小奥互动	456	66.07	68.00	51.41	80.16
832661	蓝太平洋	457	66.06	52.57	74.37	75.57
833644	瀚高股份	458	66.06	51.06	71.39	81.11
834134	中业科技	459	66.03	58.27	67.83	74.93
830986	伊科耐	460	66.02	48.30	76.21	79.32
430198	微创光电	461	66.01	65.85	63.95	68.61
430405	星火环境	462	66.01	79.97	67.27	44.84
834215	普乐方	463	66.00	54.75	74.65	71.96
835918	瀚海检测	464	66.00	59.58	80.45	58.47
831988	乐普四方	465	65.99	78.27	57.81	58.05
836707	金刚文化	466	65.99	52.93	78.61	69.92
833333	科雷斯普	467	65.98	54.85	83.12	62.03
836654	丹海生态	468	65.98	60.99	75.61	61.98
430196	宣爱智能	469	65.98	62.85	70.17	65.57
833137	通宝光电	470	65.95	67.31	79.93	47.99
831105	盟云移软	471	65.95	56.17	83.62	59.47
833797	思明科技	472	65.95	74.29	71.21	48.13
430490	旭龙物联	473	65.95	69.58	62.03	65.31
836671	网博科技	474	65.94	66.13	56.56	76.46
834293	搜了网络	475	65.92	62.52	58.36	79.41

续表

挂牌代码	公司简称	排名	总体指数	透明度与治理指数	成长能力指数	创新能力指数
833895	常康环保	476	65.92	74.38	61.34	59.22
836023	吉泰科	477	65.91	59.29	84.62	53.78
833375	手付通	478	65.91	59.86	71.94	67.51
430488	东创科技	479	65.90	58.14	71.08	70.89
831499	立元通信	480	65.89	55.15	73.13	72.74
430047	诺思兰德	481	65.87	58.36	62.96	79.81
834626	弗尔赛	482	65.86	60.85	70.68	67.41
835755	创研股份	483	65.86	64.65	74.61	57.52
836928	互动派	484	65.85	56.18	74.94	69.07
430585	中矿微星	485	65.85	73.15	44.79	79.73
834587	鼎端装备	486	65.84	58.01	72.54	69.21
831302	飞扬天下	487	65.83	50.54	84.29	66.21
834939	盈放科技	488	65.82	73.33	52.90	70.07
835826	莱盛隆	489	65.82	63.93	86.58	44.66
833594	中斗科技	490	65.80	58.26	69.63	72.03
833995	黄河文化	491	65.79	68.52	70.00	57.10
835569	朗威股份	492	65.79	73.41	70.41	49.74
834726	公信会议	493	65.76	64.86	48.57	86.76
835750	中联环	494	65.74	71.50	69.66	53.11
834698	国舜股份	495	65.72	55.65	70.41	74.54
831829	同方软银	496	65.71	52.23	62.19	88.76
831640	碧沃丰	497	65.70	50.13	82.52	68.36
833849	携宁科技	498	65.69	58.69	63.77	77.79
430559	新华通	499	65.67	59.45	62.78	77.78
833576	金尚互联	500	65.67	55.30	64.46	81.70
832232	正全股份	501	65.67	47.96	80.23	73.96
836119	朝歌科技	502	65.66	73.14	68.25	52.15
832950	益盟股份	503	65.66	61.40	77.49	58.09

挂牌代码	公司简称	排名	总体指数	透明度与治理指数	成长能力指数	创新能力指数
831675	一拓通信	504	65.66	51.82	78.18	70.81
835994	咏声动漫	505	65.65	54.59	77.51	67.65
832086	现在支付	506	65.64	43.85	82.21	77.37
836787	英田光学	507	65.64	57.39	69.19	73.19
834916	成功通航	508	65.63	68.07	68.37	59.04
831601	威科姆	509	65.62	67.75	65.21	63.10
430486	普金科技	510	65.62	57.64	71.74	69.84
834145	蓝深环保	511	65.62	60.15	87.08	48.69
834484	博拉网络	512	65.61	62.02	69.44	66.27
835315	驱动人生	513	65.61	50.43	74.13	77.23
833625	捷报文化	514	65.60	63.15	74.26	59.11
835768	中数智汇	515	65.59	42.69	84.42	76.27
834849	博宇科技	516	65.58	52.24	72.77	76.16
832954	龙创设计	517	65.58	63.69	65.04	68.87
832069	科飞新材	518	65.58	67.74	70.32	57.08
834559	河马动画	519	65.57	52.04	73.29	75.80
833804	康威通信	520	65.57	69.99	60.54	65.09
830964	润农节水	521	65.55	58.96	77.84	60.74
830999	银橙传媒	522	65.54	51.64	80.44	68.05
831279	和乔科技	523	65.54	70.82	64.27	59.53
834841	远传技术	524	65.52	58.35	62.56	79.04
430425	乐创技术	525	65.52	61.93	53.53	84.34
430169	融智通	526	65.51	55.04	74.69	69.75
430430	普滤得	527	65.51	65.86	69.73	60.16
834876	傲拓科技	528	65.51	55.18	73.56	70.83
832608	天禹星	529	65.50	71.38	55.45	68.74
835205	梵雅文化	530	65.50	58.96	77.17	61.33
430545	星科智能	531	65.50	74.79	50.79	69.26

续表

挂牌代码	公司简称	排名	总体指数	透明度与治理指数	成长能力指数	创新能力指数
834656	勃达微波	532	65.48	59.73	82.98	53.51
835556	延庆环保	533	65.46	69.80	60.40	65.15
833725	童梦文化	534	65.45	60.47	71.52	65.51
837045	敬众科技	535	65.44	56.65	77.66	63.82
833987	碧城环保	536	65.44	74.16	52.37	68.13
834354	繁兴科技	537	65.43	61.82	62.40	74.02
834985	平治东方	538	65.43	56.27	67.97	75.44
835702	国力通	539	65.41	58.03	70.22	70.30
833050	欣威视通	540	65.40	54.72	73.13	71.61
835797	能动教育	541	65.39	66.06	58.46	72.40
834054	游戏多	542	65.38	59.46	84.66	51.59
833904	远图互联	543	65.36	52.14	82.43	64.43
830903	复展科技	544	65.35	64.16	69.24	62.57
834413	环特生物	545	65.35	59.11	61.48	78.60
832988	力软科技	546	65.34	48.57	73.48	79.67
831418	三合盛	547	65.33	70.03	72.11	50.92
835101	快拍物联	548	65.33	53.66	68.40	78.26
836189	新诺航科	549	65.31	57.01	74.72	66.24
831764	拓美传媒	550	65.30	64.94	80.41	48.49
836354	无限动力	551	65.30	54.09	80.05	64.20
836304	复洁环保	552	65.30	61.16	76.44	58.35
831984	大道信通	553	65.28	55.89	70.68	72.35
836240	泰宇信息	554	65.28	50.42	85.92	62.57
832966	道尔智控	555	65.28	57.09	70.40	70.97
430250	智网科技	556	65.28	64.34	69.53	61.74
834465	国科股份	557	65.28	49.98	82.60	67.01
837008	新时空	558	65.28	63.06	58.82	75.82
833448	灵动微电	559	65.26	44.68	81.21	75.99

挂牌代码	公司简称	排名	总体指数	透明度与治理指数	成长能力指数	创新能力指数
831478	天际数字	560	65.25	60.51	75.35	60.35
833433	天保股份	561	65.25	58.73	73.07	65.48
835713	天阳科技	562	65.24	62.13	65.23	69.63
831823	智冠股份	563	65.24	64.84	62.98	68.39
831756	德高化成	564	65.24	59.69	63.55	74.99
832890	超伟股份	565	65.23	65.39	70.71	58.70
832378	利昂设计	566	65.22	58.29	66.27	73.78
832653	金点物联	567	65.21	74.24	67.47	49.88
834845	华腾教育	568	65.20	61.27	68.43	67.04
835471	呈天网络	569	65.18	67.94	60.55	66.58
832274	佳时达	570	65.18	66.47	47.48	83.66
835598	云上汽车	571	65.17	55.01	83.10	58.93
833398	奥翔科技	572	65.16	66.78	70.00	57.33
833452	星辰热能	573	65.16	68.41	74.49	49.86
832423	德卡科技	574	65.14	56.80	65.94	75.98
832521	合一康	575	65.13	66.65	44.56	86.61
835736	掌慧纵盈	576	65.13	56.92	76.97	63.13
832015	基调网络	577	65.13	58.98	60.87	78.71
837113	清流股份	578	65.13	61.21	61.51	74.81
834697	道旅旅游	579	65.12	53.97	85.10	57.91
430084	星和众工	580	65.12	72.66	51.75	69.81
833615	博雅智能	581	65.11	65.09	52.57	79.53
430492	老来寿	582	65.11	57.62	76.28	62.87
832670	数亮科技	583	65.11	57.90	69.08	70.71
832505	运维电力	584	65.10	68.35	63.83	61.96
832791	普思生物	585	65.09	68.61	57.49	68.85
430404	瑞腾科技	586	65.09	62.51	80.40	51.16
836815	铼钠克	587	65.09	70.05	53.65	71.21

挂牌代码	公司简称	排名	总体指数	透明度与治理指数	成长能力指数	创新能力指数
834839	之江生物	588	65.08	58.33	66.49	72.97
831558	阳光四季	589	65.07	61.09	71.56	63.24
833044	硅谷天堂	590	65.06	60.04	80.81	54.09
836477	元延医药	591	65.06	51.95	79.04	67.51
430270	易点天下	592	65.05	59.27	92.63	41.54
832424	科海股份	593	65.04	55.43	84.26	56.54
834110	灵信视觉	594	65.04	63.79	69.98	61.12
836393	北森云	595	65.03	62.48	64.96	68.72
430506	云飞扬	596	65.00	56.18	64.61	77.88
834360	天智航	597	65.00	69.73	54.74	70.09
830799	艾融软件	598	64.99	59.55	69.36	67.64
835467	埃森诺	599	64.98	60.88	58.14	78.63
430244	颂大教育	600	64.98	52.07	80.33	65.58
430256	卓繁信息	601	64.97	69.31	52.93	72.66
430036	鼎普科技	602	64.95	67.51	57.85	69.49
833552	威尔数据	603	64.95	61.46	63.96	71.00
831990	纵横宝盈	604	64.94	59.58	65.93	71.38
836577	华泓科技	605	64.94	51.08	77.83	69.72
836147	智慧眼	606	64.94	55.35	69.74	72.98
835292	拓谷科技	607	64.93	64.08	70.71	59.50
831086	星城石墨	608	64.92	63.39	72.68	58.18
833524	光晟电器	609	64.92	58.99	72.02	65.14
834586	中鼎联合	610	64.92	58.64	75.08	62.12
834378	锐英科技	611	64.92	57.84	73.95	64.55
835718	凌脉网络	612	64.91	66.16	78.86	47.15
831331	华奥科技	613	64.90	61.31	74.86	58.55
430517	新吉纳	614	64.90	55.52	74.93	66.62
833339	胜软科技	615	64.90	76.05	53.29	62.48

挂牌代码	公司简称	排名	总体指数	透明度与治理指数	成长能力指数	创新能力指数
836521	商客通	616	64.89	60.90	72.89	61.34
831383	楼市通网	617	64.89	56.89	82.29	56.20
834869	智臻智能	618	64.89	64.83	55.47	75.77
837100	阿李股份	619	64.88	47.49	81.24	70.65
834385	力港网络	620	64.88	56.48	53.02	90.35
831890	中润油	621	64.88	69.27	74.95	47.13
833163	齐顺科技	622	64.86	73.89	65.48	51.42
835123	星空股份	623	64.86	57.04	75.19	64.04
430351	爱科凯能	624	64.85	69.40	61.92	61.80
837186	贝伦思	625	64.83	58.50	78.31	58.28
831709	瑞特爱	626	64.81	64.14	66.00	64.41
835140	金春股份	627	64.80	62.63	75.47	55.62
830794	奥派股份	628	64.79	63.15	65.97	65.76
832171	志晟信息	629	64.79	64.29	73.89	55.06
430223	亿童文教	630	64.79	69.63	65.95	56.61
833425	高华科技	631	64.78	66.30	65.93	61.31
835671	启冠智能	632	64.76	58.16	72.53	65.17
836746	优通科技	633	64.76	41.82	81.30	78.16
831604	世纪网通	634	64.75	52.13	76.05	69.60
835551	精研科洁	635	64.75	68.36	71.33	52.12
834643	豹风网络	636	64.75	69.37	57.66	66.38
835954	铭特科技	637	64.75	54.38	70.96	72.26
834786	乐科节能	638	64.75	66.24	70.84	55.65
832789	诚栋营地	639	64.74	70.47	65.06	56.30
835897	久通物联	640	64.73	65.64	60.59	68.21
831246	欧力配网	641	64.72	68.19	60.70	64.45
834892	智诚安环	642	64.71	54.90	77.70	63.67
430120	金润科技	643	64.71	55.98	66.37	75.12

续表

挂牌代码	公司简称	排名	总体指数	透明度与治理指数	成长能力指数	创新能力指数
430491	蓝斯股份	644	64.70	65.94	59.90	68.48
831889	天信投资	645	64.70	65.50	78.99	47.18
837071	响当当	646	64.67	58.98	88.48	45.36
430620	益善生物	647	64.66	70.73	48.35	74.83
430650	莱博股份	648	64.66	61.42	63.47	70.60
836666	摩艾客	649	64.66	62.53	68.46	63.30
833041	网信机电	650	64.66	53.91	81.85	60.08
832222	鼎实科技	651	64.64	58.77	64.77	72.78
832944	银信农贷	652	64.64	71.01	59.88	61.13
832961	铜官府	653	64.64	78.17	58.71	52.36
834449	讯方技术	654	64.64	56.15	72.06	68.11
836392	博为峰	655	64.64	58.99	76.66	58.82
430162	聚利科技	656	64.64	61.15	74.42	58.35
836715	优力可	657	64.62	45.23	76.29	78.61
836965	奥机器人	658	64.60	67.66	63.73	61.27
834206	傲基电商	659	64.59	50.52	82.77	63.59
833344	巨网科技	660	64.59	59.78	86.67	46.03
833549	湾流股份	661	64.59	56.64	55.45	86.29
837139	时间互联	662	64.59	59.41	93.52	38.69
834009	盘石股份	663	64.58	56.98	84.15	52.86
834909	汉氏联合	664	64.57	54.55	67.30	75.59
832281	和氏技术	665	64.57	50.98	84.30	61.11
837060	博校科技	666	64.56	59.06	65.51	71.21
830942	北方数据	667	64.55	66.58	54.74	72.93
835369	卓诚惠生	668	64.52	50.92	79.95	66.00
430544	闽保股份	669	64.51	56.64	73.96	64.77
430625	联创种业	670	64.51	63.12	72.82	56.94
832924	明石创新	671	64.51	53.86	84.83	56.19

挂牌代码	公司简称	排名	总体指数	透明度与治理指数	成长能力指数	创新能力指数
832146	德平科技	672	64.49	69.94	50.64	72.71
430479	网阔信息	673	64.49	62.65	50.07	83.63
837043	中联网盟	674	64.49	65.26	73.96	52.53
430181	盖娅互娱	675	64.48	59.21	85.49	47.82
831525	学府信息	676	64.48	72.41	49.36	70.65
836410	凯纳股份	677	64.48	53.30	69.99	73.93
834779	美瑞新材	678	64.47	62.15	71.38	59.82
834216	德康莱	679	64.47	58.62	70.37	65.95
830990	鹏盾电商	680	64.47	66.10	81.57	42.53
430608	奇维科技	681	64.46	65.04	64.26	63.88
832498	明源软件	682	64.46	64.62	50.72	80.00
835084	多麦股份	683	64.44	64.59	72.28	55.24
836292	动易软件	684	64.42	61.08	52.04	83.34
834806	紫越科技	685	64.41	62.27	62.30	69.86
833217	九叶科技	686	64.40	72.99	51.59	66.97
834460	亿美汇金	687	64.39	54.59	80.21	60.06
834821	宇祐通讯	688	64.38	56.99	75.14	62.45
833785	递蓝科	689	64.37	61.83	64.54	67.77
832091	清科股份	690	64.37	58.79	65.42	71.05
831425	致善生物	691	64.37	65.78	65.42	61.17
832402	辉文生物	692	64.36	69.70	68.64	51.89
835607	思智泰克	693	64.34	57.43	76.93	59.64
833998	久银控股	694	64.33	63.57	77.16	50.67
834801	淳中科技	695	64.32	61.70	58.39	74.83
832471	美邦科技	696	64.32	65.15	69.15	57.59
430763	爱科迪	697	64.31	67.93	55.00	69.90
831344	中际联合	698	64.31	62.06	66.46	65.00
835191	东方网升·	699	64.30	61.24	57.04	76.97

挂牌代码	公司简称	排名	总体指数	透明度与 治理指数	成长能力 指数	创新能力 指数
836792	易家科技	700	64.30	46.69	77.97	73.47
430259	华宿电气	701	64.30	55.28	73.77	66.16
835285	悉知科技	702	64.29	57.20	66.08	72.25
835210	十二年	703	64.29	57.05	88.50	46.71
430662	罗曼股份	704	64.27	68.45	60.14	63.12
836280	贵州铭诚	705	64.25	61.86	77.83	52.06
430152	思创银联	706	64.25	59.82	68.25	65.91
836472	正辰科技	707	64.25	53.18	66.65	77.11
832602	泰通科技	708	64.25	63.15	64.67	65.31
835629	华伟股份	709	64.24	57.53	63.74	74.28
835870	紫晶存储	710	64.24	49.22	78.47	69.10
833530	江苏高科	711	64.24	64.04	69.48	58.49
836204	汉唐咨询	712	64.23	60.69	70.26	62.32
830910	安证通	713	64.23	39.52	86.23	73.86
831395	智通建设	714	64.22	58.18	82.32	51.96
831910	梦地自控	715	64.21	62.42	63.08	68.05
834493	华诚生物	716	64.20	70.59	67.79	51.07
830951	西安同大	717	64.20	49.71	84.33	61.54
831464	创高安防	718	64.19	59.36	57.84	78.28
832296	天维尔	719	64.18	61.38	53.68	80.18
834203	华澜微	720	64.18	57.51	76.64	59.28
835682	安之畅	721	64.17	66.80	70.48	53.21
834016	易二零	722	64.16	57.17	66.97	70.81
836404	豪尔新材	723	64.16	51.78	64.40	81.33
430315	众联信息	724	64.14	58.09	59.28	78.26
833962	方富资本	725	64.13	62.42	85.65	41.83
835798	中研瀚海	726	64.13	62.08	69.83	60.47
831944	卓耐普	727	64.12	66.59	70.59	53.21

挂牌代码	公司简称	排名	总体指数	透明度与治理指数	成长能力指数	创新能力指数
834598	天沐温泉	728	64.11	60.27	87.09	43.15
831822	米奥会展	729	64.11	76.02	59.24	52.88
830858	华图教育	730	64.10	64.81	61.57	66.02
833578	奥美健康	731	64.10	66.45	70.22	53.78
833711	卓易科技	732	64.10	53.24	65.67	77.61
835840	明动软件	733	64.10	52.33	75.83	67.23
835990	随锐科技	734	64.09	62.51	60.19	70.80
832447	森馥科技	735	64.09	49.74	67.74	80.14
834171	阿拉科技	736	64.09	51.65	70.27	74.54
833559	亚太天能	737	64.09	60.78	72.21	59.43
834376	冠新软件	738	64.08	48.18	76.51	72.26
430720	东方炫辰	739	64.08	54.27	79.43	60.32
831607	邦鑫勘测	740	64.07	54.25	75.90	64.37
430208	优炫软件	741	64.07	55.65	68.33	71.05
836878	裕源大通	742	64.06	66.96	71.53	51.41
835021	农商通	743	64.06	59.05	72.87	61.02
430273	永天科技	744	64.06	42.21	76.53	80.58
831770	同智科技	745	64.05	61.01	62.08	70.60
835602	筑想科技	746	64.03	53.79	68.63	73.20
836506	协能科技	747	64.02	66.82	52.23	73.59
831335	时空客	748	64.02	58.77	72.88	61.25
832390	金海股份	749	64.02	68.49	63.35	58.47
430615	华工创新	750	64.02	65.20	62.09	64.56
830846	格林检测	751	64.01	59.54	73.57	59.35
835202	蓝联科技	752	64.01	64.14	67.11	60.27
831050	天喻软件	753	64.01	55.90	63.92	75.55
835279	沃得尔	754	63.99	56.88	73.35	63.28
833244	骏环昇旺	755	63.99	59.44	66.58	67.43

挂牌代码	公司简称	排名	总体指数	透明度与治理指数	成长能力指数	创新能力指数
832540	康沃动力	756	63.99	61.19	79.77	49.82
836430	移远通信	757	63.98	54.36	70.35	70.25
835451	走客网络	758	63.98	58.07	75.64	58.93
831930	和君商学	759	63.98	55.77	87.34	48.75
833726	蜂派科技	760	63.98	49.91	57.63	91.10
832606	日立信	761	63.97	63.60	61.73	67.07
833918	融安特	762	63.97	56.90	69.59	67.49
831071	北塔软件	763	63.96	60.45	55.51	78.62
430388	苏大明世	764	63.95	67.11	55.80	68.87
836011	朋万科技	765	63.95	46.96	75.73	74.40
832003	同信通信	766	63.94	54.16	76.91	62.86
430764	美诺福	767	63.94	66.76	63.47	60.51
831961	创远仪器	768	63.94	58.52	59.60	76.56
835172	鼎能开源	769	63.94	66.16	68.01	56.13
430578	差旅天下	770	63.93	54.64	69.03	71.19
832422	福昕软件	771	63.93	53.21	58.70	85.06
832282	智途科技	772	63.92	53.16	74.20	67.31
832641	天蓝地绿	773	63.92	62.85	82.42	44.20
835305	云创数据	774	63.91	49.66	70.19	76.82
833793	孔辉汽车	775	63.91	59.34	58.05	77.09
830944	景尚旅业	776	63.90	61.85	79.40	49.01
835108	顺舟智能	777	63.89	55.98	69.71	68.37
430253	兴竹信息	778	63.88	56.59	64.25	73.76
832041	中兴通科	779	63.88	65.80	57.04	69.03
833694	新道科技	780	63.87	60.66	62.68	69.78
833309	慧辰资讯	781	63.87	68.69	64.47	56.39
835105	索特来	782	63.87	48.18	87.22	59.20
834930	奥视股份	783	63.86	57.67	57.93	79.40

挂牌代码	公司简称	排名	总体指数	透明度与治理指数	成长能力指数	创新能力指数
835091	沃科合众	784	63.85	64.47	74.19	51.11
834907	梧斯源	785	63.84	54.10	66.56	74.46
834180	鸿立光电	786	63.84	54.68	79.72	58.53
836194	诺龙技术	787	63.84	53.15	70.94	70.76
834374	博瑞彤芸	788	63.82	50.10	83.93	60.10
430052	斯福泰克	789	63.82	53.39	71.87	69.29
835236	库贝尔	790	63.81	58.65	67.84	66.45
834258	天纵生物	791	63.79	53.64	73.41	67.09
430438	星弧涂层	792	63.79	63.24	62.49	66.06
430319	欧萨咨询	793	63.79	65.50	68.70	55.72
833861	麦可思	794	63.78	59.06	62.50	71.93
833574	爱知之星	795	63.78	59.24	64.03	69.89
834218	和创科技	796	63.77	55.34	73.63	64.35
834851	威能电源	797	63.76	64.31	82.68	41.28
833907	测聘网	798	63.76	66.92	58.70	65.11
831221	聚阳环保	799	63.76	56.19	69.16	68.24
430201	腾实信	800	63.76	53.10	70.73	70.81
836703	创一新材	801	63.75	63.20	85.66	39.38
833397	天舰股份	802	63.72	66.52	62.68	60.97
430465	东方科技	803	63.71	62.19	72.65	55.61
835795	汇购科技	804	63.71	56.13	68.39	69.04
834247	海威智能	805	63.71	55.43	75.47	61.88
834946	恒星高虹	806	63.70	64.03	81.75	42.52
836529	明营科技	807	63.70	62.88	83.19	42.49
834245	易普森	808	63.70	57.24	74.85	60.00
831874	畅想软件	809	63.70	51.18	66.23	78.44
832603	懿姿股份	810	63.69	72.54	72.06	41.59
832626	预言软件	811	63.69	50.87	67.28	77.66

续表

挂牌代码	公司简称	排名	总体指数	透明度与治理指数	成长能力指数	创新能力指数
836186	网博视界	812	63.69	53.44	64.65	77.03
836885	恒达时讯	813	63.68	67.95	70.83	49.44
430097	赛德丽	814	63.66	66.42	63.15	60.37
833485	硕达科技	815	63.65	63.85	56.16	71.99
831762	和达科技	816	63.65	56.19	68.93	68.13
831267	法福来	817	63.65	70.89	63.18	53.98
833979	天图投资	818	63.64	56.50	79.39	55.64
834935	祥云信息	819	63.63	55.72	62.12	76.53
831979	林格贝	820	63.63	57.15	72.56	62.53
833147	华江环保	821	63.63	63.35	73.03	53.23
430262	神州云动	822	63.62	51.03	67.54	76.89
830768	耀通科技	823	63.61	58.81	52.13	83.59
831420	北信得实	824	63.61	46.76	88.00	59.41
835622	欢乐动漫	825	63.61	50.12	81.52	62.10
832462	广电计量	826	63.61	53.44	66.94	74.15
834823	帝隆科技	827	63.61	58.94	59.66	74.72
831012	岳能科技	828	63.61	51.73	62.11	82.08
833289	超洋股份	829	63.58	65.25	60.01	65.33
836610	铠甲网络	830	63.58	52.33	85.53	54.27
836872	迈信物联	831	63.58	59.08	79.11	52.11
430175	科新生物	832	63.58	50.12	63.29	82.91
834524	海金格	833	63.58	61.03	71.65	57.91
831616	博达软件	834	63.56	57.87	65.59	69.27
833413	宾肯股份	835	63.56	63.92	69.39	56.37
832458	红枫种苗	836	63.56	55.61	77.06	59.28
836949	源启科技	837	63.56	57.04	69.83	65.56
832240	亚森实业	838	63.55	58.33	61.58	73.17
835963	安人股份	839	63.55	54.69	57.62	82.85

续表

挂牌代码	公司简称	排名	总体指数	透明度与治理指数	成长能力指数	创新能力指数
836822	瑞信杰创	840	63.54	48.53	92.17	51.88
834753	兰卫检验	841	63.54	72.07	59.56	56.09
430426	长城软件	842	63.54	64.18	47.94	80.54
834792	贝博电子	843	63.53	59.18	57.17	76.97
833897	心动网络	844	63.53	61.34	49.34	82.91
833608	二维碳素	845	63.53	63.38	63.89	63.32
835000	锐迅股份	846	63.52	64.07	80.92	42.78
835817	图为媒	847	63.52	60.63	60.29	71.32
830770	牛商股份	848	63.52	60.84	56.19	75.71
430403	英思科技	849	63.51	68.67	48.01	74.03
835509	林恒制药	850	63.51	71.25	53.20	64.42
430272	光伏宝	851	63.51	56.57	75.87	59.10
830922	裕荣光电	852	63.50	61.96	86.22	39.60
833654	能拓股份	853	63.50	51.56	68.38	74.75
835376	丰年科技	854	63.50	62.44	60.28	68.70
830815	蓝山科技	855	63.50	61.51	55.97	74.94
832564	富特股份	856	63.50	61.34	71.72	57.10
835335	盈亿股份	857	63.50	69.09	62.27	57.00
834133	卓杭科技	858	63.49	45.70	70.40	80.68
430504	众智科技	859	63.49	66.06	61.35	62.33
834187	储吉信息	860	63.49	43.02	89.13	62.95
834155	海南沉香	861	63.48	52.34	83.92	55.73
835980	佳田影像	862	63.46	52.09	78.71	62.00
835630	中鼎恒信	863	63.45	54.89	74.22	63.18
833870	创想天空	864	63.45	60.27	68.87	61.71
833459	京华信息	865	63.44	54.22	58.69	81.90
833735	森井防爆	866	63.44	59.43	72.75	58.40
833557	中诺思	867	63.43	55.00	69.44	68.44

挂牌代码	公司简称	排名	总体指数	透明度与治理指数	成长能力指数	创新能力指数
834399	贝源检测	868	63.43	50.63	81.88	60.31
833035	大唐融合	869	63.42	70.22	61.90	55.59
836813	格兰尼	870	63.42	58.12	78.11	54.04
833579	鼎盛精工	871	63.42	60.81	68.31	61.50
830808	中智华体	872	63.40	60.14	66.68	64.24
835761	创想股份	873	63.38	61.16	66.02	63.49
832986	瑞诺医疗	874	63.37	59.81	62.29	69.63
830887	吉美思	875	63.36	62.95	56.26	72.09
836426	安怀信	876	63.36	56.37	78.81	55.48
834507	元年科技	877	63.35	67.04	61.47	60.31
834285	艾维普思	878	63.34	57.78	87.61	43.31
834540	众禄金融	879	63.33	55.64	84.06	50.40
430211	丰电科技	880	63.33	63.80	71.74	53.03
831529	能龙教育	881	63.33	60.06	72.38	57.55
834488	贝特利	882	63.32	67.32	62.68	58.43
831495	中联信通	883	63.32	66.48	50.32	73.80
430639	派芬自控	884	63.32	56.54	71.01	64.08
836991	寰宇信息	885	63.31	58.29	71.59	60.89
833492	奇石缘	886	63.31	61.50	68.19	60.25
835349	正安维视	887	63.30	59.26	55.92	77.47
831459	伟诚科技	888	63.30	47.94	67.59	80.04
835899	利泰健康	889	63.28	47.53	88.02	57.11
832667	竹林松大	890	63.28	59.42	68.98	62.17
834255	上讯信息	891	63.28	53.67	63.48	76.60
830894	紫竹桩基	892	63.28	64.98	66.36	57.33
834668	同昌保险	893	63.27	72.71	55.20	59.22
836557	圣敏传感	894	63.27	57.26	67.77	66.59
832193	宏晶科技	895	63.27	49.12	71.00	74.37

续表

挂牌代码	公司简称	排名	总体指数	透明度与治理指数	成长能力指数	创新能力指数
835103	骏伯网络	896	63.27	51.11	78.58	62.85
832393	舒茨股份	897	63.26	66.51	63.38	58.55
833932	奥雷德	898	63.26	58.68	68.31	63.94
833266	生物谷	899	63.26	68.91	60.52	58.44
430111	北京航峰	900	63.26	59.92	63.71	67.45
836985	普天宜通	901	63.26	55.08	70.12	66.92
834212	毅航互联	902	63.26	60.45	49.36	83.17
831317	海典软件	903	63.26	48.99	72.06	73.28
836766	灵豹药业	904	63.24	47.58	87.85	57.10
833899	菁英时代	905	63.24	50.24	85.96	55.49
831534	艾倍科	906	63.23	37.45	76.29	84.64
832058	东联科技	907	63.23	56.89	69.31	65.22
832415	联合普肯	908	63.23	58.31	61.72	71.91
836598	瑞星信息	909	63.23	63.40	55.09	72.33
835670	数字人	910	63.22	59.18	68.83	62.50
833768	上海寰创	911	63.22	52.83	67.55	72.93
430330	捷世智通	912	63.22	50.72	71.18	71.71
834617	飞博共创	913	63.22	53.58	67.12	72.34
836135	桐力光电	914	63.22	51.13	85.21	55.04
833327	泰林生物	915	63.21	62.02	65.80	61.94
430046	圣博润	916	63.21	44.73	70.14	81.35
836176	博思汇众	917	63.21	47.65	80.62	65.20
835845	汇晨股份	918	63.21	62.35	64.40	63.07
832693	东鼎股份	919	63.21	68.81	69.17	48.45
833534	神玥软件	920	63.20	61.64	60.50	68.49
835186	诺诚股份	921	63.20	56.41	60.40	75.98
836754	集时股份	922	63.19	52.57	71.11	69.07
833010	盛景网联	923	63.18	66.65	70.21	50.20

挂牌代码	公司简称	排名	总体指数	透明度与治理指数	成长能力指数	创新能力指数
833851	景云祥	924	63.17	63.82	69.31	55.23
831496	华燕房盟	925	63.17	57.17	78.42	54.15
831539	国网自控	926	63.17	57.67	74.17	58.32
833800	泰安科技	927	63.17	57.96	83.22	47.51
834119	伟业股份	928	63.17	71.70	66.81	46.95
836100	瑞捷电气	929	63.16	64.63	50.88	75.19
834687	海唐公关	930	63.16	51.52	80.83	59.31
836370	感信信息	931	63.16	44.79	64.35	87.71
836063	思锐股份	932	63.16	62.81	60.63	66.54
834342	慧云股份	933	63.15	70.65	62.96	52.78
833891	三和能源	934	63.14	60.41	77.86	50.10
833332	多尔晋泽	935	63.14	72.36	66.58	46.17
830848	鑫森海	936	63.13	68.00	61.58	58.03
834877	全景网络	937	63.12	55.54	81.07	53.23
833906	卡宝宝	938	63.12	53.92	63.17	76.04
832646	讯众股份	939	63.12	60.61	76.32	51.50
832795	南京欣网	940	63.11	67.80	63.26	56.32
832808	中帅医药	941	63.10	63.34	47.07	81.17
833732	合晟资产	942	63.10	63.51	81.63	41.25
836858	爱用宝	943	63.09	49.59	77.89	65.15
834771	基玉金服	944	63.09	54.25	87.16	47.93
832026	海龙核科	945	63.08	64.12	67.84	56.17
830948	捷昌驱动	946	63.08	60.00	72.74	56.34
834132	我要去哪	947	63.08	51.93	55.85	87.10
836286	易云股份	948	63.07	55.99	63.48	72.61
832348	双色港	949	63.07	64.11	81.07	40.93
430605	阿科力	950	63.06	69.31	62.60	54.78
430161	光谷信息	951	63.06	58.55	63.57	68.85

续表

挂牌代码	公司简称	排名	总体指数	透明度与治理指数	成长能力指数	创新能力指数
831908	古麒羽绒	952	63.06	64.69	68.39	54.65
835151	中科星冠	953	63.05	55.61	84.66	48.76
831191	彩通科技	954	63.05	68.61	53.88	65.74
835959	好看传媒	955	63.05	68.24	78.82	37.63
836868	微梦传媒	956	63.05	61.01	80.32	46.09
836901	迈格钠	957	63.04	56.87	75.46	57.50
832568	阿波罗	958	63.04	58.49	77.68	52.66
832245	慧翰股份	959	63.02	51.87	72.21	68.21
832710	志能祥赢	960	63.01	58.00	63.87	69.11
832719	诺伊曼	961	63.01	65.35	53.82	70.26
832457	技冠智能	962	63.01	51.90	63.59	78.02
832007	航天检测	963	63.00	59.39	59.15	72.52
835364	辽宁德善	964	63.00	55.75	83.52	49.68
835363	腾信软创	965	63.00	57.99	66.43	66.14
831030	卓华信息	966	63.00	57.78	69.67	62.71
834314	卓能材料	967	62.99	58.32	79.52	50.62
833142	佳一教育	968	62.99	66.78	66.74	53.34
430051	九恒星	969	62.97	58.41	58.07	75.01
834081	通领科技	970	62.96	69.75	59.37	57.52
836601	考拉超课	971	62.96	54.25	63.04	75.16
836106	君逸数码	972	62.96	56.27	75.17	58.40
836647	一派数控	973	62.96	59.76	65.02	65.09
833422	康海时代	974	62.96	60.19	55.04	75.93
834526	新视文化	975	62.95	61.35	70.07	57.03
833457	云朵网络	976	62.94	54.47	63.36	74.42
430168	博维仕	977	62.94	71.83	66.10	46.78
834627	易法通	978	62.94	65.80	63.68	58.06
834531	信友咨询	979	62.94	64.84	78.75	42.12

挂牌代码	公司简称	排名	总体指数	透明度与治理指数	成长能力指数	创新能力指数
430165	光宝联合	980	62.94	51.75	84.44	54.04
832563	帮豪种业	981	62.94	59.75	59.63	71.24
430457	三网科技	982	62.94	57.93	70.25	61.62
837130	中环互联	983	62.94	52.48	78.42	59.93
832577	优美特	984	62.94	64.59	53.15	71.84
832137	罗伯特	985	62.94	62.01	69.83	56.33
430371	科传股份	986	62.93	60.02	51.57	80.09
831427	信通电子	987	62.93	53.58	76.74	60.29
833813	中超环保	988	62.93	68.44	64.58	53.26
832936	万达重工	989	62.93	63.35	62.31	63.04
833096	仰邦科技	990	62.92	62.98	55.62	71.23
833573	蓝源传媒	991	62.92	60.12	80.40	46.81
836695	泰璞股份	992	62.91	65.42	80.34	39.36
836708	中裕广恒	993	62.91	67.39	77.51	39.82
836052	珠海港昇	994	62.90	56.87	81.43	50.14
835717	新思创	995	62.90	59.23	78.63	50.03
832685	华洋科技	996	62.90	54.91	64.70	72.10
430362	东电创新	997	62.88	59.75	73.80	54.77
831346	木联能	998	62.88	49.61	66.53	77.42
836359	阿忒加	999	62.87	59.25	79.11	49.34
832722	百胜软件	1000	62.87	65.85	48.35	75.33
831882	众益传媒	1001	62.87	54.68	66.50	70.25
835488	唯优传媒	1002	62.86	61.25	83.82	41.09
832144	软智科技	1003	62.86	58.71	58.44	73.79
430638	景格科技	1004	62.86	57.96	58.00	75.34
831639	达仁资管	1005	62.85	49.74	85.89	54.92
831368	阳光电通	1006	62.85	64.42	58.24	65.93
833269	华美牙科	1007	62.85	60.42	70.71	57.26

续表

挂牌代码	公司简称	排名	总体指数	透明度与治理指数	成长能力指数	创新能力指数
831216	中林股份	1008	62.85	53.34	76.03	61.14
834673	泰宝医疗	1009	62.84	64.15	68.43	54.59
836935	小棉袄	1010	62.84	62.63	70.34	54.53
430082	博雅英杰	1011	62.84	59.30	66.44	63.70
834002	易构软件	1012	62.83	52.50	58.35	82.53
430557	希芳阁	1013	62.82	52.29	75.47	63.18
835846	南方数码	1014	62.82	59.63	63.01	67.10
836847	黄河水	1015	62.81	64.43	65.51	57.42
834865	琴海数码	1016	62.81	66.35	67.21	52.76
836217	天创微波	1017	62.80	62.43	67.68	57.72
836571	创乐人	1018	62.80	54.70	66.64	69.83
430312	伟力盛世	1019	62.79	50.95	75.27	65.16
430071	首都在线	1020	62.79	58.13	62.71	69.44
834952	中联环保	1021	62.78	74.86	64.19	44.13
831973	善为影业	1022	62.77	51.74	85.25	52.52
833466	盛盈汇	1023	62.76	56.70	84.75	46.06
831543	松炀资源	1024	62.75	68.92	74.95	40.06
833040	中凌高科	1025	62.75	64.18	58.67	65.43
430641	天健创新	1026	62.75	63.05	60.83	64.55
835475	伏斯特	1027	62.75	70.91	59.29	55.20
832196	秦森园林	1028	62.75	64.23	66.04	56.86
831850	分豆教育	1029	62.74	51.71	84.57	53.24
430077	道隆软件	1030	62.72	49.30	73.56	69.22
430048	建设数字	1031	62.72	58.67	61.63	69.68
835944	科佳商业	1032	62.71	66.63	75.46	42.55
832380	鲁冀股份	1033	62.71	56.60	77.14	54.76
831869	东南药业	1034	62.71	56.01	55.19	80.77
831929	惠尔明	1035	62.70	55.27	80.92	52.30

续表

挂牌代码	公司简称	排名	总体指数	透明度与治理指数	成长能力指数	创新能力指数
833102	融都科技	1036	62.70	60.09	69.23	58.88
832453	恒福股份	1037	62.69	62.42	67.64	57.41
833855	三楷深发	1038	62.69	66.56	62.00	58.04
831972	北泰实业	1039	62.68	68.65	70.18	45.65
430172	瑞达恩	1040	62.67	57.21	63.60	69.32
430285	锐创信通	1041	62.67	56.80	58.75	75.45
834701	鑫考教育	1042	62.67	56.59	75.25	56.80
830838	新产业	1043	62.67	54.35	61.21	76.07
836012	百姓网	1044	62.66	53.13	70.84	66.73
832611	凯迪网络	1045	62.65	55.25	68.08	66.85
833915	建云科技	1046	62.65	52.61	63.77	75.53
831510	特思达	1047	62.64	64.95	66.73	54.70
430147	中矿龙科	1048	62.64	53.78	60.57	77.52
835337	华龙证券	1049	62.64	65.05	72.72	47.67
835268	客如云	1050	62.63	45.13	72.53	75.94
430375	星立方	1051	62.63	45.55	76.84	70.41
836665	胜利监理	1052	62.61	76.77	47.75	59.67
835137	金色传媒	1053	62.60	60.08	66.45	61.73
833330	君实生物	1054	62.58	56.49	51.60	83.77
832552	华隆电力	1055	62.58	69.27	66.41	48.73
833092	健耕医药	1056	62.57	66.18	63.77	56.10
836936	合昶网络	1057	62.57	64.87	72.51	47.92
833500	光大教育	1058	62.57	45.01	76.66	71.19
832526	鸿普森	1059	62.57	64.16	66.56	55.75
430144	煦联得	1060	62.57	58.47	71.67	57.91
836001	深蓝文化	1061	62.56	61.81	67.08	58.45
834095	精雷电器	1062	62.56	57.25	83.34	46.20
836530	骏发生物	1063	62.55	58.01	72.16	57.92

续表

挂牌代码	公司简称	排名	总体指数	透明度与治理指数	成长能力指数	创新能力指数
836732	舒视豪	1064	62.55	59.54	67.89	60.66
836786	明鑫智能	1065	62.54	65.20	58.77	63.12
836842	杰邦科技	1066	62.54	64.30	70.62	50.78
836862	凯金能源	1067	62.54	50.72	85.89	52.41
836888	来邦科技	1068	62.54	60.59	64.23	63.33
430501	超宇环保	1069	62.53	62.08	73.88	50.16
833683	吉联新软	1070	62.53	60.52	64.35	63.30
835194	铭赛科技	1071	62.52	62.73	55.69	70.07
833170	亿能达	1072	62.52	64.82	46.30	77.87
834728	中盈安信	1073	62.51	53.16	62.36	75.89
430575	迈科网络	1074	62.51	52.18	75.11	62.60
835977	西拓电气	1075	62.51	48.23	76.77	66.28
836595	三茗科技	1076	62.50	52.02	52.73	88.51
430498	嘉网股份	1077	62.50	66.39	60.55	59.25
430333	普康迪	1078	62.49	52.63	70.54	67.19
830866	凌志软件	1079	62.49	61.29	61.54	65.28
834403	信大捷安	1080	62.49	63.40	42.98	83.60
832135	云宏信息	1081	62.49	49.58	65.38	77.39
430080	尚水股份	1082	62.49	52.27	70.84	67.32
834501	万杰智能	1083	62.48	64.35	74.31	46.27
837110	悠络客	1084	62.48	44.18	69.09	80.73
836757	华信科泰	1085	62.48	52.78	60.10	78.91
833784	美福润	1086	62.48	72.60	65.47	44.78
836837	智远科技	1087	62.48	60.91	61.18	66.18
835348	明朝万达	1088	62.48	51.95	62.51	77.30
836987	联泰科技	1089	62.48	50.00	79.76	60.25
835500	百丞税务	1090	62.47	59.91	80.95	44.89
835052	美信检测	1091	62.47	56.07	76.53	55.38

挂牌代码	公司简称	排名	总体指数	透明度与治理指数	成长能力指数	创新能力指数
833577	欧林生物	1092	62.47	46.34	64.02	83.46
836274	泓杰股份	1093	62.46	70.59	62.20	51.29
835490	易司拓	1094	62.46	60.90	61.35	65.93
835890	圣石激光	1095	62.45	57.47	73.71	56.56
430472	安泰得	1096	62.45	52.60	71.33	66.16
834657	名传股份	1097	62.44	59.67	49.27	81.47
430242	蓝贝望	1098	62.44	57.07	65.94	66.02
836131	旭成科技	1099	62.44	48.08	79.64	62.96
836567	核心创艺	1100	62.44	44.83	90.81	54.72
834303	华龙期货	1101	62.43	67.67	69.51	46.92
831544	北超伺服	1102	62.42	59.36	59.03	70.63
836632	智乐园	1103	62.41	45.94	67.27	80.08
430385	中一检测	1104	62.40	64.66	54.78	67.96
834691	鑫固环保	1105	62.38	62.83	70.11	52.88
831884	成达兴	1106	62.38	59.35	68.58	59.53
834073	隆和节能	1107	62.37	60.26	83.87	40.69
831084	绿网天下	1108	62.37	51.71	72.76	65.47
833563	力天钨业	1109	62.37	52.14	79.67	56.93
832562	盈嘉科技	1110	62.36	61.93	56.77	69.39
830955	大盛微电	1111	62.36	66.21	63.69	55.42
833528	宁波中药	1112	62.36	55.05	77.63	55.15
836976	杰思股份	1113	62.36	60.27	82.68	41.98
835220	银禧光电	1114	62.36	65.30	71.61	47.58
430193	微传播	1115	62.35	54.68	90.79	40.55
430744	全岛互联	1116	62.35	60.55	52.74	75.93
832403	德尔智能	1117	62.35	64.13	59.17	63.49
834644	楚誉科技	1118	62.34	57.65	73.15	56.57
833078	捷玛信息	1119	62.34	58.32	53.96	77.63

挂牌代码	公司简称	排名	总体指数	透明度与治理指数	成长能力指数	创新能力指数
831954	协昌科技	1120	62.34	69.36	69.34	44.40
830790	希迈气象	1121	62.34	57.10	56.39	76.54
831805	微企信息	1122	62.33	58.26	65.59	64.35
833015	瑞朗净化	1123	62.33	64.55	70.55	49.77
836199	正源中溯	1124	62.33	58.20	67.68	62.01
832575	云迅通	1125	62.33	67.25	50.30	69.20
835950	智云达	1126	62.32	56.89	77.22	52.90
833616	金锂科技	1127	62.32	47.85	84.52	57.27
430376	东亚装饰	1128	62.30	72.62	63.40	46.48
430042	科瑞讯	1129	62.30	57.01	62.21	69.88
830851	骏华农牧	1130	62.29	63.03	81.40	39.33
830890	海魄科技	1131	62.28	65.20	57.51	63.65
430607	大树智能	1132	62.28	64.86	57.35	64.30
833427	同济设计	1133	62.28	55.73	63.62	69.99
836285	点众科技	1134	62.28	51.13	79.27	58.49
835688	平安环保	1135	62.27	48.93	81.12	59.48
834241	天利和	1136	62.27	62.71	60.43	63.78
835261	普泰股份	1137	62.27	68.03	67.94	47.64
430758	四联智能	1138	62.27	63.92	59.35	63.28
832463	月旭科技	1139	62.26	59.98	66.98	60.08
831986	东方基业	1140	62.26	53.69	74.67	60.11
834160	永联科技	1141	62.26	48.83	79.63	61.28
835935	茂昂智能	1142	62.26	57.58	75.55	53.60
430616	鸿盛数码	1143	62.25	63.87	57.47	65.46
836019	阿尔特	1144	62.25	54.02	63.12	72.88
833474	利扬芯片	1145	62.25	67.72	66.61	49.53
831142	易讯通	1146	62.24	47.43	87.67	53.97
833322	广通软件	1147	62.23	51.30	66.40	72.87

挂牌代码	公司简称	排名	总体指数	透明度与治理指数	成长能力指数	创新能力指数
430451	万人调查	1148	62.23	54.10	68.54	66.44
430368	明波通信	1149	62.22	60.23	46.11	83.52
833079	金桥水科	1150	62.22	68.26	58.13	58.40
831554	智博联	1151	62.22	53.73	64.11	72.04
430249	慧峰仁和	1152	62.22	58.84	61.86	67.42
835418	翔川股份	1153	62.22	57.15	84.12	44.24
836488	影谱科技	1154	62.22	54.39	74.93	58.67
430337	朗威视讯	1155	62.22	48.75	66.73	76.05
833018	海清源	1156	62.21	68.36	67.35	47.63
835928	天诚安信	1157	62.20	52.35	66.36	71.33
836452	四方博瑞	1158	62.20	48.61	74.24	67.54
831670	捷福装备	1159	62.20	59.04	71.33	56.15
836343	茶花电气	1160	62.19	68.53	57.03	59.15
834640	达普电子	1161	62.19	62.33	58.38	66.37
430316	巨灵信息	1162	62.19	48.63	63.59	79.71
835380	延华生物	1163	62.18	70.84	60.58	51.81
833810	睿博光电	1164	62.18	67.51	81.43	32.57
832244	佳瑞高科	1165	62.17	68.14	60.73	55.40
834358	体育之窗	1166	62.17	66.77	73.30	42.90
832779	东方明康	1167	62.15	68.66	43.98	73.83
836963	拓荒牛	1168	62.15	58.01	73.42	55.07
834222	迈动医疗	1169	62.15	50.19	82.08	56.16
830873	奥测世纪	1170	62.15	63.15	61.12	61.92
834708	光庭信息	1171	62.15	61.87	45.89	81.19
831718	青鸟软通	1172	62.15	57.88	64.72	65.21
833659	浩丰股份	1173	62.14	57.72	77.96	50.22
430213	乐升股份	1174	62.14	39.20	73.23	81.79
832781	伟乐科技	1175	62.13	50.72	70.45	68.69

续表

挂牌代码	公司简称	排名	总体指数	透明度与治理指数	成长能力指数	创新能力指数
833717	华彦邦	1176	62.13	58.07	63.61	66.15
836758	奥吉特	1177	62.13	56.17	66.56	65.45
833972	司南导航	1178	62.11	58.68	59.59	69.85
430601	吉玛基因	1179	62.10	62.59	59.07	64.88
830953	惠当家	1180	62.10	63.60	67.16	54.16
430724	芳笛环保	1181	62.09	52.84	83.98	50.02
836200	国建新能	1182	62.07	55.63	78.45	52.36
835040	莲合科技	1183	62.06	65.74	53.78	66.39
832035	天晴股份	1184	62.06	57.94	75.88	51.99
836967	爱去欧	1185	62.05	50.41	78.77	59.28
831978	金康精工	1186	62.05	64.34	64.32	56.21
835535	君泰股份	1187	62.04	63.92	72.08	47.87
430238	普华科技	1188	62.04	61.51	54.89	71.00
833389	金钱猫	1189	62.04	62.21	66.10	57.15
835182	体运通	1190	62.02	53.14	79.45	54.56
830931	仁会生物	1191	62.02	62.62	52.91	71.62
831681	智洋电气	1192	62.02	51.99	73.22	63.30
835620	奥迪康	1193	62.01	63.28	62.26	59.93
837092	金佳园	1194	62.00	64.24	61.29	59.67
836487	东硕环保	1195	62.00	65.49	66.17	52.31
834630	新片场	1196	62.00	52.87	70.99	64.55
836320	慧博云通	1197	62.00	58.72	68.73	58.90
831117	维恩贝特	1198	61.99	51.88	66.46	71.12
835440	慧典云医	1199	61.99	59.74	59.46	68.06
833753	超音速	1200	61.98	63.09	52.30	71.51
834130	科升无线	1201	61.98	52.38	67.88	68.73
836789	晶科电子	1202	61.97	52.90	75.17	59.62
430116	中矿华沃	1203	61.97	58.21	45.76	85.87

挂牌代码	公司简称	排名	总体指数	透明度与治理指数	成长能力指数	创新能力指数
831092	乾元泽孚	1204	61.97	53.95	80.56	51.93
830889	深拓智能	1205	61.96	70.19	55.16	58.14
430027	北科光大	1206	61.95	59.05	50.44	79.25
832204	易科势腾	1207	61.95	50.37	68.64	70.60
836445	金辉再生	1208	61.95	74.67	61.63	44.35
834788	西山科技	1209	61.94	52.90	61.52	75.17
430528	欧丽信大	1210	61.94	73.61	51.38	57.59
430121	英福美	1211	61.94	49.04	60.97	81.24
833960	华发教育	1212	61.93	64.67	67.67	51.46
834793	华强方特	1213	61.92	63.59	55.44	67.01
832694	维冠机电	1214	61.92	71.94	59.36	50.71
836089	明朗智能	1215	61.92	68.88	60.53	53.68
834450	兴农环保	1216	61.91	61.07	70.19	53.61
831011	三友创美	1217	61.91	68.02	65.98	48.60
830853	天加新材	1218	61.89	54.53	79.79	51.75
834448	遥望网络	1219	61.89	57.94	84.98	40.97
833132	企源科技	1220	61.89	65.88	72.86	43.65
832884	瑞晟智能	1221	61.87	44.82	82.41	62.37
835491	手乐电商	1222	61.87	58.09	82.11	43.98
831163	艾科新材	1223	61.87	70.02	58.63	54.07
836679	科睿特	1224	61.86	46.69	73.83	69.55
837101	浩趣信息	1225	61.86	52.24	94.58	37.88
831226	聚宝网络	1226	61.86	57.23	63.36	66.64
834953	金朋健康	1227	61.85	69.38	73.82	37.47
833284	灵鸽科技	1228	61.85	59.84	74.36	50.32
430307	扬讯科技	1229	61.84	41.76	71.16	79.46
835842	纳仕达	1230	61.84	54.08	76.45	56.00
831605	奔速电梯	1231	61.83	65.98	59.27	58.92

挂牌代码	公司简称	排名	总体指数	透明度与治理指数	成长能力指数	创新能力指数
837076	森川科技	1232	61.83	48.87	65.70	75.67
830870	松宝智能	1233	61.83	63.55	56.74	65.23
834162	江平生物	1234	61.83	52.37	79.67	54.70
831900	海航冷链	1235	61.83	59.27	82.80	41.36
833259	新泰材料	1236	61.82	61.08	83.42	38.09
834768	邦业科技	1237	61.81	55.71	60.27	72.19
836853	海王股份	1238	61.80	70.71	61.15	49.96
430752	索泰能源	1239	61.79	43.37	87.84	57.88
833695	富士莱	1240	61.77	63.14	71.48	48.70
836669	环能新科	1241	61.77	60.72	69.43	54.46
430421	华之邦	1242	61.77	47.44	76.34	65.25
430560	西部泰力	1243	61.76	70.46	61.66	49.59
836670	九城教育	1244	61.76	51.35	65.21	72.48
832764	德胜科技	1245	61.75	64.19	70.84	47.87
834400	新球清洗	1246	61.74	68.24	57.56	57.38
836454	大有恒	1247	61.73	61.80	85.39	34.47
831590	百川建科	1248	61.73	58.18	53.86	75.76
831355	地源科技	1249	61.73	55.83	79.05	50.16
831435	行健智能	1250	61.72	46.28	70.45	73.49
832725	时代铝箔	1251	61.72	60.60	65.86	58.56
833653	凯东源	1252	61.72	53.06	67.23	67.63
833070	三耐环保	1253	61.72	64.34	66.32	52.73
836701	盛夏星空	1254	61.72	56.22	86.81	40.68
835419	哟哈股份	1255	61.72	60.25	75.41	48.06
833806	光合文创	1256	61.71	57.61	75.93	51.18
831684	瑞珑科技	1257	61.71	45.58	68.93	76.17
836840	千盟智能	1258	61.70	57.21	55.73	74.90
831175	派诺科技	1259	61.70	59.03	52.81	75.68

续表

挂牌代码	公司简称	排名	总体指数	透明度与治理指数	成长能力指数	创新能力指数
430263	蓝天环保	1260	61.69	66.39	65.38	50.83
834341	杰西医药	1261	61.69	48.11	69.22	72.20
835627	南松医药	1262	61.68	61.92	58.74	64.72
834204	日联科技	1263	61.68	59.18	60.56	66.47
836101	正霸股份	1264	61.67	54.01	71.47	61.24
831918	天立泰	1265	61.67	53.29	81.21	51.06
834088	恒通液压	1266	61.67	77.67	52.93	49.11
836313	俏佳人	1267	61.67	58.32	84.03	40.73
833736	中塑在线	1268	61.67	66.39	46.97	71.87
835160	上海共创	1269	61.67	62.32	59.36	63.39
832580	中绿环保	1270	61.67	60.90	61.16	63.32
835429	金源电气	1271	61.66	67.01	53.68	63.27
831215	新天药业	1272	61.66	72.56	56.65	52.01
831502	东都节能	1273	61.65	71.74	68.89	39.11
834671	开眼数据	1274	61.65	60.26	59.81	65.72
830855	盈谷股份	1275	61.64	51.21	83.13	51.69
832118	华网智能	1276	61.62	61.90	65.38	56.93
430523	泰谷生物	1277	61.62	68.15	56.59	58.16
430289	华索科技	1278	61.61	63.10	47.58	75.61
833370	运鹏股份	1279	61.61	59.91	77.51	45.75
831230	双申医疗	1280	61.61	56.67	70.78	58.04
835252	华夏光彩	1281	61.59	61.91	80.38	39.58
836226	卡友信息	1282	61.59	62.25	63.33	58.65
835796	清大国华	1283	61.59	60.26	62.00	62.99
835742	欣视景	1284	61.59	59.38	61.56	64.72
835849	上海众幸	1285	61.58	48.86	83.40	54.49
833575	康乐卫士	1286	61.57	69.83	35.74	79.58
833318	图敏视频	1287	61.57	50.01	70.34	67.82

挂牌代码	公司简称	排名	总体指数	透明度与治理指数	成长能力指数	创新能力指数
430706	海芯华夏	1288	61.56	52.99	80.58	51.84
834560	思维实创	1289	61.56	56.62	71.72	56.87
834848	中能服	1290	61.55	55.18	70.69	60.06
831407	万泰中联	1291	61.55	53.39	70.62	62.65
836338	宏远新材	1292	61.55	55.42	75.71	53.94
832860	海龙精密	1293	61.55	59.40	77.37	46.41
833407	亚华智库	1294	61.54	53.89	77.21	54.35
835505	光音网络	1295	61.53	55.31	70.60	59.91
831964	储翰科技	1296	61.53	55.29	86.02	42.24
832633	伏泰科技	1297	61.53	45.10	79.87	63.64
834757	声望科技	1298	61.51	56.03	76.21	52.38
834064	技美科技	1299	61.51	62.04	44.09	80.75
835399	中感微	1300	61.51	61.18	52.51	72.32
836453	锐达科技	1301	61.51	69.39	47.44	66.53
833503	花嫁丽舍	1302	61.50	69.30	74.29	35.83
830809	安达科技	1303	61.50	53.84	83.39	47.20
832974	鲜美种苗	1304	61.50	63.76	75.16	42.65
833723	三江并流	1305	61.50	60.70	78.05	43.63
831009	合锐赛尔	1306	61.50	64.63	67.36	50.35
833828	新视野	1307	61.50	58.28	56.95	71.25
833298	悦高软件	1308	61.50	52.35	58.89	77.40
834984	网库股份	1309	61.49	39.74	81.51	69.22
835343	艾美森	1310	61.49	54.88	76.36	53.76
833164	琥珀股份	1311	61.49	74.29	49.69	56.98
834762	清鹤科技	1312	61.49	50.99	66.65	70.38
831228	夏阳检测	1313	61.48	64.52	66.12	51.87
834880	泰华智慧	1314	61.48	53.65	67.84	65.22
430671	一卡易	1315	61.48	47.26	73.11	68.19

挂牌代码	公司简称	排名	总体指数	透明度与治理指数	成长能力指数	创新能力指数
833122	中仪股份	1316	61.47	53.42	77.10	54.89
833868	南京证券	1317	61.46	64.18	73.73	43.55
834444	中驰股份	1318	61.46	60.65	80.56	40.69
832982	锦波生物	1319	61.46	54.05	73.75	57.82
830902	长仪股份	1320	61.45	72.48	43.72	66.25
834072	德隆股份	1321	61.45	62.43	74.02	45.65
832637	华源磁业	1322	61.45	57.01	74.29	52.98
834620	四川唯鸿	1323	61.45	59.01	77.60	46.35
835874	蓝科环保	1324	61.44	53.91	68.75	63.67
832731	精通科技	1325	61.43	65.65	63.80	52.76
430754	波智高远	1326	61.42	54.40	94.95	32.85
836687	亿友慧云	1327	61.42	50.65	67.03	70.17
831598	热像科技	1328	61.42	55.53	68.72	61.33
831108	茶乾坤	1329	61.42	66.10	75.32	38.85
832542	金软科技	1330	61.42	68.41	45.01	70.38
834323	韩华建材	1331	61.40	69.58	70.81	39.07
833372	神农股份	1332	61.40	64.88	57.74	60.70
835272	凯基生物	1333	61.40	58.40	65.85	60.53
834766	地宝网络	1334	61.39	60.85	74.32	47.33
836458	活动邦	1335	61.39	55.63	78.01	50.45
834161	ST娱通	1336	61.39	63.70	59.43	60.38
833882	汉印股份	1337	61.38	56.17	57.07	73.69
831820	容大股份	1338	61.38	58.24	65.64	60.91
835610	汇生通	1339	61.38	53.29	71.84	60.78
836704	柏莱特	1340	61.37	61.84	63.48	58.30
430340	伟钊科技	1341	61.37	53.32	60.58	73.65
835249	莱特光电	1342	61.37	47.84	82.37	56.36
831010	天佳科技	1343	61.37	59.51	78.45	44.40

续表

挂牌代码	公司简称	排名	总体指数	透明度与治理指数	成长能力指数	创新能力指数
836348	汇恒环保	1344	61.37	66.23	61.13	54.78
835654	万源生态	1345	61.37	58.68	65.80	60.07
832510	星月科技	1346	61.36	63.09	75.01	43.27
831431	东南光电	1347	61.36	48.97	89.41	46.65
831196	恒扬科技	1348	61.36	42.81	80.99	65.00
835157	时讯立维	1349	61.36	54.01	65.42	67.06
832340	国联股份	1350	61.35	61.31	64.74	57.53
831134	爱特科技	1351	61.35	66.45	57.02	59.13
835259	瀚翔生物	1352	61.34	64.56	68.97	48.06
835077	博宁福田	1353	61.34	58.86	72.85	51.65
836870	山维科技	1354	61.33	63.23	50.71	70.85
834873	科脉技术	1355	61.33	51.73	65.14	70.50
834172	信汇金融	1356	61.33	54.24	79.72	50.21
836197	千永股份	1357	61.33	51.88	78.06	55.45
835431	非凡传媒	1358	61.32	40.49	81.10	68.01
836900	博为光电	1359	61.32	54.41	79.92	49.71
833039	昶昱黄金	1360	61.31	50.29	84.45	50.31
835775	用尚科技	1361	61.30	57.19	58.17	70.70
833684	联赢激光	1362	61.30	54.95	70.08	60.17
836848	北迈科技	1363	61.29	57.16	66.08	61.63
430394	伯朗特	1364	61.29	58.44	70.11	55.21
835518	绿萌健康	1365	61.29	73.70	72.03	31.45
835586	景典传媒	1366	61.29	57.11	66.20	61.56
833329	利达股份	1367	61.29	65.69	73.95	40.54
836943	百灵电子	1368	61.29	55.32	69.22	60.60
832164	尚柳园林	1369	61.28	58.57	71.19	53.73
834025	赛思信安	1370	61.28	56.94	50.58	79.69
836466	五洲无线	1371	61.28	40.46	89.17	58.64

挂牌代码	公司简称	排名	总体指数	透明度与治理指数	成长能力指数	创新能力指数
834704	默联股份	1372	61.28	44.84	70.22	74.20
833924	华讯投资	1373	61.28	44.83	91.27	50.05
834967	国信同科	1374	61.27	55.45	76.63	51.86
833439	领先环保	1375	61.27	61.68	60.06	62.08
834468	绿凯环保	1376	61.26	51.83	77.98	55.38
835334	迈德科技	1377	61.26	51.46	70.56	64.40
834724	国图信息	1378	61.26	57.06	61.44	66.96
836142	时光一百	1379	61.26	56.95	67.77	59.86
836691	人和环境	1380	61.25	52.69	75.07	57.48
830819	致生联发	1381	61.25	48.52	76.80	61.36
836652	北创网联	1382	61.25	63.35	65.60	53.30
832747	吉诺股份	1383	61.25	50.29	85.70	48.64
835749	伊仕生物	1384	61.25	64.16	57.85	61.04
832757	景安网络	1385	61.25	51.60	70.86	63.82
835724	华视股份	1386	61.24	59.28	76.12	46.93
836755	亭联科技	1387	61.24	66.18	60.94	54.61
836006	中汇影视	1388	61.23	59.83	82.87	38.39
834139	时代亿信	1389	61.23	49.41	75.28	61.79
835227	德品医疗	1390	61.22	64.28	63.55	54.24
430200	时代地智	1391	61.21	51.20	57.63	79.45
430233	星原丰泰	1392	61.21	61.88	61.63	59.79
835525	福建佳乐	1393	61.21	62.89	73.33	44.93
835170	本捷网络	1394	61.21	56.23	50.87	80.10
833755	扬德环境	1395	61.20	65.91	59.85	56.12
831414	大洋义天	1396	61.20	61.14	63.12	59.07
832107	达能电气	1397	61.19	60.40	57.98	66.01
831406	森达电气	1398	61.19	63.59	63.63	55.01
836793	金晟科技	1399	61.18	65.00	61.86	55.01

续表

挂牌代码	公司简称	排名	总体指数	透明度与治理指数	成长能力指数	创新能力指数
835604	康泰医学	1400	61.18	60.83	58.55	64.70
831244	星展测控	1401	61.18	54.44	69.27	61.42
835031	毅通股份	1402	61.18	55.63	69.98	58.89
430664	联合永道	1403	61.17	61.06	51.61	72.31
831927	瑞奥物联	1404	61.17	50.04	67.58	69.53
834968	玄武科技	1405	61.17	53.00	71.15	61.25
835059	桂牛乳业	1406	61.17	72.98	60.03	45.81
830860	奥特股份	1407	61.16	66.81	59.17	55.49
835730	尚沃医疗	1408	61.16	48.74	65.30	73.92
832533	利美康	1409	61.16	64.94	71.67	43.76
832679	尚洋文化	1410	61.15	63.34	64.02	54.76
834564	光慧科技	1411	61.15	56.72	78.15	47.90
430309	易所试	1412	61.15	57.65	74.27	51.03
430083	中科联众	1413	61.14	51.82	74.24	59.27
430061	富机达能	1414	61.14	56.96	67.78	59.42
833067	中德宏泰	1415	61.14	63.80	68.87	48.52
833395	帕卓管路	1416	61.14	55.99	65.74	63.13
831045	科慧科技	1417	61.14	46.48	80.13	60.03
831608	易建科技	1418	61.14	62.15	63.02	57.55
836318	沃土生物	1419	61.13	55.23	59.40	71.46
835240	天河艺术	1420	61.13	56.86	71.57	55.18
835318	九鼎瑞信	1421	61.13	56.84	75.90	50.23
831597	苍源种植	1422	61.13	72.00	61.40	45.47
833191	博世德	1423	61.12	57.01	55.41	73.48
830807	恒瑞能源	1424	61.12	52.96	83.18	47.32
834902	网映文化	1425	61.12	50.16	73.47	62.41
833351	中奥汇成	1426	61.12	76.51	37.35	66.67
430604	三炬生物	1427	61.12	58.22	55.35	71.82

挂牌代码	公司简称	排名	总体指数	透明度与治理指数	成长能力指数	创新能力指数
835267	华恩利	1428	61.12	63.85	47.41	72.98
831113	杰盛通信	1429	61.11	67.50	59.95	53.45
833024	欣智恒	1430	61.10	55.38	78.30	49.44
834316	振威展览	1431	61.09	58.04	65.28	60.61
835638	德鑫航空	1432	61.09	52.66	84.35	46.30
832730	蓝贝股份	1433	61.09	63.78	69.17	48.02
831256	新疆银丰	1434	61.09	66.03	51.00	65.70
834194	实邑科技	1435	61.09	58.66	67.87	56.72
833671	邦诚电信	1436	61.09	50.41	78.51	56.15
836357	绿泽园林	1437	61.08	54.80	81.01	47.07
831401	信立方	1438	61.08	59.35	59.70	65.11
834605	鸿晔科技	1439	61.07	64.10	44.54	75.77
833328	霍普股份	1440	61.07	58.44	64.59	60.74
832336	广顺小贷	1441	61.06	64.59	57.48	60.19
834101	择尚科技	1442	61.06	50.03	80.48	54.33
430054	超毅网络	1443	61.05	53.62	71.00	60.12
831648	盛景科技	1444	61.05	55.69	57.78	72.37
833825	神州锐达	1445	61.05	50.88	62.90	73.28
836724	欧晶科技	1446	61.04	63.62	76.22	39.99
830868	建策科技	1447	61.04	52.09	78.71	53.39
835508	殷图网联	1448	61.04	63.95	61.25	56.69
832396	开源证券	1449	61.03	60.29	74.63	46.49
832850	大泽电极	1450	61.03	70.08	63.65	45.27
833076	方元明	1451	61.03	41.77	78.93	67.66
836509	美家帮	1452	61.03	38.45	74.64	77.26
835206	达人环保	1453	61.03	59.12	68.28	55.41
833090	杰曼科技	1454	61.02	52.90	52.84	81.88
430476	海能仪器	1455	61.02	51.37	71.93	62.13

挂牌代码	公司简称	排名	总体指数	透明度与治理指数	成长能力指数	创新能力指数
833299	久康云	1456	61.02	51.51	58.96	76.80
832898	天地壹号	1457	61.02	64.29	69.11	47.12
830937	信达智能	1458	61.02	64.74	61.95	54.69
832401	奥宇节能	1459	61.02	59.08	59.56	65.42
833854	远望信息	1460	61.01	48.17	64.75	74.84
833072	大江传媒	1461	61.01	65.92	63.43	51.30
834362	润和天泽	1462	61.01	60.29	67.50	54.59
430467	深圳行健	1463	61.01	63.74	56.82	61.94
834541	创显科教	1464	61.00	52.37	66.10	67.32
836678	紫极科技	1465	60.99	54.91	53.02	78.71
836831	蜜思肤	1466	60.99	48.50	87.28	48.44
834167	安盛科技	1467	60.99	56.78	56.29	72.32
836172	中迪医疗	1468	60.99	54.63	63.74	66.78
430269	新网程	1469	60.98	45.34	68.30	74.66
833598	壹石通	1470	60.98	65.18	66.78	48.40
834719	鼎阳电力	1471	60.98	51.14	83.28	49.26
836750	康利物联	1472	60.97	57.36	71.08	54.47
836674	净源科技	1473	60.97	60.92	66.38	54.83
831089	金东唐	1474	60.96	55.17	65.03	64.46
830888	世纪工场	1475	60.96	66.35	62.42	51.67
832127	谊熙加	1476	60.96	52.60	69.45	63.01
836877	博智数源	1477	60.96	53.91	68.10	62.71
836111	三开科技	1478	60.96	46.54	74.72	65.51
832881	源达股份	1479	60.95	63.79	67.43	49.51
831254	平方科技	1480	60.95	49.30	62.94	75.11
832985	必然传媒	1481	60.95	63.11	64.26	54.10
835005	曼荼罗	1482	60.95	45.44	61.12	82.64
430215	必可测	1483	60.95	48.99	74.65	62.12

挂牌代码	公司简称	排名	总体指数	透明度与治理指数	成长能力指数	创新能力指数
430304	每日视界	1484	60.95	55.36	69.16	59.43
430130	卡联科技	1485	60.95	57.34	58.65	68.66
430740	中天超硬	1486	60.94	77.28	54.68	45.06
833489	美特安全	1487	60.94	69.72	57.80	52.15
835642	华志信	1488	60.94	54.80	63.36	66.82
831083	东润环能	1489	60.93	48.28	57.86	82.32
831273	金视和	1490	60.93	60.46	60.41	62.20
832857	宏景电子	1491	60.93	62.98	69.04	48.74
833677	芯能科技	1492	60.93	59.83	78.43	42.41
430170	金易通	1493	60.93	58.33	69.62	54.61
831382	智创联合	1494	60.93	68.71	59.00	52.14
831725	凌志股份	1495	60.92	62.01	55.37	65.73
832113	中康国际	1496	60.91	61.75	64.41	55.71
833561	新科谷	1497	60.91	61.99	63.77	56.10
833304	申昊科技	1498	60.91	62.26	64.11	55.32
430391	万特电气	1499	60.91	63.18	55.54	63.86
430367	力码科	1500	60.90	52.67	75.09	56.24
832352	瑞格股份	1501	60.90	52.88	75.96	54.92
834990	新数网络	1502	60.90	59.92	67.47	54.73
834903	金现代	1503	60.89	54.08	60.92	70.45
835412	鼎泰药研	1504	60.88	59.42	60.33	63.59
835216	日华科技	1505	60.87	57.57	64.80	61.03
831623	金汇膜	1506	60.87	63.67	66.29	50.70
834931	鸿贝科技	1507	60.87	59.85	77.94	42.72
832043	卫东环保	1508	60.87	62.11	66.01	53.20
832001	黑碳节能	1509	60.87	59.15	63.21	60.60
837178	商科数控	1510	60.86	63.10	62.85	55.40
831734	展通电信	1511	60.85	77.26	43.60	57.50

挂牌代码	公司简称	排名	总体指数	透明度与治理指数	成长能力指数	创新能力指数
833009	开拓明天	1512	60.85	61.37	48.51	74.27
830805	德马科技	1513	60.85	65.12	60.15	55.61
430755	华曦达	1514	60.84	51.72	73.14	59.58
834492	凯莱特	1515	60.83	58.54	53.00	73.06
836366	尚航科技	1516	60.82	48.53	80.04	56.12
835666	天亿马	1517	60.82	52.90	64.83	67.40
833338	康爱生物	1518	60.82	38.16	71.18	80.90
831669	永晟科技	1519	60.82	66.99	68.87	42.86
831827	宝来利来	1520	60.81	70.90	54.93	53.32
832554	晨光精工	1521	60.81	71.50	63.32	42.83
833593	健来福	1522	60.81	57.69	75.23	48.65
833542	达菲特	1523	60.81	55.38	64.99	63.66
832834	林江股份	1524	60.80	65.29	60.72	54.56
836711	志诚教育	1525	60.80	67.51	66.75	44.51
831938	上海亿格	1526	60.80	55.41	64.27	64.41
833291	森合高科	1527	60.80	53.77	70.50	59.59
831389	万和过滤	1528	60.79	56.25	66.57	60.58
832782	依科曼	1529	60.79	58.55	62.99	61.43
836442	群智合	1530	60.78	43.61	64.34	80.93
836055	炫坤科技	1531	60.78	51.20	68.60	65.34
831370	新安洁	1532	60.78	72.28	67.88	36.42
831283	蛙视通信	1533	60.78	51.35	63.87	70.52
831798	博益气动	1534	60.77	55.79	63.71	64.44
832205	全宇制药	1535	60.77	49.66	80.15	54.22
831481	瑞铃企管	1536	60.77	64.06	59.61	57.46
833428	江大源	1537	60.77	67.81	59.34	52.48
835860	斯特龙	1538	60.77	55.62	69.85	57.60
430005	原子高科	1539	60.76	60.82	56.60	65.44

挂牌代码	公司简称	排名	总体指数	透明度与治理指数	成长能力指数	创新能力指数
830871	天元晟业	1540	60.75	62.50	48.75	72.07
830840	永力科技	1541	60.75	59.54	60.28	63.00
831212	耐磨科技	1542	60.75	73.28	59.98	43.96
835152	未来国际	1543	60.75	58.48	51.34	74.73
835741	创益通	1544	60.74	63.11	66.59	50.71
832778	多邦科技	1545	60.74	57.82	64.16	60.94
836629	宏韵医药	1546	60.73	54.18	56.70	74.61
835235	翌成创意	1547	60.73	56.15	73.51	52.53
830863	瑞华天健	1548	60.73	44.41	65.99	77.72
831865	凯瑞电气	1549	60.73	69.40	56.65	53.17
835090	上富股份	1550	60.73	60.50	47.09	76.69
834428	蓝孚高能	1551	60.73	51.14	73.84	59.21
832623	铱迅信息	1552	60.73	57.77	53.76	72.89
833714	安世亚太	1553	60.72	53.14	62.54	69.33
835771	嘉泰激光	1554	60.72	59.07	73.54	48.33
832139	沃田农业	1555	60.71	55.06	73.56	53.92
834447	格林生物	1556	60.70	64.91	69.24	44.98
835195	金正动画	1557	60.70	65.17	50.63	65.96
831492	安信种苗	1558	60.70	62.68	66.30	51.49
836263	中航泰达	1559	60.70	56.80	74.49	50.37
835389	道拓医药	1560	60.70	37.70	84.74	65.55
835347	世纪微熵	1561	60.69	50.22	73.08	61.24
831063	安泰股份	1562	60.69	61.61	64.91	54.54
830891	轩辕网络	1563	60.69	55.88	68.34	58.68
833101	禾元生物	1564	60.68	54.24	55.12	76.17
835762	奕通信息	1565	60.67	44.89	77.94	63.13
831482	和信基业	1566	60.66	53.56	68.01	62.26
831297	数字认证	1567	60.66	61.06	58.26	62.86

挂牌代码	公司简称	排名	总体指数	透明度与治理指数	成长能力指数	创新能力指数
835322	华创股份	1568	60.65	58.06	63.66	60.86
830901	隆玛科技	1569	60.65	58.39	69.83	53.30
835478	灏景传媒	1570	60.64	56.41	73.03	52.40
835681	帝杰曼	1571	60.64	58.61	67.28	55.88
830936	约克动漫	1572	60.64	50.49	74.09	59.52
430398	励图科技	1573	60.64	51.00	56.81	78.63
834186	健隆生物	1574	60.64	56.67	65.61	60.54
831994	中冀联合	1575	60.63	55.23	61.90	66.81
833475	深蓝机器	1576	60.63	67.37	62.80	48.64
430306	永铭医学	1577	60.63	41.49	79.48	65.99
835171	汇检菁英	1578	60.62	56.20	70.53	55.50
833124	中盈科技	1579	60.62	60.48	65.43	55.31
831779	卓越信通	1580	60.62	48.96	58.77	79.19
833672	中创洁能	1581	60.62	62.20	63.51	55.07
831126	元鼎科技	1582	60.62	51.75	74.81	56.84
830779	武汉蓝电	1583	60.61	53.99	64.58	65.40
834834	社忧网络	1584	60.61	67.24	50.77	62.55
836092	乐普基因	1585	60.61	51.54	55.29	79.52
430480	辰维科技	1586	60.61	52.03	69.56	62.43
832977	伊斯曼	1587	60.61	66.80	56.26	56.86
832085	万古科技	1588	60.61	55.40	52.93	76.77
834252	中藻生物	1589	60.60	64.18	72.89	41.44
834046	金锐同创	1590	60.60	62.19	62.09	56.64
837077	住百家	1591	60.59	55.87	76.85	48.60
835529	中科汇联	1592	60.59	48.40	62.98	75.04
836511	星推网络	1593	60.58	46.74	91.10	45.09
835591	富瑞德	1594	60.58	62.91	56.69	61.75
835752	日月明	1595	60.57	64.58	56.68	59.38

挂牌代码	公司简称	排名	总体指数	透明度与治理指数	成长能力指数	创新能力指数
835243	炬光科技	1596	60.57	56.97	59.01	67.44
835416	艾瑞德	1597	60.57	50.85	82.49	49.12
836115	三环节能	1598	60.57	55.92	66.38	60.44
831546	美林数据	1599	60.56	51.67	61.37	72.17
831661	金马科技	1600	60.56	58.92	65.86	56.79
836371	祥源科技	1601	60.56	55.54	55.29	73.67
831999	仟亿达	1602	60.56	49.99	62.80	72.89
836747	悦康科创	1603	60.55	50.27	61.05	74.50
832659	盛航海运	1604	60.55	72.79	55.67	48.89
831211	尊马管件	1605	60.55	69.33	62.33	46.11
835872	上方传媒	1606	60.54	66.46	69.85	41.52
835503	山东力凯	1607	60.54	52.32	67.91	63.68
832817	身临其境	1608	60.54	63.27	55.41	62.58
837121	中天亿信	1609	60.54	55.03	53.81	76.04
836784	方德股份	1610	60.54	50.72	72.95	60.15
833966	国电康能	1611	60.54	44.52	82.72	57.68
835888	尚阳股份	1612	60.54	57.56	70.84	52.91
835690	信源信息	1613	60.53	60.22	54.85	67.50
836137	日月环境	1614	60.53	55.16	73.89	52.77
831252	博润通	1615	60.53	50.67	61.78	73.03
831203	瑞纽机械	1616	60.53	65.43	58.86	55.54
832628	爱源股份	1617	60.53	59.23	68.48	53.24
831225	宏景软件	1618	60.52	51.44	54.00	80.82
831772	海洋风	1619	60.52	62.90	62.92	54.42
836587	心意答	1620	60.52	50.18	58.71	77.17
833238	森维园林	1621	60.50	58.19	59.23	65.21
834827	飞翔科技	1622	60.50	61.92	64.85	53.50
831974	维森信息	1623	60.50	60.22	60.73	60.62

挂牌代码	公司简称	排名	总体指数	透明度与治理指数	成长能力指数	创新能力指数
835563	欧美克	1624	60.50	63.19	53.48	64.76
835039	海牛环境	1625	60.49	54.92	66.86	61.03
836241	比特耐特	1626	60.48	49.58	73.25	61.21
836049	橙红科技	1627	60.48	50.89	64.74	69.10
834772	中悦科技	1628	60.47	52.71	60.08	71.87
832018	固特超声	1629	60.47	57.14	66.44	58.32
833951	浩蓝环保	1630	60.47	62.49	52.86	66.35
835099	开心麻花	1631	60.47	57.80	74.89	47.67
832903	永强农业	1632	60.46	74.67	64.52	35.76
832776	雨来科技	1633	60.46	56.87	52.29	74.91
833313	方胜有成	1634	60.46	48.14	70.93	65.83
834807	鸿翼股份	1635	60.45	48.57	66.50	70.29
830822	海容冷链	1636	60.45	64.70	70.23	43.23
836996	益模科技	1637	60.45	53.30	54.39	77.49
833663	百事泰	1638	60.45	48.26	82.79	52.02
832519	中通电气	1639	60.44	58.08	60.41	63.82
834136	仙果广告	1640	60.43	42.61	80.83	62.17
836469	历程科技	1641	60.43	56.31	67.40	58.24
835791	力邦营养	1642	60.43	66.77	51.36	61.88
834662	赛耐比	1643	60.42	56.73	74.61	49.35
835400	宜丽环保	1644	60.42	46.72	82.66	54.21
836394	卓越能源	1645	60.41	52.30	70.92	59.80
833858	信中利	1646	60.41	53.14	84.90	42.57
834336	欧耐尔	1647	60.40	55.39	70.66	55.72
834804	正济药业	1648	60.40	51.01	73.76	58.32
835489	软素科技	1649	60.40	45.28	64.53	77.00
834051	汇隆精密	1650	60.39	64.23	60.67	54.66
831810	本益科技	1651	60.39	49.23	75.43	58.88

挂牌代码	公司简称	排名	总体指数	透明度与治理指数	成长能力指数	创新能力指数
832953	创识科技	1652	60.39	69.01	54.33	55.19
836997	超清股份	1653	60.38	61.69	57.09	62.32
835553	瑞兴医药	1654	60.38	69.16	74.23	32.10
835940	瑞济生物	1655	60.38	59.72	61.68	59.82
835406	瑞联新材	1656	60.37	68.44	55.79	54.25
833241	和成显示	1657	60.37	62.13	62.12	55.88
835457	建科集团	1658	60.36	59.57	60.90	60.86
430022	五岳鑫	1659	60.36	58.67	47.34	77.68
832616	城光节能	1660	60.35	48.16	77.53	57.85
430257	成科机电	1661	60.35	61.84	61.61	56.81
836219	鼎晶生物	1662	60.34	48.73	67.25	68.79
833473	博丹环境	1663	60.34	57.14	66.90	57.31
835710	仕净环保	1664	60.34	48.05	79.74	55.40
836335	丑小鸭	1665	60.33	47.49	72.86	64.07
834730	联君科技	1666	60.33	51.98	47.64	86.68
831416	大成医药	1667	60.33	65.83	63.13	49.34
832745	奥飞数据	1668	60.33	36.49	82.03	69.05
835329	立格环保	1669	60.32	64.80	57.00	57.84
430258	易同科技	1670	60.32	53.03	75.62	53.05
833937	嘉诚信息	1671	60.31	57.12	63.00	61.73
430643	蓝科泰达	1672	60.31	50.61	66.07	67.39
832189	科瑞达	1673	60.31	59.21	60.46	61.69
836551	博达兴创	1674	60.31	60.17	47.76	74.91
832248	安正科技	1675	60.31	61.64	52.56	67.33
831589	吉福新材	1676	60.30	65.23	65.49	47.39
832095	爱芯环保	1677	60.30	61.45	66.49	51.57
836414	欧普泰	1678	60.30	56.70	73.40	50.34
430139	华岭股份	1679	60.30	49.06	60.53	75.88

挂牌代码	公司简称	排名	总体指数	透明度与治理指数	成长能力指数	创新能力指数
832802	保丽洁	1680	60.29	70.70	57.38	48.95
832703	佳德联益	1681	60.28	61.32	60.51	58.57
833952	宝优际	1682	60.28	63.10	65.99	49.74
830774	百博生物	1683	60.27	56.46	60.94	64.89
430180	东方瑞威	1684	60.27	62.43	62.68	54.46
833499	中国康富	1685	60.27	67.68	72.81	35.41
430408	帝信通信	1686	60.27	61.57	50.02	70.19
832906	指安科技	1687	60.26	58.09	80.24	40.41
430511	远大股份	1688	60.26	55.81	57.57	69.63
834102	电联股份	1689	60.26	66.34	55.36	57.30
430240	随视传媒	1690	60.26	68.56	51.41	58.70
430341	呈创科技	1691	60.26	60.94	58.73	61.03
834925	滨会生物	1692	60.25	53.56	57.68	72.66
831291	恒博科技	1693	60.25	41.15	79.86	64.70
836403	喜悦股份	1694	60.25	52.61	73.82	55.46
834510	宇鑫货币	1695	60.25	55.72	84.37	38.96
430627	页游科技	1696	60.25	53.97	65.93	62.59
834932	麒麟文化	1697	60.25	64.99	39.62	77.23
836144	国网继保	1698	60.24	59.66	60.01	61.33
832142	新为股份	1699	60.24	66.06	42.48	72.40
835413	够快科技	1700	60.24	49.12	58.67	77.71
836580	合缘生物	1701	60.23	62.20	58.32	59.66
835221	汉米敦	1702	60.23	57.57	48.08	77.94
832065	乔扬数控	1703	60.23	51.30	79.55	50.67
831100	玉宇环保	1704	60.23	55.41	61.02	66.13
430101	泰诚信	1705	60.23	63.08	53.95	63.42
835016	河顺股份	1706	60.22	61.41	59.13	59.80
834032	天融信	1707	60.22	45.81	59.81	81.03

续表

挂牌代码	公司简称	排名	总体指数	透明度与治理指数	成长能力指数	创新能力指数
831264	柏康科技	1708	60.22	60.14	65.33	54.45
832218	德长环保	1709	60.22	72.96	56.97	45.96
835033	精晶药业	1710	60.21	60.90	63.46	55.51
834033	康普化学	1711	60.21	59.03	63.93	57.60
834482	海格尔	1712	60.21	50.68	68.70	63.90
430475	陆道文创	1713	60.20	59.52	52.73	69.73
834689	小拇指	1714	60.20	52.08	61.02	70.71
430321	博德石油	1715	60.19	58.46	62.30	60.22
835287	鹏业软件	1716	60.19	58.18	62.43	60.47
832100	泰利思诺	1717	60.19	55.89	64.43	61.39
834229	南京微创	1718	60.19	60.29	60.39	59.80
831445	龙泰竹业	1719	60.18	65.91	64.63	46.99
833098	新龙股份	1720	60.18	61.23	64.76	53.43
430704	同智伟业	1721	60.17	60.98	51.18	69.37
835112	汇丰源	1722	60.17	57.66	71.65	50.54
834182	工大高科	1723	60.17	70.08	46.59	61.76
834407	驰诚股份	1724	60.16	52.22	71.72	58.11
831303	澳凯富汇	1725	60.16	55.28	62.66	64.16
832407	华翼微	1726	60.15	59.71	51.68	70.51
834513	新海生物	1727	60.15	56.23	47.63	80.04
836752	生光谷	1728	60.15	54.85	74.42	51.24
836898	龙泰新材	1729	60.15	58.69	68.94	52.12
833296	三希科技	1730	60.14	53.57	66.82	61.75
832863	军芯科技	1731	60.14	50.14	59.01	75.56
833108	博冠科技	1732	60.13	57.66	50.36	74.84
831888	垦丰种业	1733	60.13	62.66	56.97	60.18
834221	华畅科技	1734	60.13	57.53	60.32	63.57
835326	神农制药	1735	60.13	55.32	77.04	47.50

挂牌代码	公司简称	排名	总体指数	透明度与治理指数	成长能力指数	创新能力指数
833547	深华消防	1736	60.13	56.39	62.61	62.55
835097	讯腾智科	1737	60.12	61.51	66.74	50.55
835719	卡莱博尔	1738	60.11	53.59	58.95	70.65
834355	华麒通信	1739	60.11	56.02	70.10	54.41
836645	三瑞农科	1740	60.11	61.75	62.79	54.71
831727	中钢网	1741	60.10	52.06	71.80	58.02
832676	先路医药	1742	60.10	57.45	48.13	77.58
835368	连城数控	1743	60.09	70.79	59.60	45.57
836944	储融检测	1744	60.09	60.68	58.84	60.71
831774	凯实股份	1745	60.09	60.12	64.26	55.26
831073	瑞恒科技	1746	60.08	57.20	60.14	64.05
834746	鲲鹏万恒	1747	60.07	58.67	63.75	57.82
832430	中凯股份	1748	60.07	62.09	45.98	73.37
833801	金信瑞通	1749	60.06	50.69	70.97	60.77
836955	智盛信息	1750	60.06	56.37	48.27	78.81
832910	伊赛牛肉	1751	60.06	56.89	70.20	52.91
834774	柏科咨询	1752	60.06	59.07	58.76	62.96
832558	爽口源	1753	60.05	62.81	68.84	46.09
430066	南北天地	1754	60.05	54.26	57.04	71.66
833533	骏创科技	1755	60.05	54.79	72.53	53.13
836136	美特林科	1756	60.05	54.85	75.29	49.88
835057	智蓝生物	1757	60.05	66.28	51.43	61.14
833761	科顺防水	1758	60.05	66.07	61.10	50.33
834716	至臻传媒	1759	60.04	56.26	47.11	80.24
830970	艾录股份	1760	60.04	58.98	63.30	57.80
831402	帝联科技	1761	60.04	49.99	66.93	66.32
836774	科立工业	1762	60.04	57.33	72.92	49.08
835464	易尊网络	1763	60.04	61.79	71.82	44.03

续表

挂牌代码	公司简称	排名	总体指数	透明度与治理指数	成长能力指数	创新能力指数
834918	易快来	1764	60.03	62.46	63.43	52.71
430090	同辉信息	1765	60.03	53.02	74.75	53.04
430702	昊福文化	1766	60.03	54.20	63.73	64.02
835650	蓝深远望	1767	60.03	65.54	60.79	51.38
430738	白兔湖	1768	60.03	59.62	66.54	53.13
834825	瑞阳科技	1769	60.03	60.97	68.31	49.19
833720	网信联动	1770	60.02	60.01	42.76	79.85
835852	伊普诺康	1771	60.02	48.78	82.00	50.65
430184	北方跃龙	1772	60.02	51.85	59.74	71.86
834098	慧尔农业	1773	60.01	63.01	70.64	43.59
832397	恒神股份	1774	60.01	66.07	59.68	51.86
835957	建筑数据	1775	60.01	46.88	68.08	69.28
834694	宝鑫瑞	1776	60.01	48.67	74.78	59.05
834289	西麦科技	1777	60.01	53.50	65.61	62.76
832188	科安达	1778	60.01	57.59	65.46	57.15
430243	铜牛信息	1779	60.01	56.65	68.27	55.25
836008	摩诘创新	1780	60.00	55.58	62.07	63.87
834494	维拓环境	1781	60.00	66.14	51.29	61.33
835067	墨麟股份	1782	60.00	50.97	50.26	83.91
833288	天元重工	1783	60.00	66.33	68.97	40.75
835794	新影响	1784	59.99	61.70	60.89	56.56
835661	龙琨保险	1785	59.99	61.50	68.13	48.52
831678	利德浆料	1786	59.98	53.39	65.62	62.82
430145	智立医学	1787	59.98	56.87	63.05	60.85
834277	天风期货	1788	59.98	54.04	72.40	54.10
835878	经纬电力	1789	59.98	55.76	79.66	43.35
837156	拓控信息	1790	59.98	51.68	71.23	58.76
836380	泰立科技	1791	59.97	58.82	59.13	62.57

续表

挂牌代码	公司简称	排名	总体指数	透明度与治理指数	成长能力指数	创新能力指数
836479	泰源环保	1792	59.97	53.67	73.54	53.30
835614	艾的教育	1793	59.97	49.32	77.37	55.02
834732	雄汇医疗	1794	59.97	68.54	68.06	38.59
832294	鑫乐医疗	1795	59.97	57.83	62.95	59.56
832931	维特科思	1796	59.96	54.98	68.61	57.05
430609	中磁视讯	1797	59.96	52.00	69.30	60.46
430276	晟矽微电	1798	59.95	61.41	55.86	62.59
832774	森泰环保	1799	59.95	61.49	66.37	50.42
836941	怡美科技	1800	59.95	53.19	87.18	38.24
832849	华宽通	1801	59.95	59.14	57.09	64.38
833385	康普盾	1802	59.95	55.13	76.34	47.95
836130	山水光电	1803	59.95	58.17	61.01	61.24
832682	像素数据	1804	59.95	55.62	50.50	76.89
831198	博华科技	1805	59.94	48.59	58.45	77.66
836689	皓华网络	1806	59.94	56.80	65.13	58.42
830924	星龙科技	1807	59.93	54.66	58.98	68.47
835554	艾洛维	1808	59.93	56.83	66.10	57.21
835658	金旅居	1809	59.92	52.75	72.55	55.56
833149	卓锦环保	1810	59.92	53.37	63.25	65.35
835703	明大嘉和	1811	59.92	59.75	71.52	46.85
836584	六智信息	1812	59.91	66.42	55.72	55.54
430239	信诺达	1813	59.91	55.41	67.08	58.03
832313	汉能华	1814	59.90	65.46	46.53	67.42
831088	华恒生物	1815	59.90	56.42	59.37	65.43
832192	博晟安全	1816	59.90	41.54	77.52	65.57
430282	优睿传媒	1817	59.89	54.25	88.17	35.40
832444	蓝海骆驼	1818	59.89	61.48	80.62	33.87
835617	派特勒	1819	59.88	72.24	50.48	53.24

挂牌代码	公司简称	排名	总体指数	透明度与治理指数	成长能力指数	创新能力指数
834331	开运联合	1820	59.88	53.44	74.69	51.96
833516	牧宝车居	1821	59.88	56.94	62.89	60.56
833399	香哈网	1822	59.87	60.76	59.42	59.15
835869	阳光杰科	1823	59.87	65.10	45.63	68.84
833320	图卫科技	1824	59.86	52.28	74.92	53.29
835552	中汇瑞德	1825	59.86	55.37	67.67	57.23
831091	精冶源	1826	59.85	63.28	61.94	52.63
831622	攀特电陶	1827	59.85	68.26	39.73	71.08
833903	杭真能源	1828	59.85	57.29	65.97	56.45
832753	杰易森	1829	59.84	62.33	60.43	55.65
833638	贝斯达	1830	59.84	60.88	58.29	60.14
835968	科创蓝	1831	59.83	63.74	69.35	43.40
430522	超弦科技	1832	59.83	48.03	61.71	74.33
832777	兰州华冶	1833	59.83	64.81	53.40	60.19
835823	视美泰	1834	59.83	49.90	73.90	57.69
835886	圣目股份	1835	59.82	42.91	78.34	62.44
430567	无锡海航	1836	59.82	52.05	65.98	63.73
832500	祥路股份	1837	59.82	51.85	75.41	53.19
832959	立昌环境	1838	59.82	56.89	60.94	62.67
834971	三元生物	1839	59.81	57.12	79.06	41.52
831710	昊方机电	1840	59.81	76.14	53.85	43.61
833647	怡钛积	1841	59.81	55.81	77.66	44.97
832083	奥默医药	1842	59.81	52.60	49.80	81.45
834811	维尔达	1843	59.80	42.97	68.64	73.41
835958	德沃智能	1844	59.80	51.18	63.94	67.22
832771	佳境科技	1845	59.80	59.65	69.67	48.69
430555	英派瑞	1846	59.79	74.52	57.60	41.53
834529	蓝色星球	1847	59.79	55.27	51.19	76.04

续表

挂牌代码	公司简称	排名	总体指数	透明度与治理指数	成长能力指数	创新能力指数
831902	万绿生态	1848	59.79	59.90	65.34	53.27
836569	中燕传媒	1849	59.79	60.43	59.15	59.62
836266	亿维股份	1850	59.79	59.64	65.09	53.91
836769	豪特节能	1851	59.78	56.08	66.65	57.12
836772	富源智慧	1852	59.78	66.50	53.58	57.42
835233	美味源	1853	59.78	71.34	63.91	38.72
831120	达海智能	1854	59.77	62.21	63.30	52.29
834027	冠尔股份	1855	59.77	65.43	64.54	46.30
835274	同是科技	1856	59.76	41.99	73.94	68.58
430155	康辰亚奥	1857	59.76	68.76	43.83	65.34
837093	中生方政	1858	59.75	58.13	59.49	62.34
834820	鼎瀚生物	1859	59.75	57.59	60.86	61.52
833999	昆机器人	1860	59.75	45.99	73.94	62.86
834551	母爱婴童	1861	59.75	66.95	58.04	51.54
831149	奥美环境	1862	59.75	42.29	79.52	61.68
834570	瑞贝科技	1863	59.74	50.89	79.02	50.10
831070	威尔圣	1864	59.74	61.80	63.67	52.31
430138	国电武仪	1865	59.74	54.37	53.59	74.36
835481	锦浪科技	1866	59.74	52.77	75.16	51.86
835124	泰坦科技	1867	59.73	62.67	45.08	72.41
832804	浩明科技	1868	59.73	75.16	62.78	34.47
836329	泰瑞新材	1869	59.73	57.20	65.72	56.44
834921	善好生物	1870	59.73	56.23	65.35	58.22
831138	光影侠	1871	59.73	54.04	70.43	55.48
830843	沃迪装备	1872	59.73	58.49	61.23	59.76
430712	索天科技	1873	59.73	49.59	67.86	64.70
830883	联桥新材	1874	59.73	64.57	66.75	44.83
831743	立高科技	1875	59.72	57.88	67.93	52.91

续表

挂牌代码	公司简称	排名	总体指数	透明度与治理指数	成长能力指数	创新能力指数
835277	达森灯光	1876	59.72	60.42	57.01	61.84
834840	中顺农业	1877	59.71	51.29	81.94	46.06
836215	寰旗科技	1878	59.71	58.98	72.34	46.22
836922	宏路数据	1879	59.70	51.14	66.18	64.35
832411	海龙国际	1880	59.70	53.74	78.49	46.55
832027	智衡减振	1881	59.69	64.43	56.38	56.82
832553	新财智	1882	59.69	55.14	68.81	55.66
835737	传神语联	1883	59.69	51.92	67.29	61.94
835951	科净源	1884	59.68	64.62	57.30	55.43
836009	英拓网络	1885	59.68	56.07	60.39	63.95
834585	否玖伍	1886	59.68	64.25	58.35	54.73
835829	聚晟科技	1887	59.67	46.42	68.77	67.92
430350	万德智新	1888	59.67	49.66	75.55	55.58
832973	思亮信息	1889	59.67	42.02	78.65	62.78
834906	蓝凌软件	1890	59.67	47.25	59.08	77.86
832826	东方信息	1891	59.66	63.20	55.98	58.89
832570	蓝海科技	1892	59.66	55.62	66.79	57.17
834547	鼎合远传	1893	59.66	51.68	66.19	63.42
430629	国科海博	1894	59.66	68.35	51.69	56.54
430497	威硬工具	1895	59.66	62.74	57.46	57.83
834343	华凯保险	1896	59.65	56.44	64.90	58.16
832527	恒康达	1897	59.65	64.90	71.61	38.51
832591	翔宇科技	1898	59.64	54.67	63.18	62.60
831470	创通信息	1899	59.64	57.89	67.06	53.61
834470	羲和网络	1900	59.64	57.57	47.13	76.93
834061	佳奇科技	1901	59.64	58.14	73.64	45.69
835921	中圣节水	1902	59.62	55.12	76.52	46.60
834419	沃镭智能	1903	59.62	49.23	59.39	74.56

续表

挂牌代码	公司简称	排名	总体指数	透明度与治理指数	成长能力指数	创新能力指数
833660	腾瑞明	1904	59.62	62.68	69.14	44.38
836149	旭杰科技	1905	59.62	65.00	68.30	42.06
835621	丰源环保	1906	59.62	62.99	53.44	61.95
834097	兆胜科技	1907	59.62	65.17	67.05	43.24
833778	山东环保	1908	59.61	45.25	75.16	62.04
835470	伯特利	1909	59.61	57.68	76.19	43.31
430234	翼捷股份	1910	59.61	61.34	54.57	62.94
834723	春腾网络	1911	59.60	66.50	39.85	72.53
430563	华宇股份	1912	59.60	63.27	48.53	67.11
835017	中研高塑	1913	59.60	46.21	62.72	74.91
832119	路通精密	1914	59.60	55.14	60.76	64.56
832647	北国传媒	1915	59.60	61.63	80.14	33.16
430532	北鼎晶辉	1916	59.59	70.53	60.80	42.77
834445	顶柱检测	1917	59.59	63.65	54.90	59.25
831276	松科快换	1918	59.59	58.44	64.71	55.33
430742	光维通信	1919	59.58	59.91	67.54	49.99
831694	黔驰信息	1920	59.58	64.89	42.77	71.38
430204	石竹科技	1921	59.58	60.03	60.27	58.16
831729	维钛克	1922	59.56	45.58	74.24	62.45
430677	升华感应	1923	59.56	61.71	39.59	79.43
831551	世纪合辉	1924	59.55	63.29	58.67	55.29
830769	华财会计	1925	59.55	54.87	64.48	60.49
837124	西典展览	1926	59.55	48.48	69.83	63.37
834809	易瓦特	1927	59.54	51.07	71.71	57.52
831540	京源环保	1928	59.53	44.66	75.84	61.80
831233	恒丰科技	1929	59.52	54.42	84.38	38.20
836175	卓锐科技	1930	59.52	48.84	62.93	70.69
836438	海步医药	1931	59.52	59.96	45.40	75.09

续表

挂牌代码	公司简称	排名	总体指数	透明度与治理指数	成长能力指数	创新能力指数
836272	星通科技	1932	59.52	56.46	66.12	56.25
833038	欧开股份	1933	59.51	61.98	74.81	38.48
430197	津伦股份	1934	59.51	53.10	67.45	59.44
836316	松兴电气	1935	59.51	58.53	63.55	56.26
831982	腾骏药业	1936	59.50	68.69	53.54	53.38
836939	宝亚安全	1937	59.50	67.84	57.84	49.63
833305	万仕隆	1938	59.50	58.01	73.27	45.79
835891	侏罗纪	1939	59.50	63.02	43.03	73.43
836290	高盛板业	1940	59.50	60.47	76.07	39.10
834857	清水爱派	1941	59.49	62.31	44.92	72.21
832145	恒合股份	1942	59.48	54.87	64.45	60.26
832837	莱姆佳	1943	59.48	65.60	61.22	48.84
832428	刻度信息	1944	59.47	54.68	53.09	73.55
831350	展浩电气	1945	59.46	56.49	63.58	58.93
430088	七维航测	1946	59.45	47.59	60.31	75.21
834127	太极云软	1947	59.45	48.48	59.08	75.37
832711	迪恩生物	1948	59.45	63.27	49.00	66.07
831781	力思特	1949	59.45	58.28	52.87	68.65
832561	天奇科技	1950	59.44	70.55	53.63	50.44
831032	景睿策划	1951	59.44	58.67	78.66	38.48
835646	安皓瑞	1952	59.44	53.00	54.54	74.15
831576	汉博商业	1953	59.44	55.16	64.39	59.80
836480	菲格瑞特	1954	59.44	50.20	71.30	58.86
833873	中设股份	1955	59.44	61.83	54.38	61.86
833923	华辰净化	1956	59.43	60.24	61.61	55.79
430624	中天金谷	1957	59.43	63.05	55.94	58.33
834485	ST逸尚	1958	59.42	59.79	58.18	60.34
834650	之维安	1959	59.42	56.72	63.05	59.07

续表

挂牌代码	公司简称	排名	总体指数	透明度与治理指数	成长能力指数	创新能力指数
834369	锐志天宏	1960	59.42	61.47	46.81	70.99
430657	楼兰股份	1961	59.42	41.31	59.50	84.87
834154	建为历保	1962	59.42	58.07	73.22	45.48
835466	纪新泰富	1963	59.41	58.10	72.15	46.64
832368	佳创科技	1964	59.41	61.31	56.57	59.99
834505	兰德网络	1965	59.41	49.71	56.89	75.97
834474	里得电科	1966	59.40	61.70	72.34	41.32
832876	慧为智能	1967	59.40	58.05	63.82	56.24
831905	欧华达	1968	59.40	55.77	72.87	49.07
831813	广新信息	1969	59.40	53.64	64.74	61.38
832882	金沙数控	1970	59.39	58.10	63.30	56.72
834847	睿安特	1971	59.38	50.94	69.19	60.04
835442	恒玖时利	1972	59.38	48.97	83.33	46.57
833182	万星面业	1973	59.38	53.83	70.38	54.57
834483	元和药业	1974	59.37	48.64	61.91	71.61
833926	安集协康	1975	59.37	57.17	63.73	57.47
836464	华成智云	1976	59.37	49.01	60.66	72.51
831532	君悦科技	1977	59.37	52.55	74.30	51.86
833682	福特科	1978	59.37	60.55	70.17	45.31
835754	西格玛	1979	59.37	54.35	65.22	59.74
832946	白茶股份	1980	59.37	61.46	71.48	42.51
835885	唐人影视	1981	59.37	60.73	79.55	34.29
835256	数图科技	1982	59.37	49.83	67.34	63.67
830797	易之景和	1983	59.36	59.00	61.28	57.67
832579	同兴股份	1984	59.36	51.11	72.57	55.83
836308	安达通	1985	59.36	62.71	47.34	68.41
832110	雷特科技	1986	59.36	45.88	67.47	69.07
831809	锡南铸机	1987	59.36	61.28	58.54	57.57

续表

挂牌代码	公司简称	排名	总体指数	透明度与治理指数	成长能力指数	创新能力指数
835177	人立文创	1988	59.35	59.23	77.59	38.59
430461	视威科技	1989	59.35	62.77	55.42	59.05
832918	鼎讯股份	1990	59.35	57.78	63.90	56.36
836339	麦广互娱	1991	59.35	46.07	83.47	50.40
835269	长兴制药	1992	59.35	66.25	59.57	49.35
832272	龙图信息	1993	59.34	54.84	54.52	71.23
835560	羿珩科技	1994	59.33	55.85	73.47	48.03
831839	广达新网	1995	59.33	45.88	59.81	77.78
831077	中鼎科技	1996	59.33	63.30	52.94	61.06
833505	美的连	1997	59.33	52.12	60.46	68.20
832941	信鸿医疗	1998	59.33	52.59	72.73	53.46
834363	衡标检测	1999	59.32	55.47	62.50	61.11
833307	优格花园	2000	59.32	54.39	77.09	45.89
834053	上田环境	2001	59.32	55.40	60.46	63.54
835716	赛伦生物	2002	59.31	50.83	61.11	69.21
832706	时代凌宇	2003	59.31	60.64	60.17	56.45
835758	鑫高益	2004	59.31	62.41	49.33	66.40
833614	翼码科技	2005	59.31	64.04	49.18	64.25
831562	山水环境	2006	59.30	62.06	69.22	44.04
831991	莱比德	2007	59.30	54.79	65.03	59.07
832883	德润能源	2008	59.29	57.94	70.63	48.19
430288	威达宇电	2009	59.29	59.67	62.27	55.34
832894	紫光通信	2010	59.28	59.22	62.85	55.28
834442	中泰传媒	2011	59.28	49.56	82.27	46.61
834114	明尚德	2012	59.28	63.54	66.91	44.50
831008	百华悦邦	2013	59.27	74.87	61.92	34.21
831595	科致电气	2014	59.27	48.29	73.16	58.82
832600	金鸿新材	2015	59.27	62.38	64.57	48.79

续表

挂牌代码	公司简称	排名	总体指数	透明度与治理指数	成长能力指数	创新能力指数
835042	中加飞机	2016	59.27	56.10	59.41	63.57
834305	荣程股份	2017	59.27	68.28	60.39	45.26
835122	电明科技	2018	59.26	62.39	61.97	51.74
831090	锡成新材	2019	59.26	59.24	65.75	51.85
835383	中彩股份	2020	59.26	49.94	72.77	56.91
830784	威尔凯	2021	59.26	60.41	55.22	62.27
831413	中创股份	2022	59.26	47.58	56.01	79.47
430757	天翔昌运	2023	59.26	34.66	75.00	75.89
833928	火谷网络	2024	59.25	57.49	40.70	83.01
834156	有米科技	2025	59.25	53.87	70.99	53.36
836233	良淋电子	2026	59.24	59.18	71.15	45.67
832824	华龙巨水	2027	59.24	77.16	57.54	35.92
834141	蓝德环保	2028	59.24	44.53	69.02	68.77
833777	棠棣信息	2029	59.23	55.98	58.89	64.22
835785	芝兰玉树	2030	59.23	43.91	74.31	63.56
832508	白马数控	2031	59.23	58.68	59.96	59.16
831155	振源电气	2032	59.23	63.01	64.65	47.66
832063	鸿辉光通	2033	59.23	63.14	60.74	51.96
833032	特耐股份	2034	59.22	66.01	69.22	38.17
836921	举贤网	2035	59.22	49.91	65.86	64.75
430331	中环系统	2036	59.22	58.71	58.84	60.39
835675	蓝色方略	2037	59.22	55.94	72.21	48.92
830968	华电电气	2038	59.21	64.61	55.60	55.75
834596	拜特科技	2039	59.20	61.70	54.53	61.05
833168	海润传播	2040	59.20	59.51	78.02	37.15
834439	华腾科技	2041	59.20	58.11	50.57	70.64
836814	维衡精密	2042	59.19	49.69	75.93	53.38
834641	中广影视	2043	59.19	66.08	71.19	35.68

挂牌代码	公司简称	排名	总体指数	透明度与治理指数	成长能力指数	创新能力指数
831740	地平线	2044	59.18	54.44	69.97	53.48
430485	旭建新材	2045	59.18	69.18	55.87	48.87
430069	天助畅运	2046	59.17	55.07	55.11	69.63
830908	普诺威	2047	59.17	63.12	66.38	45.33
835373	虹博基因	2048	59.17	52.52	74.14	51.35
832075	东方水利	2049	59.16	62.03	66.14	47.11
430224	网动科技	2050	59.16	41.41	65.58	76.86
834292	伟仕泰克	2051	59.15	53.23	67.59	57.84
831891	行动教育	2052	59.15	58.94	54.72	64.53
430547	畅想高科	2053	59.14	55.32	56.61	67.46
834451	奔凯安全	2054	59.14	57.43	70.29	48.75
835308	聚珖科技	2055	59.13	63.60	65.10	45.96
835793	安可科技	2056	59.12	57.38	62.87	57.26
836395	朗鸿科技	2057	59.11	70.66	44.05	60.10
833456	世纪天鸿	2058	59.10	64.24	55.67	55.78
833460	博得世纪	2059	59.09	64.98	69.90	38.38
832807	云高信息	2060	59.09	53.75	65.30	59.50
832525	德业变频	2061	59.09	69.52	44.88	60.67
831461	百年巧匠	2062	59.08	45.75	69.61	65.82
833719	宏发新材	2063	59.08	56.82	66.63	53.62
835811	唯达技术	2064	59.08	70.27	49.36	54.46
834515	蓝卡科技	2065	59.08	53.60	62.77	62.60
430336	皇冠幕墙	2066	59.08	61.57	65.36	48.35
831161	伊菲股份	2067	59.08	53.44	70.81	53.57
835276	华立科技	2068	59.07	58.12	66.59	51.78
836659	欣捷高新	2069	59.07	53.07	52.85	74.68
831385	大地和	2070	59.07	34.84	85.62	62.78
834775	华成保险	2071	59.07	58.46	79.28	36.74

挂牌代码	公司简称	排名	总体指数	透明度与治理指数	成长能力指数	创新能力指数
430453	恒锐科技	2072	59.07	56.56	48.51	74.72
834520	万佳安	2073	59.07	48.95	71.20	59.40
834970	挪瑞科技	2074	59.06	42.25	66.12	74.68
832663	金苹果	2075	59.06	71.05	59.57	41.55
836621	奇电电气	2076	59.06	60.34	58.52	57.86
832255	建通测绘	2077	59.05	43.60	78.81	58.17
835689	昆亚医疗	2078	59.05	53.76	63.65	61.25
837037	嗨皮网络	2079	59.05	54.12	86.00	35.07
831563	高盛股份	2080	59.05	61.34	73.10	39.68
833876	宁鑫生科	2081	59.05	55.17	70.09	51.84
832216	善营股份	2082	59.05	53.58	60.59	64.99
837010	锐能微	2083	59.05	56.63	57.57	64.14
835158	正洁股份	2084	59.05	49.34	73.52	56.13
830893	亚泽股份	2085	59.04	59.92	64.21	51.88
835036	众联能创	2086	59.04	41.81	82.84	56.05
836954	鼎集智能	2087	59.04	52.69	69.52	55.98
835579	机科股份	2088	59.04	59.55	58.28	59.19
832548	金泉科技	2089	59.03	62.74	63.64	48.52
834579	残友软件	2090	59.03	56.81	65.32	54.96
831593	朗昇电气	2091	59.03	62.44	63.77	48.78
831981	中浩紫云	2092	59.03	54.05	73.53	49.41
835447	微卓科技	2093	59.03	49.60	53.31	78.89
833680	一览网络	2094	59.03	59.24	49.47	69.69
830816	卡特股份	2095	59.02	60.87	61.05	54.09
834416	丰兆新材	2096	59.02	58.87	69.13	47.63
834819	玛诺生物	2097	59.02	51.71	76.63	49.11
430073	兆信股份	2098	59.01	59.96	60.18	56.34
830833	九生堂	2099	59.01	42.19	81.85	56.54

挂牌代码	公司简称	排名	总体指数	透明度与治理指数	成长能力指数	创新能力指数
832524	尚洋信息	2100	58.99	57.48	59.53	60.53
833158	马上游	2101	58.99	69.38	57.00	46.63
836544	决胜网	2102	58.98	42.61	65.02	75.13
430039	华高世纪	2103	58.97	35.38	66.15	84.02
831361	胜龙股份	2104	58.97	51.85	73.47	52.36
834678	东方网	2105	58.96	66.42	57.50	50.13
832345	海泰斯	2106	58.95	57.97	59.31	59.94
832793	同创伟业	2107	58.95	62.48	73.95	36.75
830854	族兴新材	2108	58.95	67.09	55.26	51.70
430123	速原中天	2109	58.95	55.58	59.58	62.97
835007	战诚电子	2110	58.93	58.02	63.45	55.03
831858	海誉科技	2111	58.93	45.52	71.33	63.62
837007	岐黄医药	2112	58.93	66.54	50.35	58.03
836388	力姆泰克	2113	58.93	59.41	53.60	64.36
835701	天好电子	2114	58.93	47.10	77.73	54.04
835524	中岩大地	2115	58.93	59.52	60.26	56.55
832765	唐邦科技	2116	58.92	53.46	67.14	57.20
835340	金网信息	2117	58.92	49.94	55.67	75.33
833833	美天生物	2118	58.91	61.84	61.70	51.57
833756	恩鹏健康	2119	58.90	49.45	69.51	60.06
834521	中瑞新源	2120	58.90	45.11	81.22	52.75
836933	跃势生物	2121	58.90	55.54	65.26	56.34
832092	安洁医疗	2122	58.90	64.81	59.70	49.64
832347	太矿电气	2123	58.90	61.77	60.71	52.76
831851	绿健神农	2124	58.90	58.73	65.52	51.53
830972	道一信息	2125	58.89	42.15	75.69	63.23
831586	高奇电子	2126	58.89	65.90	54.51	54.02
836047	信元网安	2127	58.89	51.93	58.08	69.64

挂牌代码	公司简称	排名	总体指数	透明度与治理指数	成长能力指数	创新能力指数
430072	亿创科技	2128	58.88	51.92	55.85	72.17
836413	蒙生生物	2129	58.88	59.03	46.62	72.74
836002	乐蜀网络	2130	58.87	45.69	62.40	73.41
836407	麒聚科技	2131	58.86	45.08	78.01	56.33
430128	广厦网络	2132	58.86	54.21	67.65	55.33
833993	茂余燃气	2133	58.86	57.17	78.18	39.07
833223	杰尔斯	2134	58.85	51.58	60.72	66.96
831818	鑫辉精密	2135	58.85	62.42	65.52	46.14
832762	大洋信息	2136	58.84	55.80	54.12	68.56
833856	宝润兴业	2137	58.84	64.46	68.65	39.65
835530	逸德汽车	2138	58.84	47.75	73.07	58.15
430298	淘礼网	2139	58.84	55.08	64.48	57.67
835751	华天成	2140	58.83	64.46	67.12	41.36
831755	邦正科技	2141	58.82	52.53	70.85	53.87
430190	新瑞理想	2142	58.81	51.10	51.33	78.28
836356	易信科技	2143	58.80	54.15	73.91	48.03
832851	天杭生物	2144	58.80	58.26	62.91	54.84
430076	国基科技	2145	58.79	51.62	56.87	71.10
835782	嘉岩供应	2146	58.78	63.47	69.81	39.51
430549	天弘激光	2147	58.78	56.86	60.51	59.50
831209	鑫安利	2148	58.78	46.96	64.42	68.98
835521	东晨联创	2149	58.77	59.41	63.54	52.38
831311	博安智能	2150	58.77	53.04	67.34	57.00
831060	天香苑	2151	58.76	63.81	63.84	45.80
832872	飞新达	2152	58.76	63.65	52.66	58.85
834452	奥菲传媒	2153	58.76	58.11	59.78	58.49
834532	萨纳斯	2154	58.76	54.75	65.75	56.38
833380	起航股份	2155	58.75	61.45	44.75	71.02

挂牌代码	公司简称	排名	总体指数	透明度与治理指数	成长能力指数	创新能力指数
430427	飞田通信	2156	58.75	52.45	59.60	66.68
831663	云叶股份	2157	58.75	70.61	54.96	46.37
831235	点米科技	2158	58.75	50.23	83.09	42.85
833377	童石网络	2159	58.75	46.98	58.20	75.99
836347	先步信息	2160	58.75	49.94	64.91	64.11
835357	信友新材	2161	58.74	51.97	75.97	48.53
834307	万博智电	2162	58.74	57.91	64.95	52.79
831553	陕中科	2163	58.74	67.95	61.69	42.34
837082	一橙网络	2164	58.72	59.46	66.06	49.26
835515	容易网	2165	58.72	63.73	62.10	47.77
430581	八亿时空	2166	58.72	55.18	59.27	63.07
834326	欧诺仪器	2167	58.71	50.39	69.48	58.10
430618	凯立德	2168	58.71	55.84	48.70	74.25
835229	日久光电	2169	58.71	58.39	75.08	40.39
834868	佳科能源	2170	58.70	63.55	64.97	44.65
833765	爱扑网络	2171	58.69	44.09	57.56	80.61
830829	华精新材	2172	58.69	70.46	59.54	41.10
430626	胜达科技	2173	58.69	67.96	59.36	44.84
830898	华人天地	2174	58.69	53.04	63.65	60.97
430565	莱力柏	2175	58.68	53.00	52.49	73.81
834897	若邦科技	2176	58.68	66.80	66.30	38.48
834478	东星医疗	2177	58.68	64.03	72.80	34.90
835501	威达环保	2178	58.67	62.78	66.26	44.16
834057	新基点	2179	58.67	51.01	52.74	76.28
832557	智多星	2180	58.67	49.68	55.21	75.32
833649	宝美户外	2181	58.67	54.75	77.42	42.68
832895	浩瀚股份	2182	58.66	42.07	65.55	74.17
833622	正昌电子	2183	58.66	69.49	57.85	44.32

续表

挂牌代码	公司简称	排名	总体指数	透明度与治理指数	成长能力指数	创新能力指数
836024	华源节水	2184	58.66	50.84	76.52	49.19
831728	阿尼股份	2185	58.65	64.16	71.11	36.58
833037	中技能源	2186	58.65	45.24	75.62	58.09
836541	飞世尔	2187	58.65	53.45	58.05	66.68
835113	爱美互动	2188	58.65	62.55	53.51	59.03
834543	蔚蓝航空	2189	58.65	49.82	54.91	75.37
831840	东光股份	2190	58.64	69.69	61.88	39.33
832825	海明科技	2191	58.64	52.59	42.64	85.53
430715	春泉节能	2192	58.63	56.11	56.73	64.36
830801	盈富通	2193	58.63	39.47	79.93	61.23
834684	聚合科技	2194	58.62	52.53	68.81	55.52
831603	金润和	2195	58.61	45.72	82.77	49.07
834152	博芯科技	2196	58.61	49.45	74.71	53.04
832098	同健股份	2197	58.60	52.07	81.37	41.69
832321	福华股份	2198	58.60	51.96	64.99	60.63
835910	丝里伯	2199	58.60	59.67	68.02	46.27
832958	艾芬达	2200	58.59	59.33	66.63	48.33
430703	高山水	2201	58.59	63.69	55.75	54.64
836518	中宝药业	2202	58.59	53.23	67.95	55.41
834942	安得科技	2203	58.59	57.90	63.89	53.47
831666	亿丰洁净	2204	58.58	45.02	81.17	51.80
832185	双建管桩	2205	58.58	54.04	69.54	52.42
836213	金麒麟	2206	58.58	50.77	67.24	59.65
430440	松本绿色	2207	58.58	71.71	49.02	51.01
833497	小田冷链	2208	58.58	68.24	70.60	31.15
430339	中搜网络	2209	58.58	57.61	43.82	76.87
831713	天源环保	2210	58.57	50.25	79.10	46.77
832247	晶品新材	2211	58.57	55.54	57.00	64.66

续表

挂牌代码	公司简称	排名	总体指数	透明度与治理指数	成长能力指数	创新能力指数
832865	天膜科技	2212	58.57	58.23	64.55	52.18
430160	三泰晟驰	2213	58.57	59.55	48.18	69.10
831899	山东再担	2214	58.56	57.12	60.49	58.39
835239	网银互联	2215	58.56	50.00	69.70	57.84
836513	佰信蓝图	2216	58.56	53.96	77.23	43.61
833703	瑞光科技	2217	58.55	56.39	65.52	53.59
833165	智科股份	2218	58.55	59.71	59.64	55.66
833248	中景橙石	2219	58.54	58.09	59.32	58.29
835913	虎符科技	2220	58.54	58.22	52.41	66.03
832511	科益气体	2221	58.54	62.45	69.37	40.59
836751	科谷电源	2222	58.54	51.90	65.27	60.17
834870	瑞翌新材	2223	58.53	35.70	83.89	61.64
833166	华证联	2224	58.53	53.21	60.06	64.28
430016	胜龙科技	2225	58.53	58.71	50.19	67.84
430357	行悦信息	2226	58.52	50.37	72.58	53.90
834074	锐风科技	2227	58.52	50.83	72.87	52.91
430737	斯达科技	2228	58.51	56.38	58.56	61.43
834653	汉宇钟表	2229	58.50	60.62	79.07	31.92
831454	皇品文化	2230	58.50	50.13	75.00	51.39
836058	欧赛能源	2231	58.50	56.85	72.41	44.85
430685	新芝生物	2232	58.49	59.95	57.85	57.18
832551	中诚印染	2233	58.49	66.54	65.45	39.14
831856	浩森科技	2234	58.49	63.48	61.58	47.89
430548	大方软件	2235	58.49	67.52	37.03	70.37
831643	仙剑文化	2236	58.48	56.74	54.17	65.90
832586	圣兆药物	2237	58.48	54.11	70.49	50.86
836166	控创信息	2238	58.48	51.01	70.28	55.48
832869	达尔智能	2239	58.48	49.57	64.93	63.64

续表

挂牌代码	公司简称	排名	总体指数	透明度与治理指数	成长能力指数	创新能力指数
831870	欧森纳	2240	58.47	57.99	58.36	59.29
833556	施勒智能	2241	58.47	49.86	61.92	66.65
833169	鼎泰盛	2242	58.47	49.78	60.59	68.29
832952	坤七药业	2243	58.47	70.46	57.25	42.95
837081	梯升股份	2244	58.46	42.76	65.55	72.48
834758	伯瑞信息	2245	58.46	62.31	47.10	66.05
833571	锁龙消防	2246	58.45	69.05	56.42	45.83
832581	安道设计	2247	58.44	61.70	54.04	58.90
834106	亚派科技	2248	58.44	61.20	49.28	65.06
836775	高迪环保	2249	58.44	59.26	65.30	49.40
834219	乙辰科技	2250	58.44	63.11	67.11	41.89
836449	欣网卓信	2251	58.43	56.93	48.76	71.64
833963	安澳智能	2252	58.43	50.29	67.95	58.98
430305	维珍创意	2253	58.42	55.05	60.48	60.82
833523	德瑞锂电	2254	58.42	62.88	68.95	40.04
430114	永瀚星港	2255	58.42	58.42	61.50	54.89
430236	美兰股份	2256	58.41	60.35	64.73	48.42
836311	赛诺贝斯	2257	58.41	55.35	63.48	56.91
833864	灵汇股份	2258	58.41	47.28	66.70	64.59
833281	派诺生物	2259	58.40	45.63	78.93	52.86
833402	众引传播	2260	58.40	58.51	63.41	52.50
832391	润达光伏	2261	58.40	62.92	64.24	45.33
834891	岳达生物	2262	58.39	50.87	62.78	63.97
831919	科菲科技	2263	58.39	61.18	51.24	62.65
831719	菱湖漆	2264	58.38	68.88	55.74	46.58
834941	希锐科技	2265	58.37	63.74	63.90	44.46
831145	阿路美格	2266	58.37	75.42	46.65	47.77
430412	晓沃环保	2267	58.37	51.72	74.54	49.20

续表

挂牌代码	公司简称	排名	总体指数	透明度与治理指数	成长能力指数	创新能力指数
430564	天润科技	2268	58.37	62.47	55.32	56.09
430695	浩海科技	2269	58.37	53.74	61.41	61.41
831364	丰汇医学	2270	58.36	57.94	60.86	56.09
831811	中普防雷	2271	58.35	52.18	62.46	62.35
835061	新锋艾普	2272	58.34	45.07	63.58	71.07
430255	三意时代	2273	58.34	60.81	48.35	66.31
832809	九森林业	2274	58.33	55.69	59.40	60.85
836926	神洁环保	2275	58.33	55.30	60.29	60.36
835738	浩林文化	2276	58.33	46.69	86.08	42.91
430599	艾艾精工	2277	58.32	60.13	54.13	60.58
832751	金秋科技	2278	58.32	64.28	54.90	53.84
834197	浦公检测	2279	58.31	52.19	57.20	68.21
430462	树业环保	2280	58.31	67.09	61.14	42.66
834572	恒缘新材	2281	58.30	50.51	72.56	52.93
831362	品今股份	2282	58.30	60.65	46.65	68.36
832595	海宝生物	2283	58.30	61.34	58.36	53.94
831015	小白龙	2284	58.30	53.76	63.67	58.53
831940	网高科技	2285	58.30	52.82	59.18	65.01
836103	浦海电力	2286	58.29	59.16	57.87	57.56
836104	北鹰科技	2287	58.29	60.86	56.37	56.87
834111	建誉利业	2288	58.28	51.88	78.19	44.47
835677	康达检测	2289	58.28	45.12	68.55	65.07
430456	和氏股份	2290	58.28	57.48	55.72	62.33
833234	美创医疗	2291	58.27	60.85	57.49	55.54
430279	华安股份	2292	58.27	60.15	46.97	68.58
834616	京博物流	2293	58.27	51.27	69.56	55.18
831738	振野智能	2294	58.26	54.25	69.24	51.32
831702	源怡股份	2295	58.26	52.61	68.32	54.69

挂牌代码	公司简称	排名	总体指数	透明度与治理指数	成长能力指数	创新能力指数
835139	科诺桥	2296	58.26	60.56	71.69	39.59
836074	英伟特	2297	58.25	55.31	74.37	43.91
831946	名洋会展	2298	58.25	54.94	72.06	47.08
831284	迈科智能	2299	58.25	68.04	56.28	46.70
833012	和凡医药	2300	58.23	66.98	60.67	43.10
833689	架桥资本	2301	58.23	63.52	64.33	43.77
833415	广艺园林	2302	58.23	69.55	61.33	38.72
831378	富耐克	2303	58.23	60.69	59.05	53.80
835460	尊宝智控	2304	58.23	54.63	59.72	61.59
833884	博高信息	2305	58.22	71.02	49.88	49.74
835029	瑞兆源	2306	58.22	50.50	70.75	54.73
834121	润紫源	2307	58.22	66.23	51.15	55.02
837031	衣酷文化	2308	58.22	61.32	59.24	52.66
832377	创一佳	2309	58.22	64.91	58.49	48.45
831394	南麟电子	2310	58.21	49.71	59.44	68.81
833948	康泰环保	2311	58.21	50.30	76.07	48.88
832344	罗美特	2312	58.21	48.98	70.03	57.65
836054	深港环保	2313	58.20	51.69	66.56	57.80
835045	智子科技	2314	58.20	41.92	75.35	61.49
833992	普菲特	2315	58.20	46.07	66.57	65.70
832639	正和生态	2316	58.19	53.22	55.64	68.14
835770	有方科技	2317	58.19	53.33	64.26	58.09
836563	芯联达	2318	58.19	52.13	58.33	66.57
834142	立晨数据	2319	58.18	48.04	72.00	56.64
835439	中机科技	2320	58.18	67.08	45.59	60.08
836699	海达尔	2321	58.17	56.92	63.25	54.11
835879	派尔特	2322	58.17	54.54	62.66	58.15
832596	迈达医疗	2323	58.17	41.19	81.05	55.88

挂牌代码	公司简称	排名	总体指数	透明度与治理指数	成长能力指数	创新能力指数
832545	三川田	2324	58.17	47.02	60.95	70.72
832529	裕农科技	2325	58.17	58.83	60.62	54.42
834173	融聚财顾	2326	58.17	57.70	70.19	45.03
831386	风华环保	2327	58.16	51.47	65.66	58.98
834713	毅能达	2328	58.15	58.79	59.16	56.09
831193	新健康成	2329	58.15	52.25	55.76	69.22
835426	中通网络	2330	58.14	56.85	48.25	71.32
836173	国芯科技	2331	58.14	63.22	45.59	65.36
834266	英谷教育	2332	58.14	41.70	88.35	46.66
836096	欧贝黎	2333	58.13	62.65	64.79	44.13
832136	蓝天园林	2334	58.13	56.34	59.83	58.73
430148	科能腾达	2335	58.13	58.95	68.02	45.63
833360	致众科技	2336	58.13	53.62	54.63	68.51
832840	亚世光电	2337	58.13	60.21	68.73	43.02
833699	联网科技	2338	58.12	52.80	63.73	59.21
833363	华阳微电	2339	58.12	65.67	41.30	66.76
835417	锐捷安全	2340	58.11	66.70	62.91	40.50
835082	精川智能	2341	58.11	58.38	55.07	61.23
430622	顺达智能	2342	58.10	55.56	60.27	59.18
834597	颗豆互动	2343	58.10	51.89	56.73	68.42
832198	中晶技术	2344	58.09	70.78	53.83	45.09
835009	金力永磁	2345	58.09	64.17	64.67	41.96
830927	兆久成	2346	58.09	65.67	59.67	45.57
831168	华尔康	2347	58.09	64.65	56.10	51.10
835398	泰通农业	2348	58.08	58.22	73.17	40.58
832410	科神股份	2349	58.08	62.08	59.43	50.89
834850	AEM科技	2350	58.08	69.23	45.00	57.37
835788	高立开元	2351	58.08	62.76	55.11	54.88

续表

挂牌代码	公司简称	排名	总体指数	透明度与治理指数	成长能力指数	创新能力指数
833875	博信通信	2352	58.07	56.53	61.00	56.89
830771	华灿电讯	2353	58.07	61.55	62.81	47.73
430058	意诚信通	2354	58.07	57.21	59.74	57.37
832989	鑫博技术	2355	58.07	64.38	56.20	51.31
836360	中智云游	2356	58.07	54.85	60.83	59.42
430171	电信易通	2357	58.06	57.19	60.51	56.47
836742	大地测绘	2358	58.06	61.62	61.26	49.37
835934	赛康交安	2359	58.06	48.67	59.19	70.01
832176	三扬股份	2360	58.04	67.66	51.06	52.50
836332	千年传说	2361	58.04	58.45	64.64	49.90
833692	托普云农	2362	58.04	58.03	51.13	66.00
836825	国信创新	2363	58.04	52.85	55.54	68.23
832584	观想科技	2364	58.04	63.93	49.37	59.67
835948	杰外动漫	2365	58.04	52.71	77.52	43.18
836974	上海功途	2366	58.04	58.98	54.85	60.37
430574	星奥股份	2367	58.03	50.59	60.47	65.74
430597	博安通	2368	58.03	71.26	59.38	37.81
831800	高科中天	2369	58.03	51.43	69.89	53.72
430222	璟泓科技	2370	58.02	48.74	70.64	56.65
833640	广州中崎	2371	58.02	52.94	59.99	62.94
837025	中震检测	2372	58.02	51.98	68.43	54.59
833645	安联锐视	2373	58.01	60.08	60.15	52.65
832486	久美股份	2374	58.01	53.90	63.07	58.00
834738	民祥医药	2375	58.01	58.16	73.04	40.55
833808	精讯科技	2376	58.01	55.97	46.20	74.43
834386	易图资讯	2377	58.01	60.26	51.35	62.47
430024	金和网络	2378	58.01	56.27	50.33	69.27
430611	长信股份	2379	58.00	58.02	51.65	65.27

挂牌代码	公司简称	排名	总体指数	透明度与治理指数	成长能力指数	创新能力指数
835035	华彩信和	2380	58.00	50.05	64.99	61.19
836624	新圆沉香	2381	58.00	51.60	73.58	49.13
831369	帜扬信通	2382	58.00	55.11	68.56	49.94
835208	维尼健康	2383	57.99	64.19	66.90	39.02
835962	视袭时代	2384	57.99	60.68	61.74	49.89
836860	驿力科技	2385	57.99	57.74	61.86	53.91
430652	三联泵业	2386	57.99	67.66	60.25	41.74
832226	新阳升	2387	57.99	44.80	66.16	67.21
836749	嘉泽股份	2388	57.98	65.24	74.75	28.50
831832	科达自控	2389	57.98	61.34	44.84	68.31
836913	中鼎恒业	2390	57.98	57.17	49.16	69.24
835154	昌盛日电	2391	57.97	42.96	80.60	53.18
832138	中衡股份	2392	57.97	43.41	61.03	75.00
836334	清投视讯	2393	57.96	64.74	62.18	43.56
836270	天铭科技	2394	57.96	59.78	59.18	53.97
834978	光大科技	2395	57.96	59.38	63.78	49.25
834113	福润股份	2396	57.95	67.19	44.85	59.96
831366	国龙医疗	2397	57.95	64.66	48.52	59.32
430268	恒信启华	2398	57.94	55.17	50.37	70.54
836363	禾筑设计	2399	57.94	54.50	62.14	57.97
834569	微标科技	2400	57.93	51.58	59.17	65.47
835248	越洋科技	2401	57.93	64.51	70.92	33.75
834535	远特科技	2402	57.92	41.46	70.46	66.78
831630	博安达	2403	57.91	37.29	67.15	76.38
832729	图南股份	2404	57.90	61.69	54.36	56.61
834855	赛特康	2405	57.89	56.30	66.71	50.03
830897	志向科研	2406	57.89	58.93	59.73	54.31
832062	爱科赛	2407	57.89	59.38	40.95	75.23

续表

挂牌代码	公司简称	排名	总体指数	透明度与治理指数	成长能力指数	创新能力指数
833203	威尔克	2408	57.89	48.92	73.42	52.71
836790	禾呈科技	2409	57.88	68.42	55.57	45.66
430496	大正医疗	2410	57.87	62.35	52.04	58.26
835167	福座母婴	2411	57.87	57.86	74.97	38.26
832917	惠洲院	2412	57.87	59.73	46.58	68.19
831421	天富电气	2413	57.86	50.56	70.56	53.60
430576	泰信电子	2414	57.86	63.61	39.64	70.66
833665	清大天达	2415	57.86	51.81	60.88	62.92
835693	浩丰设计	2416	57.85	55.17	59.81	59.40
831186	金鸿药业	2417	57.85	50.81	55.76	70.20
831711	青浦资产	2418	57.85	58.39	68.79	44.54
831708	吉华勘测	2419	57.85	56.11	60.23	57.56
832700	卡松科技	2420	57.85	69.29	51.11	49.43
835209	固德威	2421	57.85	50.74	72.11	51.50
835307	龙的股份	2422	57.84	54.67	47.41	74.29
833197	天晟股份	2423	57.84	63.59	59.25	48.11
833383	漯效王	2424	57.83	52.76	81.64	37.66
836676	佳化股份	2425	57.83	62.63	70.88	36.08
836174	安信华	2426	57.83	44.43	55.64	79.25
836151	正蓝节能	2427	57.82	57.40	70.63	43.73
832735	德源药业	2428	57.82	59.56	57.67	55.54
833106	瑞奥电气	2429	57.82	59.18	61.30	51.91
836483	卓能股份	2430	57.82	50.71	76.36	46.58
832902	画龙点睛	2431	57.81	52.38	81.59	38.19
832842	柯瑞工程	2432	57.81	72.62	55.09	40.04
430227	东软慧聚	2433	57.80	52.88	64.54	57.01
831833	红冠庄	2434	57.80	62.90	55.39	53.38
833441	斯派力	2435	57.80	64.93	64.25	40.33

挂牌代码	公司简称	排名	总体指数	透明度与治理指数	成长能力指数	创新能力指数
834370	威旗科技	2436	57.80	64.86	57.25	48.45
830877	康莱体育	2437	57.79	56.43	66.57	49.64
836561	能新科	2438	57.79	54.92	61.71	57.33
831210	圣海林	2439	57.79	56.39	58.15	59.36
834499	喜相逢	2440	57.79	52.15	79.82	40.45
831536	太能电气	2441	57.78	57.23	64.68	50.66
831313	中超新材	2442	57.78	59.83	58.16	54.47
833888	华普永明	2443	57.78	55.39	66.48	51.17
831497	事成股份	2444	57.78	52.04	50.10	74.68
430038	信维科技	2445	57.78	47.58	64.64	64.28
831931	云能威士	2446	57.77	52.22	73.09	48.03
830862	丰海科技	2447	57.77	41.89	67.58	68.92
836903	汇东管道	2448	57.77	55.11	70.54	46.87
834006	金胜科技	2449	57.77	57.12	72.60	41.67
831633	那然生命	2450	57.77	50.38	79.83	42.87
831937	建研信息	2451	57.76	34.40	68.71	78.15
831409	华油科技	2452	57.76	53.31	60.98	60.35
833551	活跃科技	2453	57.76	67.14	59.29	42.76
835300	人为峰	2454	57.76	57.57	60.75	54.59
832170	德毅科技	2455	57.75	40.78	66.69	71.44
836439	聚能纳米	2456	57.75	60.23	52.63	60.13
833612	北方新媒	2457	57.75	64.53	65.33	39.50
834679	恒润股份	2458	57.75	66.68	57.24	45.74
833436	奥杰股份	2459	57.75	48.97	65.26	61.52
831480	福生佳信	2460	57.75	48.52	50.66	78.89
832442	思必拓	2461	57.74	46.62	69.61	59.81
430505	上陵牧业	2462	57.73	58.49	71.12	41.28
834528	红酒世界	2463	57.72	59.38	58.94	53.98

挂牌代码	公司简称	排名	总体指数	透明度与治理指数	成长能力指数	创新能力指数
430705	万惠金科	2464	57.72	48.84	67.59	58.92
833231	天准科技	2465	57.72	48.96	52.68	75.85
831326	三利达	2466	57.72	58.31	66.13	47.23
833207	中科生物	2467	57.72	47.84	63.62	64.87
832379	鑫融基	2468	57.71	56.22	62.14	54.75
836441	伊登软件	2469	57.71	60.46	60.78	50.31
834071	首键药包	2470	57.71	62.48	63.75	44.06
834571	润建通信	2471	57.71	44.54	62.81	70.45
836549	瑞欧宝	2472	57.71	51.78	64.79	57.95
834895	一道通	2473	57.71	53.48	71.35	48.02
833060	顺治科技	2474	57.71	54.47	64.90	54.02
832539	新广联	2475	57.71	62.82	60.52	47.25
830845	芯邦科技	2476	57.71	55.91	54.93	63.43
835200	迅销科技	2477	57.70	53.44	69.56	50.11
831627	力王股份	2478	57.70	63.81	61.03	45.26
833028	精英天成	2479	57.70	51.10	48.54	77.53
836018	创洁科技	2480	57.70	62.73	56.33	52.17
831824	东方滤袋	2481	57.70	62.79	58.86	49.18
430153	中金网信	2482	57.69	60.14	62.62	48.58
836718	永锦电气	2483	57.68	54.63	64.07	54.67
832283	天丰电源	2484	57.68	46.33	78.92	49.32
833606	科迪光电	2485	57.68	57.00	70.86	43.51
831024	中一石科	2486	57.68	51.71	42.69	83.30
430297	金硕信息	2487	57.67	50.31	56.80	69.07
833414	凡拓创意	2488	57.67	57.25	55.85	60.33
832515	易瑞来	2489	57.67	48.25	55.93	72.94
833105	华通科技	2490	57.66	48.32	73.28	52.93
831814	富岛科技	2491	57.66	52.60	66.47	54.69

挂牌代码	公司简称	排名	总体指数	透明度与治理指数	成长能力指数	创新能力指数
835223	瑞华股份	2492	57.66	59.20	62.05	50.44
836138	其利科技	2493	57.66	61.83	58.48	50.82
831815	山源科技	2494	57.66	55.94	51.99	66.59
430317	日升天信	2495	57.65	55.36	58.66	59.74
836268	信通捷	2496	57.65	57.78	57.38	57.79
830992	磐合科仪	2497	57.65	58.91	68.02	43.98
430159	创世生态	2498	57.65	55.64	65.19	51.84
834710	嘉和科技	2499	57.65	61.70	57.71	51.87
430108	精耕天下	2500	57.64	60.59	51.94	60.03
430732	威马股份	2501	57.64	57.22	62.57	52.58
836154	伟思医疗	2502	57.64	51.27	62.45	61.11
834394	常峰股份	2503	57.64	52.97	76.69	42.36
833062	立翔科技	2504	57.63	58.88	57.41	56.13
836368	星河光电	2505	57.63	64.86	44.34	62.68
830934	玻尔科技	2506	57.63	61.39	51.69	59.13
836993	三正股份	2507	57.62	55.85	65.43	51.16
831016	帝测科技	2508	57.62	47.03	78.00	49.17
831018	大族能源	2509	57.62	49.67	78.17	45.24
833826	凯利云股	2510	57.62	63.44	63.08	43.12
833396	昱卓股份	2511	57.61	58.29	81.81	28.88
837044	德蓝股份	2512	57.61	63.70	55.13	51.88
835159	兴诺科技	2513	57.61	72.38	43.55	52.91
834629	大麦互娱	2514	57.61	62.60	52.81	56.08
835476	金科资源	2515	57.61	55.21	57.64	60.95
833648	得轩堂	2516	57.61	62.06	51.80	57.99
430203	兴和鹏	2517	57.60	51.33	57.01	67.12
834759	麦高金服	2518	57.60	50.47	86.49	34.50
833977	悠派科技	2519	57.60	54.09	72.60	45.33

续表

挂牌代码	公司简称	排名	总体指数	透明度与治理指数	成长能力指数	创新能力指数
836093	优雅电商	2520	57.60	66.33	75.65	24.55
836727	广美雕塑	2521	57.60	50.93	59.39	64.95
835054	微点生物	2522	57.60	47.65	72.48	54.55
832942	名品彩叶	2523	57.60	40.39	76.59	60.07
833189	达诺尔	2524	57.60	57.97	55.83	59.09
833216	海涛股份	2525	57.60	57.38	68.83	45.01
835456	维科电池	2526	57.59	64.67	53.94	51.81
834128	新中合	2527	57.59	58.93	60.36	52.52
831019	博硕光电	2528	57.59	49.39	72.79	51.72
832507	晶宇环境	2529	57.59	54.49	58.44	60.98
836816	丁义兴	2530	57.58	65.12	70.79	31.79
834625	鲁电节能	2531	57.58	51.24	73.70	48.02
834751	曲辰种业	2532	57.58	69.38	46.57	53.57
835665	金禾水	2533	57.58	58.38	55.49	58.84
835664	友尼宝	2534	57.58	59.65	60.00	51.88
834244	星美灿	2535	57.57	57.71	71.78	41.05
833973	来也股份	2536	57.57	57.25	55.74	60.12
430015	盖特佳	2537	57.56	47.53	64.63	63.61
835203	亚微软件	2538	57.56	56.35	46.17	72.34
430675	天跃科技	2539	57.56	57.56	57.45	57.68
834565	特美股份	2540	57.56	59.85	58.39	53.37
835462	度典传媒	2541	57.55	53.80	65.68	53.51
835144	金马扬名	2542	57.55	41.52	76.93	57.94
831381	中持检测	2543	57.55	52.14	64.48	57.22
833565	协和资产	2544	57.54	61.48	62.15	46.70
830793	阿拉丁	2545	57.54	46.22	65.75	64.09
836613	强宏镁业	2546	57.54	59.14	61.29	50.98
831325	迈奇化学	2547	57.54	61.57	62.70	45.93

续表

挂牌代码	公司简称	排名	总体指数	透明度与治理指数	成长能力指数	创新能力指数
836683	四达新材	2548	57.53	62.52	67.63	38.90
833198	奋斗传媒	2549	57.53	52.31	72.15	48.13
836895	赛哲生物	2550	57.53	56.67	61.57	54.11
831487	山大合盛	2551	57.53	66.63	55.75	46.72
835312	上瑞控股	2552	57.53	57.93	70.64	41.92
835351	智恒科技	2553	57.53	50.18	60.72	64.23
835608	鸠申文化	2554	57.53	64.16	68.75	35.28
832151	听牧肉牛	2555	57.52	63.55	69.91	34.79
832478	建东科技	2556	57.52	59.16	56.76	56.07
430596	新达通	2557	57.52	65.60	54.90	49.12
831895	爱威科技	2558	57.52	51.19	56.79	67.28
832310	威奥科技	2559	57.51	63.74	39.79	69.08
832708	三力制药	2560	57.50	60.03	62.99	47.62
430726	津宇嘉信	2561	57.49	65.79	45.43	59.61
430228	天房科技	2562	57.47	57.70	59.68	54.62
833822	铭慧股份	2563	57.47	55.09	52.45	66.60
833426	先控电气	2564	57.47	57.79	55.24	59.57
836341	科荟种业	2565	57.47	54.55	70.47	46.67
836069	聚塑科技	2566	57.47	63.14	65.36	40.41
833315	石头造	2567	57.47	50.57	74.68	47.45
430086	爱迪科森	2568	57.46	44.56	57.73	75.36
831483	汇通华城	2569	57.46	54.33	53.58	66.33
835145	南自股份	2570	57.46	55.19	61.59	55.90
836805	安徽设计	2571	57.46	61.94	48.03	61.94
832094	金昌蓝宇	2572	57.46	57.07	68.59	45.22
830780	永鹏科技	2573	57.45	65.41	58.08	45.51
836068	新宁医疗	2574	57.45	54.19	63.46	55.16
830974	凯大催化	2575	57.45	61.91	57.35	51.27

挂牌代码	公司简称	排名	总体指数	透明度与治理指数	成长能力指数	创新能力指数
837133	舞之动画	2576	57.45	48.04	70.92	55.25
831058	天颖环境	2577	57.44	56.55	59.51	56.32
836495	万城节能	2578	57.44	41.14	71.88	63.86
836201	和力辰光	2579	57.43	56.60	78.15	34.83
833472	康润洁	2580	57.43	52.47	61.25	60.05
834923	德达物流	2581	57.43	63.59	64.51	40.61
831564	欧伏电气	2582	57.43	67.88	60.87	38.73
834149	动信通	2583	57.42	60.47	62.31	47.52
834509	凯迪威	2584	57.42	48.54	79.32	44.82
836309	诺丝科技	2585	57.41	59.09	67.12	43.91
836447	信维电子	2586	57.41	48.01	79.11	45.77
834268	金控数据	2587	57.41	51.29	72.54	48.67
831916	商中在线	2588	57.41	52.50	75.73	43.31
832605	江苏腾达	2589	57.41	61.78	58.93	49.48
834999	上游文旅	2590	57.40	49.96	67.79	55.97
834938	南通通机	2591	57.40	45.29	65.53	65.14
831213	博汇股份	2592	57.39	65.16	56.37	47.61
836502	美电贝尔	2593	57.39	50.75	64.27	58.87
832689	德尔能	2594	57.39	44.26	83.52	45.94
833006	通莞股份	2595	57.39	63.03	59.77	46.69
831761	中惠地热	2596	57.38	48.96	68.20	56.85
831945	安泽电工	2597	57.38	54.88	57.50	60.77
832496	首创博桑	2598	57.38	54.90	53.90	64.88
836208	天职咨询	2599	57.38	45.71	84.63	42.56
836608	帝通新材	2600	57.38	60.74	74.01	33.54
430400	日望电子	2601	57.38	45.54	64.69	65.68
830849	平原非标	2602	57.37	57.66	59.34	54.71
430075	中讯四方	2603	57.37	47.71	63.28	64.23

挂牌代码	公司简称	排名	总体指数	透明度与治理指数	成长能力指数	创新能力指数
834904	银纪资产	2604	57.37	52.43	66.23	54.17
835615	恒升医学	2605	57.37	57.23	70.64	42.33
835924	柠檬网联	2606	57.36	59.32	72.29	37.47
837097	远东股份	2607	57.36	63.30	67.75	37.05
836667	ST乐教	2608	57.36	60.76	45.89	65.72
831652	康华远景	2609	57.36	53.35	62.88	56.66
430584	弘陆股份	2610	57.35	45.75	72.09	56.82
831518	波长光电	2611	57.35	61.58	58.78	49.74
835353	今晚网络	2612	57.35	56.50	61.06	54.29
832754	商安信	2613	57.35	48.41	78.48	45.70
430562	安运科技	2614	57.34	69.64	57.92	39.31
832971	卡司通	2615	57.33	58.25	67.36	44.52
835207	众诚科技	2616	57.33	59.50	58.31	53.14
835371	瀚联医疗	2617	57.33	53.66	72.22	45.40
831524	康耀电子	2618	57.32	56.69	55.31	60.53
834631	海药股份	2619	57.32	53.10	65.28	54.15
430552	亚成微	2620	57.32	47.48	72.71	53.54
837078	阿泰可	2621	57.32	49.62	65.06	59.29
831657	贝克福尔	2622	57.31	58.64	50.80	62.91
832913	西奥科技	2623	57.31	52.65	49.02	73.40
835204	辉源机械	2624	57.31	54.44	73.41	42.87
835290	正旭科技	2625	57.30	57.18	54.26	60.96
832047	联洋新材	2626	57.30	50.76	79.19	41.40
836764	蓝宇数码	2627	57.29	55.79	57.20	59.52
834514	莱茵电梯	2628	57.29	64.22	64.20	39.60
834231	合众环保	2629	57.29	59.99	67.80	41.43
831314	深科达	2630	57.29	54.94	64.88	51.90
836150	厚藤文化	2631	57.29	60.36	60.37	49.41

续表

挂牌代码	公司简称	排名	总体指数	透明度与治理指数	成长能力指数	创新能力指数
834118	爱尔发	2632	57.29	51.76	58.00	64.27
832503	华鼎科技	2633	57.28	57.86	45.95	69.48
834092	惠和股份	2634	57.28	57.50	66.74	46.13
836184	和远智能	2635	57.28	54.06	50.16	70.00
831632	安之文化	2636	57.28	44.75	62.66	68.79
834286	爱得科技	2637	57.28	57.41	61.43	52.33
836843	迈科高材	2638	57.28	58.33	44.07	70.95
835998	多牛传媒	2639	57.28	41.76	84.08	48.42
835499	智玩网络	2640	57.28	63.09	38.60	70.50
833772	天蓝环保	2641	57.27	61.19	55.60	53.68
835063	旺翔传媒	2642	57.27	54.07	76.06	40.22
430156	科曼股份	2643	57.27	51.42	66.43	55.03
833953	唯思软件	2644	57.27	63.36	41.76	66.46
831660	富深协通	2645	57.27	58.43	56.49	56.52
832583	浙江至信	2646	57.27	59.25	58.12	53.50
833119	得普达	2647	57.27	51.81	75.21	44.38
833058	触动时代	2648	57.27	54.15	69.00	48.21
831920	车头制药	2649	57.26	63.39	59.86	45.65
832270	骏驰科技	2650	57.26	66.89	53.66	47.82
831465	广佳装饰	2651	57.26	53.79	66.00	52.12
430508	中视文化	2652	57.26	53.33	66.06	52.70
833544	绿岩生态	2653	57.26	51.46	67.10	54.14
833192	佑康股份	2654	57.25	59.04	48.90	64.32
835674	鑫创佳业	2655	57.25	54.54	71.38	44.87
831046	雷克利达	2656	57.25	62.64	58.63	48.07
834034	元道通信	2657	57.25	51.61	69.47	51.21
833667	长联科技	2658	57.25	56.63	61.70	53.02
832309	凯翔科技	2659	57.25	56.06	50.51	66.68

续表

挂牌代码	公司简称	排名	总体指数	透明度与治理指数	成长能力指数	创新能力指数
831332	申高制药	2660	57.25	62.28	54.42	53.41
836255	仁和股份	2661	57.25	57.01	59.95	54.49
836773	超力电机	2662	57.25	52.42	73.68	45.21
833113	珍吾堂	2663	57.24	53.92	56.27	63.05
835242	天合新媒	2664	57.24	64.31	52.97	52.15
834476	自在传媒	2665	57.23	58.60	72.28	38.02
836278	兴和云网	2666	57.23	52.29	63.71	56.76
833707	精华股份	2667	57.23	48.54	67.30	57.92
831509	中科英泰	2668	57.23	48.40	60.31	66.14
832120	永辉股份	2669	57.22	54.78	59.49	58.08
835020	山东北辰	2670	57.22	60.97	55.88	53.46
830982	中易腾达	2671	57.21	55.02	51.57	66.76
834437	梦兰神彩	2672	57.21	36.18	67.31	75.28
836741	中水科技	2673	57.20	59.01	64.31	46.49
833538	中旭石化	2674	57.20	54.63	66.39	50.28
834443	华路时代	2675	57.20	48.56	62.00	63.86
831128	大汉印邦	2676	57.19	50.71	85.51	33.85
831296	奥拓福	2677	57.19	57.79	56.42	57.22
832023	田野股份	2678	57.19	50.82	66.23	55.79
832702	九通水务	2679	57.19	66.63	43.80	59.24
833767	五轮电子	2680	57.19	60.78	66.03	41.96
430648	群雁信息	2681	57.18	52.92	52.85	68.17
430221	风帆科技	2682	57.18	59.11	56.07	55.73
832560	浙江立泰	2683	57.18	67.08	59.09	41.00
833069	石金科技	2684	57.18	56.65	61.04	53.49
836450	辅正药业	2685	57.18	58.76	64.99	45.97
832394	佳龙科技	2686	57.17	52.42	60.93	59.57
834589	洁特生物	2687	57.17	58.92	57.24	54.63

挂牌代码	公司简称	排名	总体指数	透明度与治理指数	成长能力指数	创新能力指数
832506	美通筑机	2688	57.17	59.86	63.37	46.27
835692	力王高科	2689	57.17	57.26	67.57	45.11
833509	同惠电子	2690	57.17	56.22	53.85	62.31
833611	镭之源	2691	57.16	53.55	65.58	52.61
834288	宝德生物	2692	57.16	65.50	53.81	49.24
831281	天悦实业	2693	57.16	42.87	57.10	77.41
836314	三联环保	2694	57.16	56.16	63.75	51.01
430658	舜网传媒	2695	57.16	58.27	55.38	57.63
834298	皇隆制药	2696	57.16	68.34	50.67	48.83
835679	日新科技	2697	57.16	47.21	73.44	52.50
833779	奥科斯特	2698	57.16	47.11	61.96	65.81
836481	鑫陶股份	2699	57.15	66.28	64.78	35.52
835707	企汇网	2700	57.15	55.62	53.58	63.41
834199	同里旅游	2701	57.15	68.83	58.87	38.69
430474	恒裕灯饰	2702	57.15	63.88	58.09	46.57
834995	新宏博	2703	57.15	49.47	63.80	60.34
835667	凌之迅	2704	57.15	47.59	69.78	56.14
831292	汇智光华	2705	57.14	60.44	68.16	39.85
832516	罗曼新材	2706	57.14	57.77	45.89	69.15
834148	志凌伟业	2707	57.13	48.20	69.39	55.66
833787	银科医学	2708	57.13	65.78	46.36	57.29
831379	融信租赁	2709	57.13	60.57	56.47	53.02
430373	捷安高科	2710	57.12	39.47	69.02	68.38
835111	万联网络	2711	57.12	53.51	44.22	77.00
831041	兆鋆新材	2712	57.11	60.48	60.42	48.57
833589	多维度	2713	57.11	50.50	65.69	56.59
831231	佳保安全	2714	57.11	46.03	68.60	59.54
833706	博远高科	2715	57.11	51.94	55.29	66.48

挂牌代码	公司简称	排名	总体指数	透明度与治理指数	成长能力指数	创新能力指数
832183	郑州远见	2716	57.10	61.36	66.29	40.56
833662	大地生物	2717	57.10	56.76	61.30	52.77
430323	天阶生物	2718	57.10	52.90	55.68	64.66
836425	厚学网	2719	57.10	52.72	55.99	64.55
836243	惠强新材	2720	57.09	56.48	58.08	56.82
834669	美易家	2721	57.09	64.67	58.80	44.43
836296	海天炜业	2722	57.09	38.44	59.21	80.96
430284	科胜石油	2723	57.09	46.11	47.85	83.18
834041	上海恒业	2724	57.08	63.37	57.72	47.47
836777	龙之泉	2725	57.07	66.91	47.77	53.85
832897	回头客	2726	57.07	59.45	63.95	45.81
833254	中惠生物	2727	57.07	60.33	68.32	39.54
830826	泰瑞机械	2728	57.06	58.33	60.43	51.43
831397	康泽药业	2729	57.06	45.33	83.40	43.39
836227	雅艺科技	2730	57.06	47.51	76.58	48.13
832997	宝丽洁	2731	57.06	58.96	59.67	51.38
834885	开永股份	2732	57.06	59.94	61.92	47.41
835757	盛金稀土	2733	57.06	51.27	79.51	39.44
836535	网弦信息	2734	57.05	44.91	71.64	57.43
836829	瑞森新材	2735	57.05	62.02	54.01	53.52
831527	约顿气膜	2736	57.04	54.04	60.85	56.92
835927	科力新能	2737	57.04	48.81	63.40	61.37
832721	思达新能	2738	57.04	63.48	47.86	58.50
833494	世纪金政	2739	57.04	58.29	50.70	62.55
430759	凯路仕	2740	57.04	57.26	67.28	44.98
836143	微力量	2741	57.04	57.07	71.87	39.98
836916	经佳文化	2742	57.02	58.68	68.25	41.80
833910	绿茵天地	2743	57.02	60.17	55.97	53.80

续表

挂牌代码	公司简称	排名	总体指数	透明度与治理指数	成长能力指数	创新能力指数
835485	金晓电子	2744	57.02	53.17	61.07	57.82
834324	安碧捷	2745	57.02	48.09	60.87	65.21
834466	赛融信	2746	57.02	66.08	53.38	48.42
835496	德林荣泽	2747	57.02	59.97	67.98	40.27
832212	卓尔智联	2748	57.02	51.63	70.97	48.60
833921	文胜生物	2749	57.01	65.08	54.21	48.85
835328	百华科技	2750	57.01	47.53	69.61	55.94
430057	清畅电力	2751	57.01	56.08	60.94	53.81
834372	容川机电	2752	57.01	58.77	63.75	46.79
833724	威尔弗	2753	57.00	63.58	63.50	40.28
831170	熵能新材	2754	57.00	53.61	54.23	64.96
430136	国顺投资	2755	57.00	59.81	54.46	55.95
833004	博阅科技	2756	56.99	61.87	65.59	40.24
832132	民正农牧	2757	56.99	50.41	63.54	58.76
832400	微缔软件	2758	56.99	42.60	65.78	67.21
835319	康安租赁	2759	56.99	65.57	61.70	39.48
831220	新宁股份	2760	56.99	69.02	39.82	59.71
836484	九言科技	2761	56.99	57.67	45.97	68.67
830907	瑞丽洗涤	2762	56.99	65.27	62.19	39.33
833601	路德环境	2763	56.98	44.81	73.03	55.76
833188	画店文化	2764	56.98	54.92	69.78	45.21
430149	江仪股份	2765	56.98	55.43	53.48	63.19
835802	凯福瑞	2766	56.98	67.46	40.78	60.80
831031	诚盟装备	2767	56.98	57.95	56.35	56.34
430692	杰纳瑞	2768	56.98	57.57	44.44	70.55
836861	鞍山发蓝	2769	56.98	63.53	60.03	44.25
832814	昌耀新材	2770	56.97	48.54	79.28	43.28
833847	狂龙数字	2771	56.97	57.00	50.37	64.51

续表

挂牌代码	公司简称	排名	总体指数	透明度与治理指数	成长能力指数	创新能力指数
836053	友宝在线	2772	56.97	49.66	70.05	52.28
835064	华大股份	2773	56.97	59.05	63.46	46.58
834767	爱富希	2774	56.96	51.14	76.39	42.88
836616	兆盛环保	2775	56.96	61.65	60.73	46.03
430150	创和通讯	2776	56.96	51.20	60.29	61.26
834240	中广瑞波	2777	56.96	50.76	55.07	67.87
831550	成大生物	2778	56.96	55.21	52.59	64.44
835922	菁优教育	2779	56.95	53.39	51.28	68.49
836994	万邦科技	2780	56.95	51.45	63.01	57.77
833805	森诺特	2781	56.95	59.35	56.58	53.98
831491	佳音王	2782	56.95	44.69	68.93	60.48
835422	天骄股份	2783	56.95	57.26	77.29	33.15
430382	元亨光电	2784	56.94	56.12	55.11	60.22
831956	汇森能源	2785	56.94	58.99	39.93	73.57
834887	健佰氏	2786	56.94	44.81	82.22	45.03
430711	泓源光电	2787	56.93	56.77	71.73	40.18
831318	信易科技	2788	56.93	48.81	67.58	56.14
832206	华科飞扬	2789	56.92	49.43	64.87	58.38
832207	永拓咨询	2790	56.92	47.80	66.23	59.08
835626	大民种业	2791	56.92	54.40	51.03	67.23
836193	瑞一科技	2792	56.90	55.73	51.70	64.52
834604	浩源新材	2793	56.90	59.17	65.18	44.19
831095	中网科技	2794	56.89	58.23	54.81	57.40
832329	吉成园林	2795	56.89	54.73	64.51	51.18
834257	科旭网络	2796	56.89	58.95	46.68	65.68
430537	恒通股份	2797	56.88	63.73	57.25	46.79
836854	中食净化	2798	56.88	59.53	43.60	68.39
831676	景川诊断	2799	56.86	54.77	60.55	55.59

续表

挂牌代码	公司简称	排名	总体指数	透明度与治理指数	成长能力指数	创新能力指数
834477	华艺股份	2800	56.86	63.48	74.69	27.05
834603	中清能	2801	56.86	60.06	67.35	40.30
833515	禾美农业	2802	56.86	55.64	70.26	43.21
836883	均益股份	2803	56.86	51.07	66.78	53.64
836352	绿水股份	2804	56.85	60.26	46.44	64.00
834522	新媒诚品	2805	56.85	57.67	72.86	37.32
831796	汉镒资产	2806	56.85	51.83	56.29	64.57
834836	一鸣生物	2807	56.85	53.78	62.52	54.66
832473	欧泰科	2808	56.84	45.82	73.42	53.38
834808	金昌股份	2809	56.84	64.29	50.18	53.97
833201	仁盈科技	2810	56.84	58.22	36.05	78.74
835196	开天股份	2811	56.84	50.55	60.88	61.06
832418	旭海科技	2812	56.84	61.85	40.67	68.32
835639	砺德光电	2813	56.84	44.97	83.09	43.44
835895	华慧能源	2814	56.83	56.71	67.93	44.27
834672	瑞邦药业	2815	56.83	57.27	59.15	53.55
833023	速普得	2816	56.82	60.26	69.58	37.33
832060	施可瑞	2817	56.82	51.22	72.21	47.05
836574	同仁药业	2818	56.82	54.04	60.23	56.82
430384	宜达胜	2819	56.82	61.79	64.47	41.01
836808	毅达环保	2820	56.81	43.98	77.40	51.29
836638	爱尚鲜花	2821	56.81	61.29	62.87	43.52
837063	汇通科技	2822	56.81	51.67	64.18	55.60
831417	峻岭能源	2823	56.81	55.77	68.96	44.32
832785	国通亿创	2824	56.80	42.39	74.40	56.95
835733	博睿体育	2825	56.80	62.94	68.35	34.89
832361	众智同辉	2826	56.80	56.75	44.01	71.55
831985	华杰电气	2827	56.80	60.48	64.21	43.08

续表

挂牌代码	公司简称	排名	总体指数	透明度与治理指数	成长能力指数	创新能力指数
835107	源大股份	2828	56.80	63.41	49.08	56.32
834665	科旺科技	2829	56.80	54.19	73.95	40.78
832829	汉术化学	2830	56.79	66.13	37.72	65.50
834864	万马科技	2831	56.79	51.58	68.05	51.22
835663	灵狐科技	2832	56.79	59.52	60.59	48.58
832912	西科种业	2833	56.79	62.86	54.14	51.26
835129	谊通股份	2834	56.78	57.09	63.64	48.49
835565	中科国通	2835	56.78	52.32	65.32	53.29
836455	中溶科技	2836	56.78	59.24	62.65	46.60
832357	益通股份	2837	56.78	53.41	72.91	43.02
834052	海川能源	2838	56.78	59.93	54.12	55.37
835686	倍杰特	2839	56.78	63.22	66.66	36.33
830775	吉华材料	2840	56.77	63.37	50.30	54.90
430199	了望股份	2841	56.77	43.57	71.94	58.00
835746	兆信电力	2842	56.77	70.29	49.00	46.61
835814	中恒信	2843	56.77	52.53	68.60	49.18
833820	凯琦佳	2844	56.77	40.36	77.80	55.78
430338	银音科技	2845	56.77	47.94	70.81	53.11
835805	华新检测	2846	56.77	62.13	53.05	53.47
836546	中触媒	2847	56.77	60.15	64.70	42.89
836756	中达金桥	2848	56.76	54.62	54.01	62.95
833406	中税网	2849	56.76	61.09	55.90	51.64
836582	三角防务	2850	56.75	56.86	54.72	58.92
430264	中舟环保	2851	56.74	55.93	53.98	61.07
834504	通铁股份	2852	56.74	61.79	51.14	56.06
430761	升禾环保	2853	56.74	55.96	71.38	41.05
833127	晶品压塑	2854	56.74	50.20	59.21	63.15
834583	钢之家	2855	56.74	62.13	57.50	48.25

挂牌代码	公司简称	排名	总体指数	透明度与治理指数	成长能力指数	创新能力指数
833520	生隆纤维	2856	56.74	62.05	62.13	43.05
833246	澳佳生态	2857	56.73	58.32	65.28	44.67
832008	金天高科	2858	56.73	68.25	56.77	40.42
832322	凯润精密	2859	56.72	55.50	61.48	53.00
831923	三金科技	2860	56.72	56.84	66.02	45.89
832350	汇知康	2861	56.72	55.09	47.33	69.81
833990	迈得医疗	2862	56.72	57.55	54.17	58.47
831721	盛天彩	2863	56.71	48.71	52.47	72.87
831915	川娇农牧	2864	56.71	49.46	64.18	58.37
833540	建龙微纳	2865	56.71	61.95	56.62	49.42
834956	善元堂	2866	56.70	45.89	79.06	46.31
430590	晶宝股份	2867	56.70	58.82	58.17	52.04
835483	中大股份	2868	56.70	60.71	67.68	38.45
831612	维艾普	2869	56.70	58.43	64.72	45.05
430697	宝石金卡	2870	56.70	57.23	58.49	53.90
836614	奥其斯	2871	56.70	50.39	80.66	38.10
430411	中电方大	2872	56.70	55.80	45.44	70.88
832536	京成科技	2873	56.70	60.37	56.35	51.91
833555	华南信息	2874	56.69	64.11	63.54	38.37
836139	高新利华	2875	56.69	63.24	61.44	42.00
834548	天视文化	2876	56.69	56.62	67.08	44.86
832933	九典制药	2877	56.69	55.72	55.63	59.27
836424	美通互动	2878	56.68	40.26	71.02	63.40
834676	万合胶业	2879	56.68	62.21	58.81	46.44
836892	广咨国际	2880	56.67	54.25	54.05	63.11
834312	悠派智能	2881	56.67	50.70	58.41	63.10
832923	视观察	2882	56.66	54.25	57.36	59.28
835864	中晟环境	2883	56.66	49.28	73.85	47.36

续表

挂牌代码	公司简称	排名	总体指数	透明度与治理指数	成长能力指数	创新能力指数
834188	九九华立	2884	56.66	62.47	68.31	35.11
835700	良物珍品	2885	56.66	57.84	65.87	44.43
835581	吉隆通信	2886	56.66	67.60	43.21	56.66
430179	宇昂科技	2887	56.66	55.21	59.22	55.77
833053	创典全程	2888	56.66	60.07	62.32	45.35
836298	上达电子	2889	56.66	53.11	75.20	40.39
835941	启鑫新能	2890	56.66	55.24	68.47	45.10
833655	天虹数码	2891	56.66	55.61	44.55	72.04
833232	城中园林	2892	56.66	56.54	59.96	53.04
832224	积硕科技	2893	56.66	41.14	69.75	63.53
833349	鼎隆智装	2894	56.65	53.84	71.04	44.12
833916	壹鸣环境	2895	56.65	57.56	63.46	47.55
835421	绿联软件	2896	56.65	44.16	74.13	54.21
835863	万众凯旋	2897	56.65	55.41	47.09	69.36
831921	泰可电气	2898	56.64	52.74	57.55	61.12
833120	瑞铁股份	2899	56.64	48.52	71.90	50.60
831951	美麟文化	2900	56.64	57.80	60.74	50.31
834093	盛成网络	2901	56.63	54.65	62.83	52.33
832250	铜都流体	2902	56.63	64.63	54.50	47.79
833411	宏景股份	2903	56.63	57.65	64.18	46.52
832276	翔宇药业	2904	56.63	53.32	63.77	53.10
835731	国禹股份	2905	56.62	60.86	69.83	35.48
832168	中科招商	2906	56.62	49.07	66.00	56.51
832214	太川股份	2907	56.61	45.44	63.84	64.08
834455	奥吉通	2908	56.61	34.84	58.91	84.69
835966	创新工场	2909	56.61	49.33	74.73	46.08
837049	浪潮创新	2910	56.61	51.71	52.30	68.45
833749	每通测控	2911	56.61	55.21	66.27	47.48

挂牌代码	公司简称	排名	总体指数	透明度与治理指数	成长能力指数	创新能力指数
833661	. 华夏龙晖	2912	56.61	58.56	59.70	50.29
836620	丽源科技	2913	56.60	58.49	57.18	53.29
830835	南源电力	2914	56.60	51.61	66.73	52.02
831021	华雁信息	2915	56.60	50.99	57.40	63.61
831208	洁昊环保	2916	56.59	55.71	61.88	51.77
832108	亨达科技	2917	56.59	54.26	59.21	56.89
834198	展芯微	2918	56.59	64.75	40.61	63.43
831074	佳力科技	2919	56.59	67.95	51.66	46.21
430500	亚奥科技	2920	56.59	66.03	48.99	51.98
832220	海德尔	2921	56.58	44.87	64.29	64.27
833757	天力锂能	2922	56.58	46.78	67.71	57.63
833588	九州方园	2923	56.58	63.87	40.17	65.13
836516	冰科医疗	2924	56.58	55.79	61.31	52.26
835574	鸿鑫互联	2925	56.57	59.20	73.29	33.68
833184	润环科技	2926	56.57	51.64	67.67	50.79
833486	前程人力	2927	56.57	70.28	67.89	24.24
834974	天英教育	2928	56.57	63.82	46.55	57.84
430592	凯德自控	2929	56.57	57.03	64.01	47.38
833650	美亚药业	2930	56.57	56.72	47.85	66.36
833154	希尔股份	2931	56.57	52.21	55.34	64.12
833731	默锐环境	2932	56.57	73.16	40.27	51.85
831263	科华控股	2933	56.56	59.14	61.26	47.54
832955	七丹药业	2934	56.56	64.80	51.41	50.85
831258	龙蛙农业	2935	56.56	56.79	67.85	43.27
833690	礼多多	2936	56.56	51.81	79.17	37.29
831682	金田科技	2937	56.55	59.38	62.47	45.76
430516	文达通	2938	56.55	48.71	61.04	62.45
832617	数码大方	2939	56.55	57.22	38.72	76.05

续表

挂牌代码	公司简称	排名	总体指数	透明度与治理指数	成长能力指数	创新能力指数
430154	中科通达	2940	56.54	41.16	62.27	71.67
430300	辰光医疗	2941	56.54	50.57	46.81	76.14
430372	泰达新材	2942	56.54	60.01	58.63	49.24
836761	九博科技	2943	56.53	53.96	45.42	72.92
834611	老肯医疗	2944	56.53	64.83	49.79	52.56
836545	广奕电子	2945	56.53	54.21	51.35	65.75
834566	家鸿口腔	2946	56.53	68.52	59.51	36.20
832491	奥迪威	2947	56.53	63.14	57.60	45.97
835342	鑫众科技	2948	56.53	39.41	72.09	62.83
830765	协盛科技	2949	56.52	66.76	53.15	45.95
833713	立德电子	2950	56.52	48.69	56.41	67.71
831535	拓斯达	2951	56.52	50.74	63.80	56.30
831180	华苏科技	2952	56.52	47.62	62.46	62.26
831463	凯雪冷链	2953	56.51	52.79	63.45	53.79
831033	朗星照明	2954	56.51	62.26	63.49	40.39
833045	禾健股份	2955	56.51	67.59	44.26	54.94
831522	汇波材料	2956	56.51	57.17	68.99	41.26
836328	东华园林	2957	56.51	60.58	59.57	47.26
832695	华航科技	2958	56.51	49.84	61.98	59.64
835613	三晶电气	2959	56.51	58.68	55.39	54.72
834242	智涵科技	2960	56.50	50.38	79.97	38.21
835714	山水酒店	2961	56.50	67.72	51.47	46.43
836827	小马科技	2962	56.49	60.62	57.09	49.99
832203	华燃油气	2963	56.49	66.73	48.54	51.17
832341	常荣声学	2964	56.49	48.68	60.76	62.62
833214	汇乐环保	2965	56.49	47.29	66.54	57.93
832324	金瀚高新	2966	56.49	52.45	63.01	54.69
836925	百程旅游	2967	56.48	49.17	68.43	53.08

续表

挂牌代码	公司简称	排名	总体指数	透明度与治理指数	成长能力指数	创新能力指数
830821	雪郎生物	2968	56.48	54.68	72.03	41.18
830876	黄河软轴	2969	56.48	53.41	54.89	62.64
832914	锐嘉工业	2970	56.48	47.16	69.94	54.17
835387	荣恩医疗	2971	56.47	57.96	73.04	35.37
430680	联兴科技	2972	56.47	54.09	65.30	49.68
833550	路维光电	2973	56.46	57.56	54.85	56.77
835484	分子态	2974	56.46	53.28	54.11	63.63
831771	天邦涂料	2975	56.46	58.82	50.66	59.79
430141	久日新材	2976	56.45	70.97	57.70	34.55
834473	傲冠股份	2977	56.44	66.24	40.61	60.80
834959	意迪尔	2978	56.44	53.50	59.83	56.70
832651	天罡股份	2979	56.43	63.95	48.82	54.54
830946	森萱医药	2980	56.43	59.65	57.63	50.50
833064	绿色空间	2981	56.42	57.89	55.19	55.75
833085	腾飞科技	2982	56.42	53.67	76.24	37.55
832513	汇群中药	2983	56.42	58.17	66.54	42.32
831514	艾迪尔	2984	56.42	50.96	69.21	49.43
833151	同方健康	2985	56.42	54.90	62.76	51.26
430328	北京希电	2986	56.41	59.00	53.66	55.92
836626	三仟院	2987	56.41	65.56	59.25	40.24
833572	励福环保	2988	56.40	57.20	69.21	40.58
834183	长旺财务	2989	56.40	50.43	76.53	41.73
831197	雅洁源	2990	56.40	58.95	51.82	58.07
832847	三水能源	2991	56.40	53.98	58.14	57.81
430553	海红技术	2992	56.40	54.24	58.33	57.22
834126	联益科技	2993	56.39	55.29	63.00	50.37
831376	金洪股份	2994	56.39	61.87	57.87	46.97
834527	虎嗅科技	2995	56.39	41.78	67.28	64.50

挂牌代码	公司简称	排名	总体指数	透明度与治理指数	成长能力指数	创新能力指数
835545	奥捷科技	2996	56.39	63.67	59.08	43.02
835883	华能安全	2997	56.38	55.64	52.31	62.10
833545	千年设计	2998	56.38	45.66	64.10	62.64
832230	新伟科技	2999	56.38	55.82	43.94	71.43
833027	阳光金服	3000	56.37	58.65	60.89	47.97
835072	东海租赁	3001	56.37	65.24	60.01	39.68
430217	申石软件	3002	56.37	37.17	73.70	63.56
833256	永华光电	3003	56.36	57.01	50.42	62.27
835753	裕久装备	3004	56.36	58.54	61.53	47.35
835512	华翼蓝天	3005	56.36	46.24	45.93	82.60
430746	七星科技	3006	56.35	67.09	50.47	47.96
836044	复观网络	3007	56.35	45.59	59.75	67.63
832838	华绿生物	3008	56.35	62.13	60.11	43.88
836205	芯联创展	3009	56.35	33.49	80.18	61.25
430286	东岩股份	3010	56.35	63.59	52.99	49.99
835547	东田时尚	3011	56.34	48.17	53.17	71.51
833274	臣功制药	3012	56.34	60.93	54.75	51.68
832201	无人机	3013	56.33	51.43	73.47	43.59
832743	福能租赁	3014	56.33	58.76	57.83	51.19
834001	鼎宏保险	3015	56.33	56.13	66.68	44.74
833944	现代环科	3016	56.33	51.64	60.03	58.70
430533	同立高科	3017	56.33	55.87	63.55	48.70
830841	长牛股份	3018	56.33	54.65	68.14	45.16
832916	京东健康	3019	56.33	44.21	66.31	61.98
836636	金谷高科	3020	56.33	53.67	62.72	52.75
836899	佛瑞德	3021	56.33	49.06	62.99	58.93
830947	金柏股份	3022	56.32	49.13	57.24	65.42
833842	天艺传媒	3023	56.32	60.94	63.20	41.90

续表

挂牌代码	公司简称	排名	总体指数	透明度与治理指数	成长能力指数	创新能力指数
831819	宜瓷龙	3024	56.32	48.49	53.43	70.68
833131	久盛电气	3025	56.31	59.62	56.39	51.56
832937	宏达印业	3026	56.31	60.56	53.36	53.71
836090	创富港	3027	56.31	63.02	59.20	43.53
831707	绿岛园林	3028	56.31	59.17	55.79	52.87
834536	金诺佳音	3029	56.31	49.46	70.69	49.46
831450	金宏气体	3030	56.30	56.49	56.97	55.26
830823	拓天节能	3031	56.29	50.59	62.00	57.80
835038	广生行	3032	56.29	60.07	57.96	49.04
832376	天原药业	3033	56.29	58.71	62.23	46.04
834290	培诺教育	3034	56.29	41.81	59.44	73.09
834094	恒精感应	3035	56.28	57.02	57.67	53.64
833747	广厦环能	3036	56.28	54.12	58.91	56.30
831506	昌信农贷	3037	56.27	58.22	57.36	52.28
834912	三好教育	3038	56.27	71.76	54.55	36.40
430577	力龙信息	3039	56.27	48.98	53.70	69.52
833442	江苏铁科	3040	56.27	60.48	56.85	49.67
430606	金鹏源康	3041	56.27	70.58	51.48	41.57
831035	中天利	3042	56.27	47.78	63.61	59.82
830837	古城香业	3043	56.27	70.83	48.75	44.35
832175	东方碳素	3044	56.26	55.35	67.58	44.56
430112	弘祥隆	3045	56.26	51.21	50.53	69.96
836728	豫新科技	3046	56.26	50.62	71.73	46.46
831717	首信材料	3047	56.26	59.67	65.53	40.79
830954	华宝石	3048	56.25	70.11	44.78	49.86
833091	恒达股份	3049	56.25	53.54	49.63	67.67
837067	百克特	3050	56.25	54.49	56.53	58.40
836306	黄金屋	3051	56.24	48.25	62.94	59.82

挂牌代码	公司简称	排名	总体指数	透明度与治理指数	成长能力指数	创新能力指数
832316	添正医药	3052	56.24	54.18	70.27	43.05
831182	堃琦鑫华	3053	56.24	53.99	37.71	80.68
833567	和谐通航	3054	56.23	65.77	65.17	32.53
430610	瀚远科技	3055	56.23	60.04	52.36	55.31
836192	馋神国际	3056	56.23	57.64	72.41	35.68
832260	瑞特股份	3057	56.23	41.41	70.71	60.52
833204	百事达	3058	56.23	50.88	61.35	57.89
832099	新疆火炬	3059	56.22	59.03	59.32	48.71
834060	营邑股份	3060	56.22	44.10	62.84	65.75
831685	亿恩科技	3061	56.22	65.55	49.13	51.20
832084	深川股份	3062	56.22	56.42	55.95	56.24
832716	跃通科技	3063	56.21	58.71	60.51	47.76
831299	北教传媒	3064	56.21	56.30	60.73	50.89
837042	赛诺科技	3065	56.21	58.10	60.75	48.34
833048	米米乐	3066	56.21	54.49	77.85	33.79
835632	德宝装备	3067	56.20	53.47	57.29	58.81
836930	祥云医疗	3068	56.20	51.08	67.84	50.08
836148	万怡会展	3069	56.20	60.89	65.20	39.26
830998	大铭新材	3070	56.20	54.68	59.57	54.48
835723	宝海微元	3071	56.20	62.53	65.51	36.57
831323	长先新材	3072	56.19	59.87	59.06	47.71
832078	泰利模具	3073	56.19	54.01	58.33	56.82
834584	蒙德电气	3074	56.19	56.84	49.10	63.40
834790	城发集塑	3075	56.19	51.36	68.89	48.43
430303	百文宝	3076	56.19	37.58	54.80	84.03
430568	光莆电子	3077	56.19	56.09	60.08	51.86
831240	祺景光电	3078	56.19	48.15	67.30	54.77
831457	祥龙钻探	3079	56.19	63.06	41.10	63.80

续表

挂牌代码	公司简称	排名	总体指数	透明度与治理指数	成长能力指数	创新能力指数
833769	中泰环保	3080	56.18	56.23	62.91	48.41
831901	隆科兴	3081	56.18	58.10	51.42	58.95
832005	永盛新材	3082	56.18	52.85	58.12	58.67
833863	道盾科技	3083	56.18	49.08	57.19	65.05
835055	乐享方登	3084	56.18	49.44	76.51	42.37
831768	拾比佰	3085	56.18	57.56	57.58	52.62
831432	优尼科	3086	56.16	50.27	60.21	59.84
430065	中海阳	3087	56.16	59.31	52.45	55.97
834023	金投金融	3088	56.15	56.87	64.23	45.86
835465	百灵天地	3089	56.15	51.48	58.65	59.87
834731	童康健康	3090	56.14	50.07	69.39	49.51
836859	爱立方	3091	56.13	38.46	72.76	61.99
835245	发那数控	3092	56.13	69.43	48.77	45.82
833701	坚力科技	3093	56.13	58.39	55.01	54.23
834329	博洋股份	3094	56.13	65.28	51.89	48.09
832022	珈诚生物	3095	56.13	59.23	66.14	40.27
831315	安畅网络	3096	56.13	44.16	70.76	56.24
430428	陕西瑞科	3097	56.13	63.22	56.03	46.24
834226	彩虹光	3098	56.13	50.71	84.61	31.08
833075	柏星龙	3099	56.13	56.68	61.27	49.43
832306	崇峻股份	3100	56.13	56.18	57.38	54.61
835211	古莱特	3101	56.12	58.28	38.66	73.11
832159	合全药业	3102	56.12	47.42	63.36	60.09
833226	达美程	3103	56.12	61.34	67.65	35.51
831801	城市管家	3104	56.12	57.10	72.01	36.49
836723	梵净高科	3105	56.11	64.40	61.11	38.69
831947	丹田股份	3106	56.11	57.30	63.97	45.42
831484	久盛生态	3107	56.11	49.77	69.70	49.45

挂牌代码	公司简称	排名	总体指数	透明度与治理指数	成长能力指数	创新能力指数
836682	掌柜软件	3108	56.11	50.26	59.93	59.97
833632	荣信教育	3109	56.11	59.31	58.12	49.27
833347	三元环境	3110	56.10	56.77	60.92	49.62
430719	九鼎集团	3111	56.09	40.00	75.30	56.75
836420	迈健生物	3112	56.08	54.93	48.03	66.95
430455	德联科技	3113	56.08	35.54	65.41	74.34
831493	赛特传媒	3114	56.07	60.53	64.30	40.35
834991	新瀚新材	3115	56.07	59.78	59.53	46.87
832755	施泰信息	3116	56.07	40.39	77.67	53.42
835148	复睿电力	3117	56.07	45.85	76.93	46.55
831162	天河股份	3118	56.07	55.02	61.71	51.07
830852	中科仪	3119	56.07	57.01	51.10	60.44
831133	科润智能	3120	56.06	54.62	60.55	52.96
430329	百林通信	3121	56.06	48.98	55.61	66.57
833936	百味佳	3122	56.06	57.50	59.44	50.14
832076	泰鹏环保	3123	56.06	66.18	53.61	44.58
834511	凯歌电子	3124	56.06	55.85	73.30	36.56
834227	国联环科	3125	56.05	52.67	60.74	55.45
833658	铁血科技	3126	56.05	51.97	52.95	65.38
430410	微纳颗粒	3127	56.05	56.40	45.75	67.38
831914	瑞柯科技	3128	56.05	55.25	53.97	59.56
835043	洁澳思	3129	56.05	62.87	54.44	48.27
835988	云端时代	3130	56.05	46.13	57.83	67.99
833815	嘉友互联	3131	56.04	53.05	50.54	66.59
835438	戈碧迦	3132	56.04	54.06	68.22	44.86
833084	赛奇股份	3133	56.04	53.77	56.61	58.59
831733	宏图物流	3134	56.04	68.84	52.40	42.16
836178	厚泰科技	3135	56.03	50.78	63.23	55.17

续表

挂牌代码	公司简称	排名	总体指数	透明度与治理指数	成长能力指数	创新能力指数
430698	康普常青	3136	56.02	44.96	50.70	77.75
836066	研和股份	3137	56.02	47.43	73.05	48.61
834105	申江万国	3138	56.02	66.32	68.42	27.26
835401	浙江杭摩	3139	56.02	49.69	73.77	44.58
835282	梅珑体育	3140	56.02	59.46	68.98	36.30
831758	意欧斯	3141	56.02	57.68	58.99	50.26
832355	动脉智能	3142	56.02	52.54	62.87	53.07
833508	精工股份	3143	56.01	42.14	78.47	49.81
833186	宏远电器	3144	56.01	67.67	54.13	41.73
831611	圣才教育	3145	56.01	64.54	51.62	49.03
833519	泉欣新材	3146	56.01	51.26	61.35	56.57
832082	聚祥股份	3147	56.01	60.47	60.79	44.23
834311	和利氢能	3148	56.01	58.12	51.09	58.67
832331	高士达	3149	56.01	46.56	62.67	61.69
833443	皇达科技	3150	56.01	55.94	62.46	48.69
836156	东南岩土	3151	56.01	52.91	58.76	57.21
833082	龙凤山	3152	56.01	51.92	74.17	40.92
835083	新立科技	3153	56.01	49.59	69.43	49.66
831380	地矿股份	3154	56.01	54.13	54.57	60.30
835603	嵩湖环保	3155	56.00	54.92	52.47	61.59
834079	人天包装	3156	55.99	60.66	55.06	50.48
832928	曼氏生物	3157	55.99	48.31	63.73	57.95
833830	蓝宝股份	3158	55.99	52.45	50.69	67.07
833261	中瑞影视	3159	55.98	49.49	73.96	44.52
831587	万事兴	3160	55.98	63.53	55.27	46.14
835747	朴道水汇	3161	55.98	44.97	71.02	54.24
835572	诺泰生物	3162	55.98	60.12	39.29	69.29
835283	节水股份	3163	55.97	52.57	70.10	44.57

挂牌代码	公司简称	排名	总体指数	透明度与治理指数	成长能力指数	创新能力指数
835262	佳乐股份	3164	55.97	54.36	62.34	50.94
832968	东软股份	3165	55.97	55.08	52.04	61.73
833365	民基生态	3166	55.97	46.08	69.49	54.40
835254	欢乐逛	3167	55.97	47.13	48.86	76.59
834498	易简集团	3168	55.97	51.03	77.29	38.45
832414	精湛光电	3169	55.96	45.77	63.66	61.51
833179	南京试剂	3170	55.96	63.99	56.28	44.27
834577	祈艾特	3171	55.96	55.92	65.30	45.31
834813	佛山青松	3172	55.96	58.17	57.43	51.15
833312	行动者	3173	55.96	50.20	78.98	37.64
836418	浙商企业	3174	55.95	49.46	73.78	44.65
836260	中寰股份	3175	55.95	60.24	47.49	59.60
832242	现代精工	3176	55.95	50.78	63.76	54.29
834044	富泰和	3177	55.95	50.47	59.10	60.06
836406	矩阵软件	3178	55.95	49.34	57.05	64.01
430346	哇棒传媒	3179	55.94	51.74	77.85	36.74
836181	银丰股份	3180	55.94	53.60	71.62	41.26
832365	开勒环境	3181	55.94	47.37	60.89	62.37
834497	美茵科技	3182	55.94	72.11	46.20	44.30
832853	电旗股份	3183	55.94	64.38	56.74	43.10
430729	万里智能	3184	55.94	55.90	58.92	52.56
430512	芯朋微	3185	55.93	52.73	59.42	56.43
832408	科瑞普光	3186	55.93	60.16	67.74	36.41
430495	奥远电子	3187	55.93	51.73	61.66	55.28
835188	景域文化	3188	55.93	49.00	65.65	54.54
831067	根力多	3189	55.92	60.25	66.89	37.24
834062	科润电力	3190	55.92	57.11	64.42	44.48
835492	铸金股份	3191	55.92	61.80	55.97	47.57

续表

挂牌代码	公司简称	排名	总体指数	透明度与治理指数	成长能力指数	创新能力指数
832618	中能兴科	3192	55.92	52.85	56.78	59.27
831875	岳塑股份	3193	55.92	53.98	66.21	46.84
833490	佳讯创新	3194	55.92	65.29	49.16	50.44
831400	九信资产	3195	55.92	47.28	67.36	54.96
832566	梓橦宫	3196	55.91	55.72	56.28	55.77
834192	中钜铖	3197	55.91	55.46	72.64	37.33
831473	江苏科幸	3198	55.90	55.31	60.64	51.31
831942	天一生物	3199	55.90	54.78	69.63	41.74
430750	欣易晨	3200	55.90	65.00	50.91	48.79
835964	联诚科技	3201	55.90	27.18	79.26	69.61
834879	理工宇龙	3202	55.90	45.61	69.37	54.95
836029	创锐电子	3203	55.89	50.68	51.07	68.79
831224	沈氏节能	3204	55.88	64.55	50.77	49.51
831965	固瑞股份	3205	55.87	62.53	50.13	53.08
831765	惠达铝业	3206	55.87	63.88	53.49	47.31
832891	广陆科技	3207	55.87	53.80	41.54	75.24
833467	纳美新材	3208	55.87	41.38	67.38	63.11
833285	环球矿产	3209	55.87	55.04	57.35	55.35
830914	海赛电装	3210	55.87	43.53	62.30	65.89
835880	浦丹光电	3211	55.86	54.20	52.90	61.60
834184	秦皇旅游	3212	55.86	61.84	50.03	54.12
832964	凯瑞环保	3213	55.86	56.20	57.51	53.49
835316	极众智能	3214	55.86	59.16	52.41	55.16
831864	华夏未来	3215	55.86	47.83	50.81	72.98
834778	通源环境	3216	55.86	46.23	77.84	44.21
430311	达美盛	3217	55.85	56.57	42.29	70.38
831404	宝丽兴源	3218	55.84	59.89	61.12	44.07
831479	湘联股份	3219	55.84	61.74	56.12	47.21

挂牌代码	公司简称	排名	总体指数	透明度与治理指数	成长能力指数	创新能力指数
834780	图安世纪	3220	55.84	64.02	51.10	49.75
832356	金华机械	3221	55.84	57.17	64.11	44.48
831472	复娱文化	3222	55.84	70.36	57.30	33.68
831173	泰恩康	3223	55.84	51.52	64.60	51.88
430556	雅达股份	3224	55.84	49.23	56.03	64.94
833055	旭域股份	3225	55.83	58.19	52.14	56.73
836326	风雪户外	3226	55.83	52.90	77.78	34.77
832749	德信股份	3227	55.82	54.00	58.31	55.55
836164	威利坚	3228	55.82	57.20	64.42	44.01
834607	祥云股份	3229	55.82	69.77	58.15	33.45
835721	豪恩光电	3230	55.81	50.52	60.39	58.02
831278	泰德股份	3231	55.81	62.42	58.88	42.98
834693	金陵电机	3232	55.81	59.63	57.96	47.96
830900	维福特	3233	55.81	57.50	62.71	45.50
836650	贯石发展	3234	55.81	55.70	74.51	34.50
836301	双翼科技	3235	55.81	41.94	78.44	49.39
836145	博加信息	3236	55.80	51.96	58.29	58.37
834843	明昊科技	3237	55.80	54.11	72.50	39.00
833790	嘉元科技	3238	55.79	65.91	58.13	38.84
834794	咸亨股份	3239	55.79	59.74	55.92	50.07
430296	平安力合	3240	55.79	55.56	48.01	65.05
834893	西安凯立	3241	55.79	62.33	55.17	47.28
831274	瑞可达	3242	55.79	45.84	65.03	59.21
430542	利雅得	3243	55.78	58.92	48.44	59.80
836845	朗华自控	3244	55.78	53.57	63.36	50.20
833230	欧康医药	3245	55.78	49.13	63.94	55.81
835892	中科美菱	3246	55.78	64.17	51.35	49.03
833506	勤劳农夫	3247	55.78	46.58	70.98	51.32

续表

挂牌代码	公司简称	排名	总体指数	透明度与治理指数	成长能力指数	创新能力指数
833985	三方股份	3248	55.78	60.03	66.07	37.97
833866	紫翔生物	3249	55.77	61.17	64.98	37.60
832156	强田液压	3250	55.77	60.02	49.00	57.56
832197	丹江电力	3251	55.77	62.18	55.15	47.43
835452	元一传媒	3252	55.77	50.83	78.26	36.93
831841	中扬科技	3253	55.77	50.08	63.41	55.04
836126	丰泰新材	3254	55.76	50.83	62.89	54.55
835350	中金恒泰	3255	55.76	64.11	56.04	43.67
832052	紫罗兰	3256	55.76	64.75	59.01	39.35
834246	喀纳斯	3257	55.76	56.26	71.50	36.99
430707	欧神诺	3258	55.76	64.95	55.94	42.57
833760	天然谷	3259	55.76	62.59	64.63	35.92
836560	科腾环保	3260	55.75	58.01	53.72	54.89
833909	三维天下	3261	55.75	55.84	40.00	73.69
835991	协成科技	3262	55.75	55.45	60.68	50.51
833036	山屿海	3263	55.75	57.75	68.78	37.96
836415	首嘉智慧	3264	55.75	55.85	58.79	52.09
430446	三灵科技	3265	55.74	63.77	46.89	54.58
832559	熊猫乳业	3266	55.74	54.90	61.95	49.82
830956	润佳股份	3267	55.74	64.08	55.00	44.84
831468	威顿晶磷	3268	55.74	57.39	50.55	59.35
834934	艾飞特	3269	55.73	60.05	61.32	43.22
832101	浩亚股份	3270	55.73	53.95	66.67	45.70
831507	博广热能	3271	55.73	50.22	61.16	57.27
835228	长望科技	3272	55.73	56.15	50.40	61.26
430655	今泰科技	3273	55.73	59.93	47.91	58.78
833495	微瑞思创	3274	55.73	40.27	66.56	65.10
833251	东忠科技	3275	55.73	53.51	54.60	60.16

续表

挂牌代码	公司简称	排名	总体指数	透明度与治理指数	成长能力指数	创新能力指数
833324	迪赛环保	3276	55.72	50.77	55.83	62.60
833840	永安期货	3277	55.72	61.04	66.94	35.35
834190	索牌科技	3278	55.71	58.83	55.08	52.02
836519	欢乐互娱	3279	55.71	58.19	38.14	72.37
831165	远洲股份	3280	55.71	58.51	54.49	53.15
831176	天鸿股份	3281	55.70	62.60	51.96	50.28
832235	中环技术	3282	55.70	68.08	41.41	54.63
832360	智达光电	3283	55.70	49.19	53.96	66.87
833807	华鸿科技	3284	55.70	58.98	63.70	41.87
832886	依特诺	3285	55.69	54.76	62.28	49.46
430313	国创富盛	3286	55.69	48.15	51.33	71.36
831997	海斯迪	3287	55.69	53.36	73.39	38.68
833739	黑果枸杞	3288	55.69	51.70	53.03	64.38
836651	正迪科技	3289	55.69	51.27	68.43	47.30
834948	晨泰科技	3290	55.69	64.02	52.91	47.14
835130	天环创新	3291	55.69	44.56	75.85	48.26
831609	壹加壹	3292	55.69	49.11	79.32	37.85
833323	好帮手	3293	55.69	57.36	59.84	48.55
832106	中设正泰	3294	55.68	50.07	41.02	80.44
833743	东邦御厨	3295	55.68	46.40	71.21	50.96
831504	中晟光电	3296	55.68	53.06	52.55	62.97
834915	津同仁堂	3297	55.68	57.83	58.43	49.49
834005	松湖股份	3298	55.68	50.75	68.86	47.50
833605	龙视星	3299	55.67	40.51	74.06	55.97
831950	亚太能源	3300	55.67	58.36	58.31	48.87
430131	伟利讯	3301	55.67	45.20	52.47	74.12
835120	金贸流体	3302	55.67	63.24	48.95	52.72
832452	兴华股份	3303	55.67	60.55	55.98	48.43

续表

挂牌代码	公司简称	排名	总体指数	透明度与治理指数	成长能力指数	创新能力指数
833434	博锐斯	3304	55.67	54.64	65.60	45.73
832538	远方装备	3305	55.67	56.32	57.25	52.94
833424	羿明信息	3306	55.66	45.56	53.21	72.74
831275	睿力物流	3307	55.66	65.19	51.75	46.69
831637	银朵兰	3308	55.66	63.38	49.58	51.73
830904	博思特	3309	55.65	57.08	54.98	54.39
832265	芍花堂	3310	55.65	67.04	59.32	35.34
430135	三益能环	3311	55.65	49.35	44.13	77.74
834634	中科盛创	3312	55.64	53.74	69.94	41.94
836330	振兴生态	3313	55.64	57.15	69.03	38.14
835769	瑞拓科技	3314	55.64	57.82	47.68	61.71
836223	天源新能	3315	55.64	45.74	59.86	64.77
833901	壮元海	3316	55.64	60.23	62.68	41.08
833596	润康牧业	3317	55.63	57.99	65.15	41.37
836609	新唐设计	3318	55.63	56.06	53.07	57.95
430399	湘财证券	3319	55.63	59.67	64.38	39.88
833710	风雷网络	3320	55.63	44.43	40.66	88.61
831471	北方园林	3321	55.62	49.88	60.52	58.11
834011	捷胜海洋	3322	55.62	55.14	61.34	49.74
833353	南京天梯	3323	55.62	57.09	54.18	55.20
836658	幻响神州	3324	55.62	58.69	59.73	46.57
835844	鸿图隔膜	3325	55.62	53.35	68.22	44.37
831312	赛卓药业	3326	55.62	49.49	59.75	59.52
832984	埃森普特	3327	55.61	53.14	60.17	53.89
836411	川铁电气	3328	55.61	55.36	60.30	50.59
834654	银利电气	3329	55.61	57.45	58.63	49.54
836716	芬尼科技	3330	55.61	60.08	57.29	47.36
834050	天润园景	3331	55.61	71.09	50.63	39.48

续表

挂牌代码	公司简称	排名	总体指数	透明度与治理指数	成长能力指数	创新能力指数
834328	鸽德新材	3332	55.60	57.07	58.55	50.16
833302	羌山农牧	3333	55.60	55.50	71.09	37.98
831699	泰力松	3334	55.60	58.29	66.94	38.80
836362	奥智智能	3335	55.60	44.07	65.90	60.05
831328	科耐特	3336	55.60	52.64	62.05	52.36
831980	正拓能源	3337	55.60	50.98	62.09	54.66
830995	九洲光电	3338	55.60	62.49	51.93	50.07
833535	新青年	3339	55.59	58.28	59.05	47.85
836776	三联星海	3340	55.59	47.65	57.14	65.00
836579	蓝天股份	3341	55.58	53.49	55.65	58.47
834798	太岳古建	3342	55.58	64.42	52.27	46.91
836890	联源机电	3343	55.58	58.28	63.89	42.24
430414	三光科技	3344	55.58	63.76	53.03	46.97
831102	湘佳牧业	3345	55.58	60.31	61.05	42.62
835051	中科物联	3346	55.57	40.86	74.48	54.63
836461	博岳股份	3347	55.57	52.42	72.50	40.59
430447	广信科技	3348	55.57	59.22	63.30	41.56
831242	特辰科技	3349	55.57	47.62	52.69	70.09
831715	瀚特信息	3350	55.57	43.81	59.01	68.21
832715	华信股份	3351	55.56	50.98	56.89	60.49
835578	安科兴业	3352	55.56	61.95	43.93	59.88
834049	建科股份	3353	55.56	58.04	49.84	58.61
831897	远大信息	3354	55.55	53.23	55.35	59.04
831396	许继智能	3355	55.54	51.28	60.01	56.43
831692	杰科股份	3356	55.54	49.51	76.00	40.57
832848	昆自股份	3357	55.54	48.99	67.93	50.55
833595	海尚环境	3358	55.54	47.63	60.44	61.06
833874	泰祥股份	3359	55.54	56.26	60.05	49.33

续表

挂牌代码	公司简称	排名	总体指数	透明度与治理指数	成长能力指数	创新能力指数
430419	三凯股份	3360	55.54	43.22	63.19	64.13
831374	吉人高新	3361	55.53	63.72	52.17	47.83
834795	鑫玉龙	3362	55.53	63.97	57.90	40.91
836262	科源制药	3363	55.53	60.63	56.22	47.55
831034	红光股份	3364	55.53	59.61	61.61	42.78
430748	恒均科技	3365	55.53	59.98	61.64	42.22
835711	成和天利	3366	55.52	49.77	59.94	58.57
834975	新锐科技	3367	55.52	61.32	53.01	50.21
830812	约伴旅游	3368	55.52	59.69	73.77	28.68
831808	神元生物	3369	55.51	61.34	61.37	40.58
831880	春旺环保	3370	55.51	63.00	60.27	39.50
833393	速达科技	3371	55.51	54.71	59.43	52.14
834743	迈新科技	3372	55.51	57.49	59.74	47.85
831439	中喜生态	3373	55.50	49.85	69.26	47.69
833026	中邦园林	3374	55.50	56.02	57.72	52.23
430267	盛世光明	3375	55.50	44.30	61.65	64.24
430661	派尔科	3376	55.49	63.57	49.42	51.06
430037	联飞翔	3377	55.49	55.80	58.92	51.12
430482	河源富马	3378	55.48	65.66	49.02	48.52
833789	贵之步	3379	55.46	58.48	63.10	42.43
836512	华泰电气	3380	55.46	45.47	62.56	61.41
836432	益信通	3381	55.46	62.82	43.54	58.76
833553	天立坤鑫	3382	55.46	59.43	74.02	28.53
833300	利树股份	3383	55.45	52.83	67.96	44.80
833988	中成发展	3384	55.45	51.96	63.16	51.54
836273	玻机幕墙	3385	55.45	70.89	52.81	36.69
833624	维和药业	3386	55.45	58.86	62.15	42.96
831020	华阳密封	3387	55.45	51.72	50.77	66.08

挂牌代码	公司简称	排名	总体指数	透明度与治理指数	成长能力指数	创新能力指数
836637	海惠新材	3388	55.45	56.51	61.47	47.04
835336	泰弘生态	3389	55.45	62.81	54.10	46.60
834717	天天美尚	3390	55.45	52.43	70.09	42.90
831082	汇鑫嘉德	3391	55.45	69.67	59.03	31.26
830803	新松医疗	3392	55.43	60.41	49.57	55.14
833994	翰博高新	3393	55.43	53.56	72.76	38.18
831683	金航股份	3394	55.43	53.25	57.68	55.92
833468	双剑股份	3395	55.43	68.95	48.55	44.24
832688	福慧科技	3396	55.42	49.67	64.94	52.62
832547	利策科技	3397	55.42	54.43	45.63	68.06
430525	英诺尔	3398	55.42	53.54	53.60	60.16
833346	威贸电子	3399	55.42	60.04	55.81	48.46
833115	畅尔装备	3400	55.41	59.55	50.39	55.34
831002	飞鱼星	3401	55.41	57.34	48.76	60.34
833600	红人股份	3402	55.41	59.28	64.30	39.75
832080	七色珠光	3403	55.40	50.03	69.94	46.30
832326	华清安泰	3404	55.40	51.54	61.82	53.49
831600	润迪环保	3405	55.40	64.86	54.52	43.05
832327	海颐软件	3406	55.39	36.51	63.41	72.83
832054	永强岩土	3407	55.39	56.22	56.37	53.10
832758	鑫甬生物	3408	55.39	63.66	55.25	43.88
831896	思考投资	3409	55.38	58.63	67.98	36.33
834441	大力神	3410	55.38	67.12	63.57	29.41
835230	真灼科技	3411	55.38	60.01	43.29	62.71
834200	天子股份	3412	55.37	59.36	56.46	48.50
835760	微网信通	3413	55.37	52.81	60.63	52.96
833841	夜光明	3414	55.37	59.22	60.22	44.39
834711	固德电材	3415	55.37	57.44	60.01	47.13

续表

挂牌代码	公司简称	排名	总体指数	透明度与治理指数	成长能力指数	创新能力指数
832406	众力德邦	3416	55.37	51.01	60.89	55.19
837094	旭晟股份	3417	55.37	48.31	75.43	42.30
836735	灏域科技	3418	55.37	49.67	59.12	59.09
834894	宝亮股份	3419	55.37	42.43	71.77	54.79
430725	九五智驾	3420	55.36	62.11	54.62	46.70
830997	领意信息	3421	55.36	47.79	53.72	67.94
832172	倍通股份	3422	55.36	42.15	74.78	51.72
430031	林克曼	3423	55.36	51.33	42.64	75.65
835799	互动百科	3424	55.36	60.93	61.16	40.86
834282	前程股份	3425	55.36	67.61	58.64	34.33
834838	通蓝海	3426	55.36	51.66	53.25	63.01
430271	瑞灵石油	3427	55.36	53.95	53.99	58.92
835847	金钻石油	3428	55.36	49.66	67.39	49.59
836573	视酷股份	3429	55.35	46.74	60.20	61.93
835542	广翰环保	3430	55.35	49.45	57.37	61.35
833942	祥源新材	3431	55.35	48.29	63.45	56.01
430386	大禹电气	3432	55.34	54.22	58.00	53.88
832495	精铟海工	3433	55.34	58.49	44.13	63.77
833280	万享科技	3434	55.34	56.58	54.01	55.12
833522	喜丰节水	3435	55.34	60.60	57.97	44.90
836000	博商管理	3436	55.34	70.24	56.13	33.40
833796	骅锋科技	3437	55.34	43.01	67.37	58.92
833981	凯威检测	3438	55.34	50.68	56.03	61.11
833334	摩尔股份	3439	55.33	58.01	50.55	57.05
832223	配天智造	3440	55.33	49.52	55.20	63.68
835725	莱美科技	3441	55.33	65.01	56.82	39.96
833639	顺泰农贷	3442	55.33	56.50	55.51	53.47
430418	苏轴股份	3443	55.33	55.81	56.16	53.68

续表

挂牌代码	公司简称	排名	总体指数	透明度与治理指数	成长能力指数	创新能力指数
836719	万威刀具	3444	55.33	55.18	48.87	62.94
832787	银科金典	3445	55.33	52.83	58.84	54.82
833463	格林照明	3446	55.32	57.48	50.50	57.81
831076	展博股份	3447	55.32	55.99	54.29	55.57
832033	九通衢	3448	55.32	53.53	61.54	50.71
832477	航凯电力	3449	55.32	55.89	63.33	45.32
835071	慧达通信	3450	55.32	50.49	60.59	56.08
430632	希奥信息	3451	55.32	57.81	65.09	40.57
837056	菱欧科技	3452	55.32	50.86	64.25	51.36
835876	青莲食品	3453	55.31	68.81	61.85	28.77
832179	达胜股份	3454	55.31	56.45	67.00	40.26
831269	博凡动力	3455	55.31	54.69	58.84	52.12
836027	金晟环保	3456	55.30	56.66	63.06	44.48
833047	天堰科技	3457	55.30	49.72	55.60	62.82
831835	苏柯汉	3458	55.30	58.19	59.79	46.05
835967	太阳科技	3459	55.29	52.65	69.14	43.14
430081	五八汽车	3460	55.29	48.60	64.39	54.29
836113	春泉园林	3461	55.29	65.37	64.33	30.70
836725	三联交通	3462	55.29	50.67	46.46	71.94
833340	奥美森	3463	55.29	50.99	56.57	59.87
430068	纬纶环保	3464	55.28	50.13	55.52	62.30
833852	清软创新	3465	55.28	51.61	42.85	74.72
832681	宇邦新材	3466	55.28	60.61	50.33	53.44
833771	顺泰租赁	3467	55.28	55.22	68.98	39.63
832956	光阳游乐	3468	55.28	58.61	67.46	36.60
836350	华兴股份	3469	55.27	66.53	52.86	42.16
835414	龙威新材	3470	55.27	41.55	71.33	56.20
831007	汉咏股份	3471	55.26	49.79	47.75	71.61

挂牌代码	公司简称	排名	总体指数	透明度与治理指数	成长能力指数	创新能力指数
430344	鼎晖科技	3472	55.26	50.48	69.62	45.54
835121	光舵微纳	3473	55.26	52.66	41.60	74.62
430509	银利智能	3474	55.26	57.74	43.16	65.65
831301	上海零动	3475	55.25	49.36	44.24	76.22
831830	和创化学	3476	55.25	51.46	57.49	58.02
833721	嘉兰图	3477	55.25	53.96	61.04	50.43
833319	比酷股份	3478	55.25	58.36	64.39	40.37
835189	颐信泰通	3479	55.25	42.33	75.91	49.76
836300	实为信息	3480	55.25	49.66	60.38	57.25
832520	环申包装	3481	55.25	44.08	65.96	58.71
833095	福建邮通	3482	55.24	47.12	59.20	62.17
834567	华多科技	3483	55.24	57.84	60.38	45.67
831641	格利尔	3484	55.24	56.61	62.56	44.90
835311	华瑞信息	3485	55.24	50.88	56.32	60.15
836030	金居股份	3486	55.24	52.28	62.83	50.69
833213	翼迈科技	3487	55.22	43.00	71.00	54.35
832947	意畅科技	3488	55.22	61.80	44.50	58.21
834612	百意中医	3489	55.22	61.41	65.57	34.59
430600	徽电科技	3490	55.22	56.69	53.30	55.34
831202	摩德娜	3491	55.21	59.36	56.84	47.50
833020	宁冠鸿	3492	55.21	61.84	52.21	49.30
835873	通业科技	3493	55.21	51.39	56.29	59.36
430432	方林科技	3494	55.20	59.70	54.98	49.11
835790	地星测绘	3495	55.20	47.95	64.74	54.48
832480	商会网络	3496	55.20	48.56	73.75	43.27
834391	龙软科技	3497	55.19	59.76	38.92	67.42
833187	九川竹木	3498	55.19	59.85	59.48	43.70
831295	川东环能	3499	55.19	52.33	64.43	48.62

续表

挂牌代码	公司简称	排名	总体指数	透明度与治理指数	成长能力指数	创新能力指数
430206	尚远环保	3500	55.19	50.47	52.97	64.39
835474	蓝色未来	3501	55.19	51.93	72.46	39.95
836218	森霖木	3502	55.19	45.87	67.05	54.71
835181	中阳股份	3503	55.18	48.26	66.80	51.60
430363	上海上电	3504	55.18	65.16	49.19	47.97
835825	德固特	3505	55.18	51.28	56.55	59.11
831855	浙江大农	3506	55.17	60.88	59.04	42.69
832922	浙皖中药	3507	55.17	54.52	69.17	40.02
831867	延利饰件	3508	55.17	53.98	63.35	47.47
833000	海皇科技	3509	55.17	51.37	53.50	62.45
831237	飞宇科技	3510	55.17	56.27	68.30	38.55
835726	信立传媒	3511	55.17	56.00	70.19	36.75
430091	东方生态	3512	55.16	50.08	60.73	55.94
833775	文旅科技	3513	55.16	39.30	57.04	75.38
834982	远东国兰	3514	55.16	57.80	63.96	41.33
430096	航天宏达	3515	55.16	47.64	60.51	59.63
832097	浩辰软件	3516	55.16	47.59	48.90	73.01
834856	国游网络	3517	55.16	36.30	59.57	76.69
831989	晋桦豹	3518	55.15	59.24	46.82	58.95
832299	石大科技	3519	55.15	68.98	34.71	59.10
831793	利洋水产	3520	55.15	58.01	60.91	44.51
831757	振华股份	3521	55.15	60.35	54.29	48.80
835344	拓利科技	3522	55.15	58.67	54.30	51.14
834818	蓝海之略	3523	55.14	48.67	57.75	61.28
833947	同为电气	3524	55.14	61.56	37.92	65.84
832904	高登威	3525	55.14	45.22	56.86	67.15
833986	天源热能	3526	55.13	47.84	61.54	58.05
832522	纳科诺尔	3527	55.13	51.02	62.29	52.70

挂牌代码	公司简称	排名	总体指数	透明度与治理指数	成长能力指数	创新能力指数
833462	华瑞农业	3528	55.13	49.87	61.79	54.90
835217	汉唐环保	3529	55.12	46.51	66.19	54.55
831906	舜宇模具	3530	55.12	55.10	59.59	50.01
834652	洛奇检验	3531	55.12	56.15	48.06	61.76
430579	龙源科技	3532	55.12	67.51	50.78	42.61
832449	恒宝通	3533	55.11	62.17	59.27	40.38
836501	名通科技	3534	55.11	47.15	55.91	65.43
832699	南华工业	3535	55.11	57.32	43.39	65.44
832943	徽远成	3536	55.11	53.32	48.85	64.82
832012	博玺电气	3537	55.10	53.45	67.73	42.95
834508	上海东自	3538	55.10	48.53	65.38	52.58
833282	康达新能	3539	55.10	63.96	53.41	44.53
835430	贝贝依依	3540	55.10	61.46	59.95	40.55
832790	世能科泰	3541	55.10	53.84	42.15	71.73
831559	天高股份	3542	55.09	57.13	51.94	55.84
834224	上海泰昌	3543	55.09	56.11	57.41	51.00
833591	开创环保	3544	55.09	56.68	42.77	67.00
832160	红鹰能源	3545	55.09	65.43	42.45	55.01
836195	吉星智能	3546	55.09	49.34	46.20	73.41
833827	浩腾科技	3547	55.09	43.54	70.19	54.05
430324	上海致远	3548	55.09	54.52	54.15	56.97
835570	华晋传媒	3549	55.09	41.45	76.22	50.08
836224	能之原	3550	55.09	49.22	57.33	60.78
831599	龙虎网	3551	55.09	57.74	46.85	60.79
834955	永威安防	3552	55.08	71.86	49.19	38.17
831377	有友食品	3553	55.08	71.53	49.44	38.35
836013	英孚泰克	3554	55.08	53.33	56.22	56.25
834518	晨日科技	3555	55.08	56.13	56.12	52.40

续表

挂牌代码	公司简称	排名	总体指数	透明度与治理指数	成长能力指数	创新能力指数
831854	曼克斯	3556	55.07	68.74	53.72	37.34
833073	威盛电子	3557	55.07	53.68	52.38	60.13
430361	财猫网络	3558	55.07	48.48	45.55	75.30
835222	华鼎团膳	3559	55.07	63.97	64.90	31.23
832412	同益物流	3560	55.07	53.56	67.15	43.34
833748	奥图股份	3561	55.07	50.83	62.63	52.38
831353	力源环保	3562	55.07	48.90	62.97	54.70
832404	兴邦光电	3563	55.06	58.52	60.87	43.52
430666	绿伞化学	3564	55.06	56.83	61.62	45.02
832786	骑士乳业	3565	55.06	51.20	64.93	49.16
430220	迈达科技	3566	55.05	54.56	54.17	56.78
430014	恒业世纪	3567	55.05	50.50	68.12	46.49
831581	八佳电气	3568	55.05	61.23	39.09	64.66
831705	永通股份	3569	55.05	61.41	51.77	49.84
833103	兆舜科技	3570	55.04	52.47	52.55	61.52
831647	联瑞新材	3571	55.03	54.39	52.77	58.54
832896	道有道	3572	55.03	43.27	62.15	63.47
835945	高德体育	3573	55.03	52.68	60.17	52.47
832925	城投鹏基	3574	55.03	61.18	48.64	53.69
836712	宁腾物流	3575	55.03	61.22	58.77	41.99
830909	同成股份	3576	55.03	62.46	51.73	48.33
831704	九如环境	3577	55.02	51.28	60.68	53.80
430743	尚思传媒	3578	55.02	54.90	63.41	45.55
832796	逸舒制药	3579	55.02	51.28	64.95	48.89
430468	锦棉种业	3580	55.02	60.25	57.36	44.93
430202	星河科技	3581	55.01	51.76	46.15	69.77
831569	华牧天元	3582	55.01	57.46	64.87	40.23
835972	微研精密	3583	55.01	56.41	52.36	56.08

挂牌代码	公司简称	排名	总体指数	透明度与治理指数	成长能力指数	创新能力指数
831268	惠丰润滑	3584	55.01	57.67	53.98	52.43
836767	天杰实业	3585	55.01	62.64	52.12	47.56
833140	中博农	3586	55.01	62.70	44.63	56.06
835848	友亿成	3587	55.01	57.02	51.19	56.54
835808	星成电子	3588	55.00	56.70	54.58	53.09
834936	康莱米	3589	55.00	57.23	65.42	39.89
832288	三人行	3590	55.00	51.64	62.28	51.38
430354	华敏测控	3591	55.00	33.24	58.84	81.29
832835	三禾科技	3592	55.00	46.27	62.26	58.97
832962	悦居智能	3593	55.00	51.99	37.96	78.79
835367	榕兴医疗	3594	54.99	47.98	59.12	60.15
831578	路嘉路桥	3595	54.99	52.98	57.51	54.94
833678	南方阀门	3596	54.99	57.61	52.74	53.88
834636	莘泽股份	3597	54.99	50.47	73.51	40.10
832750	合璟环保	3598	54.99	59.82	46.97	57.38
834367	美康基因	3599	54.99	43.01	53.94	73.08
832258	太阳传媒	3600	54.97	46.60	69.93	49.63
836187	易信成	3601	54.97	59.03	49.47	55.57
831116	腾远股份	3602	54.97	63.13	64.39	32.66
835605	正业生物	3603	54.97	60.02	48.98	54.72
832439	马可正嘉	3604	54.97	52.18	62.51	50.25
836017	飞达音响	3605	54.97	49.55	59.45	57.45
836623	同志科技	3606	54.96	44.12	59.60	64.95
833562	金粮股份	3607	54.96	58.85	63.77	39.36
834718	绿创声学	3608	54.96	59.35	49.74	54.75
835590	贝斯兰德	3609	54.95	53.26	70.80	39.16
834722	赛科科技	3610	54.95	51.68	42.99	73.30
835580	诚烨股份	3611	54.95	62.76	52.73	46.46

挂牌代码	公司简称	排名	总体指数	透明度与治理指数	成长能力指数	创新能力指数
835486	国安达	3612	54.95	57.24	56.10	50.39
834003	挖金客	3613	54.94	42.96	68.06	56.80
834352	贵太太	3614	54.94	57.92	63.17	41.29
832549	苏船动力	3615	54.94	58.99	57.99	45.73
835304	麦克传感	3616	54.94	64.33	54.61	42.08
836050	深蓝股份	3617	54.94	47.55	52.64	68.00
834685	先锋机械	3618	54.94	56.04	57.90	49.97
831437	天劲股份	3619	54.94	58.32	63.42	40.43
430653	同望科技	3620	54.93	41.84	53.23	75.37
430212	六合伟业	3621	54.93	52.30	46.99	67.77
430735	智达康	3622	54.93	49.06	45.68	73.82
832927	顶峰影业	3623	54.92	51.48	71.23	41.08
834109	德御坊	3624	54.92	57.22	59.17	46.81
836086	桑锐电子	3625	54.92	53.21	57.95	53.85
831310	航嘉电子	3626	54.92	60.41	51.24	51.40
836401	齐思信息	3627	54.92	47.80	38.85	83.40
835558	毅宏游艇	3628	54.92	53.91	66.03	43.57
832028	汇元科技	3629	54.92	45.12	61.33	61.37
831052	金开利	3630	54.91	55.46	62.99	44.87
832644	固泰新材	3631	54.91	55.27	46.32	64.26
834770	艾能聚	3632	54.91	56.87	66.94	38.34
831992	嘉得力	3633	54.91	58.71	55.42	48.95
430540	五龙制动	3634	54.91	53.20	60.39	51.02
430723	金源科技	3635	54.91	54.22	66.85	42.15
836160	亿博橡胶	3636	54.90	55.36	62.94	45.04
833718	宏运达	3637	54.90	66.41	55.75	37.69
835740	康帅股份	3638	54.90	43.87	64.10	59.90
832504	科威股份	3639	54.90	45.66	52.88	70.25

续表

挂牌代码	公司简称	排名	总体指数	透明度与治理指数	成长能力指数	创新能力指数
836081	西谷数字	3640	54.89	56.18	53.54	54.64
836532	华奕生态	3641	54.89	56.57	62.22	44.12
834588	星光电影	3642	54.89	53.27	78.10	30.55
831575	光辉互动	3643	54.89	52.83	49.63	63.85
835450	隆源环境	3644	54.89	55.31	50.83	58.95
836353	蓝宇传媒	3645	54.89	60.29	50.44	52.37
834365	杭州掌盟	3646	54.88	51.06	51.68	63.94
835930	杉杉能源	3647	54.88	49.87	66.95	48.10
834056	伟恒生物	3648	54.88	58.04	66.40	37.19
832236	丰源股份	3649	54.87	57.00	59.42	46.66
831917	中电红石	3650	54.87	49.71	55.75	61.15
835002	维冠视界	3651	54.87	55.50	65.54	41.74
835199	中传股份	3652	54.87	57.09	52.35	54.64
836212	嘉宇特装	3653	54.87	66.12	46.60	48.49
830783	广源精密	3654	54.87	50.17	69.27	44.98
837085	安师傅	3655	54.87	48.33	64.75	52.76
834568	国鸿科技	3656	54.86	48.74	59.86	57.78
834345	房谱网	3657	54.86	60.50	46.09	56.98
835498	因尚网络	3658	54.86	49.80	43.60	74.93
834966	金晶生物	3659	54.86	44.47	74.42	47.09
832039	科雷特	3660	54.86	47.48	59.67	59.75
832241	亚泰科技	3661	54.86	59.96	57.97	44.09
835116	众恒世讯	3662	54.85	54.69	59.94	49.26
835187	中汇股份	3663	54.85	51.38	58.05	56.08
832181	永成双海	3664	54.85	51.77	60.09	53.19
833675	环宇科技	3665	54.84	54.16	63.52	45.86
836656	奇隆生物	3666	54.84	54.98	57.44	51.65
831217	书网教育	3667	54.84	64.78	48.49	48.10

续表

挂牌代码	公司简称	排名	总体指数	透明度与治理指数	成长能力指数	创新能力指数
834593	开维教育	3668	54.84	38.59	85.37	42.71
836375	怡文环境	3669	54.84	56.74	58.86	47.53
835881	德菱科技	3670	54.84	51.46	70.07	42.12
430524	量天科技	3671	54.83	52.25	37.79	78.04
833455	汇隆活塞	3672	54.83	60.36	52.33	49.90
835136	报春电商	3673	54.83	46.80	66.87	52.34
831760	玉如意	3674	54.83	67.87	53.72	37.69
830976	电通微电	3675	54.83	58.22	59.04	45.21
830842	长天思源	3676	54.83	41.84	60.69	66.42
430530	云铜科技	3677	54.83	64.49	42.27	55.60
833275	神拓机电	3678	54.83	46.07	64.54	56.03
835712	顺宝农业	3679	54.82	61.65	59.70	39.60
836818	贝恩施	3680	54.82	56.76	73.33	30.84
430612	雅威特	3681	54.82	56.96	48.02	59.60
831958	健博通	3682	54.82	63.30	53.39	44.48
835636	骏马科技	3683	54.81	56.63	65.62	39.85
835093	旷博生物	3684	54.81	48.36	57.80	60.46
836957	汉维科技	3685	54.81	61.68	52.55	47.71
833751	惠同新材	3686	54.81	69.00	47.11	43.61
835820	晨晓科技	3687	54.81	41.95	51.50	76.75
831183	可视化	3688	54.81	37.93	64.61	67.36
832199	九方天和	3689	54.80	48.41	68.82	47.73
835013	英诺威尔	3690	54.80	65.64	59.91	33.63
833892	艺能传媒	3691	54.80	48.06	77.94	37.74
831399	参仙源	3692	54.80	52.80	71.95	37.93
836364	太格股份	3693	54.80	53.60	58.30	52.45
832446	三瑞高材	3694	54.80	49.79	61.43	54.25
836548	玉洋股份	3695	54.80	45.42	68.50	52.29

续表

挂牌代码	公司简称	排名	总体指数	透明度与治理指数	成长能力指数	创新能力指数
833843	正新农贷	3696	54.79	64.17	55.77	40.43
430684	厚扬控股	3697	54.79	51.79	57.04	56.46
836603	统一智能	3698	54.79	57.01	60.66	44.92
832191	欣绿茶花	3699	54.79	44.16	71.38	50.74
834947	耐普矿机	3700	54.79	63.83	48.86	48.83
430028	京鹏科技	3701	54.79	55.84	52.92	55.45
834546	鸿冠信息	3702	54.78	44.91	59.25	63.58
832934	普天数码	3703	54.78	56.78	54.53	52.25
833764	斯达电气	3704	54.78	56.19	58.73	48.25
832239	恒鑫智能	3705	54.77	43.56	73.32	49.30
836336	海之光	3706	54.77	52.59	70.61	39.65
430325	精英智通	3707	54.77	48.38	54.73	63.82
833643	必得科技	3708	54.76	52.15	60.12	52.30
831096	物润船联	3709	54.76	63.10	60.89	35.94
430630	合胜科技	3710	54.75	56.23	52.89	54.82
835425	中科水生	3711	54.75	50.19	55.62	60.19
836959	阳生生物	3712	54.75	60.04	58.80	42.65
835458	元丰小贷	3713	54.75	67.81	56.34	34.50
836140	天晟药业	3714	54.75	56.63	59.00	47.23
832763	中天科盛	3715	54.75	56.58	60.11	46.01
430617	欧迅体育	3716	54.75	57.70	63.40	40.65
835623	中航时尚	3717	54.74	61.25	51.52	49.27
831925	政通股份	3718	54.74	65.55	50.99	43.80
835619	中研非晶	3719	54.74	47.36	65.74	52.52
835365	国友股份	3720	54.74	64.09	41.80	56.39
833746	宏中药业	3721	54.74	47.69	56.36	62.81
430444	昆拓热控	3722	54.73	53.31	60.05	50.64
834220	三一智能	3723	54.73	60.96	48.94	52.60

续表

挂牌代码	公司简称	排名	总体指数	透明度与治理指数	成长能力指数	创新能力指数
833580	科创新材	3724	54.73	55.40	54.18	54.43
836036	昆仑股份	3725	54.73	54.25	59.36	50.09
834862	炫伍科技	3726	54.72	37.30	69.86	61.92
835392	铂澜商业	3727	54.72	46.67	75.31	42.43
833997	巴鲁特	3728	54.72	43.05	76.51	46.16
836075	三禾生物	3729	54.71	62.90	50.09	48.45
832843	惠通创意	3730	54.71	52.73	48.27	64.89
832010	亘古电缆	3731	54.71	52.72	60.53	50.84
430281	能为科技	3732	54.71	52.06	52.82	60.62
833693	华邦科技	3733	54.70	58.49	55.27	48.70
835562	投中信息	3734	54.70	54.58	58.47	50.53
831099	维泰股份	3735	54.70	56.39	54.67	52.34
831248	瑞德设计	3736	54.69	50.25	57.05	58.26
836819	鸿源机电	3737	54.69	55.57	50.16	58.64
833698	中喜传媒	3738	54.69	60.07	60.41	40.51
834415	恒拓开源	3739	54.68	50.89	47.61	68.15
830879	基康仪器	3740	54.67	57.52	52.16	53.54
835445	钢泓科技	3741	54.67	51.05	72.27	39.58
832991	亚融科技	3742	54.67	57.92	69.97	32.51
834353	大汉股份	3743	54.67	78.25	34.33	44.73
835911	中农华威	3744	54.67	60.81	59.82	40.09
832967	利达发展	3745	54.66	57.71	59.62	44.69
830795	骏汇股份	3746	54.66	56.15	55.42	51.70
832109	新港模板	3747	54.66	55.85	64.56	41.62
836956	金广恒	3748	54.66	55.58	61.72	45.27
836980	津荣天宇	3749	54.66	59.58	50.79	52.15
830885	波斯科技	3750	54.65	50.92	52.76	62.10
836583	海润影业	3751	54.65	61.84	66.56	30.86

续表

挂牌代码	公司简称	排名	总体指数	透明度与治理指数	成长能力指数	创新能力指数
835722	乐麦网络	3752	54.65	46.18	79.60	37.96
835068	星源农牧	3753	54.64	67.11	55.88	35.61
832483	普罗米新	3754	54.63	53.39	38.60	74.79
833379	源和药业	3755	54.63	53.06	62.40	47.94
834789	久江科技	3756	54.63	57.69	64.08	39.48
832766	沃格光电	3757	54.63	62.03	53.11	45.95
833002	星汉股份	3758	54.63	47.87	57.16	61.26
836745	海润股份	3759	54.63	53.81	54.35	56.10
832440	九天高科	3760	54.63	40.48	63.81	64.04
831654	嘉智信诺	3761	54.62	45.43	57.71	64.05
836155	小小科技	3762	54.62	51.04	59.60	53.97
834076	海森环保	3763	54.62	65.06	40.67	55.88
430387	旌旗电子	3764	54.62	60.61	45.15	57.01
831055	三优光电	3765	54.62	58.48	63.31	39.18
835360	柏美迪康	3766	54.61	49.97	44.50	72.77
833134	正赫新材	3767	54.61	45.36	67.77	52.57
832665	德安环保	3768	54.61	51.83	67.71	43.50
832202	沪鸽口腔	3769	54.61	51.56	64.33	47.75
836612	瑞博龙	3770	54.60	54.97	47.45	62.30
835904	星诺奇	3771	54.60	47.40	62.34	55.90
831628	西部超导	3772	54.60	47.93	59.92	57.90
832919	世纪龙文	3773	54.60	71.36	51.41	34.61
833279	三求光固	3774	54.60	59.59	54.76	47.35
835251	嘉华美瑞	3775	54.59	60.97	63.87	34.94
836798	捷帝股份	3776	54.59	54.50	68.92	38.25
832370	博柯莱	3777	54.58	53.93	56.59	53.20
832607	安华生物	3778	54.58	55.10	63.06	44.11
835787	海力股份	3779	54.58	57.29	63.81	40.16

续表

挂牌代码	公司简称	排名	总体指数	透明度与治理指数	成长能力指数	创新能力指数
833437	亿邦制药	3780	54.58	56.77	54.73	51.31
430551	林产科技	3781	54.57	65.65	46.55	48.15
834958	华夏商检	3782	54.57	54.83	56.26	52.27
833831	鲁华泓锦	3783	54.57	62.90	54.97	42.35
832862	惠柏新材	3784	54.56	50.60	63.86	49.48
831340	金童股份	3785	54.56	44.34	75.87	44.52
832465	众益科技	3786	54.56	47.92	74.31	41.27
834846	众协港服	3787	54.56	49.06	83.24	29.40
831538	筑园景观	3788	54.56	54.20	49.40	60.98
833054	未来电器	3789	54.56	58.08	53.52	50.78
831119	蓝钻生物	3790	54.56	54.80	60.94	46.89
833152	新风光	3791	54.55	52.61	56.34	55.24
832752	环峰能源	3792	54.55	58.75	55.03	48.09
836768	中迅德	3793	54.55	54.70	63.29	44.32
430110	ST百拓	3794	54.55	53.87	61.43	47.62
430521	康捷医疗	3795	54.55	52.00	68.40	42.25
836073	时代正邦	3796	54.55	50.25	61.19	53.00
830965	大力电工	3797	54.55	66.62	44.56	48.98
833980	博伊特	3798	54.54	49.41	52.13	64.55
430431	枫盛阳	3799	54.54	61.42	59.61	38.99
430690	酷买网	3800	54.54	58.21	62.64	40.05
831783	丽洋新材	3801	54.53	55.26	59.37	47.96
837116	中水三立	3802	54.53	51.41	61.99	50.39
835143	中顾法商	3803	54.53	54.33	55.68	53.49
832501	中星科技	3804	54.53	50.64	62.94	50.38
836216	恩普特	3805	54.53	41.48	57.37	69.68
836238	蓝华科技	3806	54.52	52.66	57.99	53.18
836294	网盛数新	3807	54.52	51.92	50.94	62.31

续表

挂牌代码	公司简称	排名	总体指数	透明度与治理指数	成长能力指数	创新能力指数
832673	中香农科	3808	54.52	52.79	52.66	59.09
831094	光大灵曦	3809	54.51	44.58	52.40	70.95
835127	圣大医疗	3810	54.50	53.95	48.81	61.82
831620	宝信平台	3811	54.50	55.01	58.24	49.49
835098	科阳新材	3812	54.50	44.96	69.98	50.21
833510	三宝云母	3813	54.50	50.16	61.74	52.32
831440	沃顿股份	3814	54.49	48.87	65.27	50.06
833386	安智物流	3815	54.49	61.90	50.76	48.32
831786	威思顿	3816	54.49	39.04	56.67	73.80
832055	军工智能	3817	54.49	53.85	61.55	47.30
832320	大富装饰	3818	54.49	48.81	72.58	41.74
833172	明珠股份	3819	54.49	46.08	62.79	56.83
835065	竹远科创	3820	54.49	52.10	62.95	48.13
834179	赛科星	3821	54.48	44.08	70.98	50.23
831154	益方田园	3822	54.48	50.93	61.34	51.63
834553	龙腾科技	3823	54.48	62.58	46.83	51.84
430002	中科软	3824	54.45	50.98	56.81	56.65
833249	浙江国祥	3825	54.45	57.65	58.70	45.07
835275	奇良海德	3826	54.45	55.60	51.30	56.43
831977	通宇电子	3827	54.44	55.66	44.40	64.26
835806	达智咨询	3828	54.44	57.19	54.20	50.85
835709	英吉尔	3829	54.44	53.07	48.20	63.55
833381	宏安翔	3830	54.44	58.63	44.48	59.97
430078	君德同创	3831	54.44	53.92	61.85	46.66
835358	橡一科技	3832	54.43	68.50	46.03	44.23
834602	宜家清洁	3833	54.43	62.77	64.29	31.34
836604	大象空间	3834	54.43	57.44	49.79	55.50
833429	康比特	3835	54.43	49.91	62.83	51.15

续表

挂牌代码	公司简称	排名	总体指数	透明度与治理指数	成长能力指数	创新能力指数
835668	权天股份	3836	54.43	56.35	54.44	51.69
832420	优生活	3837	54.43	53.04	74.77	33.02
835046	圣世博泰	3838	54.42	50.59	63.91	48.95
831836	澳坤生物	3839	54.42	54.62	59.84	47.92
430226	奥凯立	3840	54.42	53.21	53.42	57.27
831205	圣博华康	3841	54.42	54.61	62.47	44.92
831695	创想科技	3842	54.42	58.68	60.49	41.43
830932	博扬超声	3843	54.41	45.49	59.09	61.63
836251	世贸装饰	3844	54.41	54.71	62.67	44.51
836259	高正信息	3845	54.41	49.97	59.74	54.56
832102	宏田股份	3846	54.41	62.32	63.08	33.30
835257	晶锐材料	3847	54.41	55.20	49.49	58.93
834965	伊珠股份	3848	54.41	54.54	55.87	52.54
831177	深冷能源	3849	54.41	56.39	59.58	45.67
836692	苏氧股份	3850	54.40	62.67	46.20	52.15
835697	航天常兴	3851	54.40	49.00	63.38	51.71
830791	佳晓股份	3852	54.40	51.93	58.06	53.68
833912	宜诺股份	3853	54.40	50.22	72.48	39.54
834950	迅安科技	3854	54.39	59.22	55.81	45.96
430448	和航科技	3855	54.39	56.20	42.46	65.54
430390	中科网络	3856	54.39	55.53	49.19	58.75
834989	爱丽莎	3857	54.38	64.27	59.08	35.06
831337	雷力生物	3858	54.38	57.25	48.38	57.22
836961	西磁磁业	3859	54.38	62.51	54.90	42.31
836282	百胜智能	3860	54.38	52.93	57.60	52.74
836451	金鼎技术	3861	54.38	49.23	57.08	58.54
832499	天海流体	3862	54.37	53.63	68.96	38.68
833846	中正股份	3863	54.37	51.58	65.54	45.50

挂牌代码	公司简称	排名	总体指数	透明度与治理指数	成长能力指数	创新能力指数
836856	华煜盛园	3864	54.37	62.30	55.69	41.68
831714	福航环保	3865	54.36	65.35	45.45	49.09
833738	大象股份	3866	54.36	58.35	63.34	38.42
835291	力尊信通	3867	54.36	57.20	58.45	45.65
834500	猫诚电商	3868	54.36	47.12	69.01	47.75
834228	田缘网络	3869	54.35	56.96	72.73	29.56
833872	卓信数据	3870	54.35	50.14	55.48	58.99
832594	联海通信	3871	54.35	60.67	54.46	45.29
430458	陆海科技	3872	54.35	43.88	60.65	61.88
833341	贵交科	3873	54.34	45.84	59.75	60.12
430583	国贸酰领	3874	54.34	47.08	53.15	65.95
831658	华升泵阀	3875	54.33	61.17	48.06	51.89
430471	豪威尔	3876	54.33	56.05	53.48	52.86
832374	丽岛新材	3877	54.33	67.95	50.61	39.37
831521	汉龙科技	3878	54.33	60.56	59.04	40.12
831943	西格码	3879	54.32	55.24	64.21	41.67
832871	地球村	3880	54.32	67.40	44.76	46.84
833566	和顺科技	3881	54.31	45.19	61.80	58.60
833824	九久科技	3882	54.31	61.24	49.94	49.57
832987	牡丹联友	3883	54.31	54.53	47.70	61.60
835532	思尔特	3884	54.31	58.32	44.05	60.43
834647	若羽臣	3885	54.31	41.60	79.20	43.68
832154	文灿股份	3886	54.31	46.99	64.25	53.24
834799	光谷医院	3887	54.31	54.02	54.16	54.88
832601	天鸿新材	3888	54.31	50.20	59.32	54.36
834012	浦敏科技	3889	54.31	55.00	54.61	52.98
834436	天祥新材	3890	54.30	56.97	54.77	50.00
831842	名冠股份	3891	54.30	55.44	61.34	44.61

挂牌代码	公司简称	排名	总体指数	透明度与治理指数	成长能力指数	创新能力指数
430730	先大药业	3892	54.29	56.36	73.51	29.33
835106	天图物流	3893	54.29	46.61	68.08	49.30
833971	四新科技	3894	54.29	52.40	57.03	53.79
836640	华邦封条	3895	54.29	50.60	64.38	47.90
834332	中慧股份	3896	54.28	50.75	51.15	62.85
834816	京泰防护	3897	54.28	50.10	66.43	46.22
833263	大承医疗	3898	54.28	57.02	68.46	34.12
833229	龙利得	3899	54.27	61.40	56.01	42.22
831631	北邮国安	3900	54.27	46.59	58.72	60.00
430379	昂盛智能	3901	54.27	53.47	66.75	41.08
836078	天睿空间	3902	54.27	45.99	42.54	79.40
833123	瑞丰股份	3903	54.27	58.85	67.16	32.99
832174	益立胶囊	3904	54.26	54.50	54.17	54.04
835984	明天动力	3905	54.26	51.28	57.46	54.79
831391	三达奥克	3906	54.26	55.35	52.60	54.62
835395	国泰人防	3907	54.26	44.81	80.85	37.07
833110	中教产业	3908	54.26	55.54	61.60	44.02
833350	海印环保	3909	54.26	48.58	69.51	44.76
832497	安技智能	3910	54.25	56.07	59.00	46.25
836121	思纳设计	3911	54.25	49.51	59.16	55.31
831146	建科节能	3912	54.25	54.00	50.62	58.77
832488	奔腾股份	3913	54.25	60.66	50.90	49.04
831251	库马克	3914	54.25	51.13	52.81	60.28
832833	易霸科技	3915	54.24	52.52	54.29	56.62
834677	古纤道	3916	54.24	63.05	60.23	34.94
833178	中美福源	3917	54.24	59.70	30.10	74.24
430349	安威士	3918	54.24	49.82	45.84	70.12
835952	希尔电子	3919	54.24	68.33	46.32	43.45

续表

挂牌代码	公司简称	排名	总体指数	透明度与治理指数	成长能力指数	创新能力指数
833792	博能科技	3920	54.24	60.47	59.46	39.44
835893	营创汽车	3921	54.23	45.13	67.86	51.44
834116	高信达	3922	54.23	54.75	53.86	53.93
836463	云中鹤	3923	54.22	48.13	74.74	39.29
832325	捷尚股份	3924	54.22	45.21	54.83	66.25
832806	易兰设计	3925	54.22	55.96	45.49	61.77
831983	春盛中药	3926	54.21	52.94	67.57	40.69
834038	诚信小贷	3927	54.21	50.65	53.79	59.72
833295	国佳新材	3928	54.21	55.55	53.34	53.31
834538	聚智未来	3929	54.21	40.44	55.09	72.62
833354	易物恒通	3930	54.21	41.61	58.87	66.64
833679	涧光股份	3931	54.20	60.16	46.71	54.38
831333	世航国际	3932	54.20	63.52	60.86	33.41
836864	乐松文化	3933	54.20	53.05	73.22	33.99
833536	香堤湾	3934	54.20	55.77	63.88	40.87
831130	环宇装备	3935	54.20	53.06	58.09	51.33
836950	人可股份	3936	54.19	60.65	67.39	29.94
831519	百正新材	3937	54.19	56.32	59.48	45.12
832821	金丹科技	3938	54.19	60.52	51.35	48.52
831843	汇能科技	3939	54.19	53.13	42.26	69.38
834080	中嘉实业	3940	54.19	56.76	60.71	43.07
832650	奔腾集团	3941	54.18	64.79	61.88	30.36
836210	苏马游艇	3942	54.18	54.27	66.98	39.34
833355	崇德动漫	3943	54.17	51.37	72.29	37.34
833939	御康医疗	3944	54.17	54.63	70.44	34.84
430621	固安信通	3945	54.16	49.85	49.04	66.12
836244	金昇能源	3946	54.16	59.79	52.10	48.58
831806	奥斯马特	3947	54.16	51.98	66.25	43.35

续表

挂牌代码	公司简称	排名	总体指数	透明度与治理指数	成长能力指数	创新能力指数
430673	天佑铁道	3948	54.15	61.00	52.19	46.75
832629	易信达	3949	54.15	62.51	42.83	55.36
836342	正科医药	3950	54.15	52.57	59.97	49.69
836578	亚非节能	3951	54.14	48.38	60.99	54.41
831754	康能生物	3952	54.14	50.01	59.52	53.79
830975	东和股份	3953	54.13	58.66	48.31	54.44
834642	乐程科技	3954	54.12	52.54	35.29	77.97
833292	泰然科技	3955	54.11	44.07	76.37	42.74
833633	联众智慧	3956	54.11	41.28	60.71	64.65
430420	易城股份	3957	54.11	46.27	58.48	60.16
830921	海阳股份	3958	54.11	63.43	63.10	30.63
834993	海泰方圆	3959	54.11	53.63	49.15	60.48
836662	印派森	3960	54.11	53.03	50.05	60.28
834319	三椒口腔	3961	54.11	56.93	61.28	41.89
834926	安杰信	3962	54.10	46.83	62.91	54.26
832165	九州传动	3963	54.10	63.29	59.00	35.51
834029	中筑天佑	3964	54.10	45.24	65.67	53.31
832021	安谱实验	3965	54.09	55.64	59.75	45.41
833722	巨科新材	3966	54.09	59.61	58.76	40.95
834994	金象赛瑞	3967	54.09	72.31	53.30	29.29
831327	飞翼股份	3968	54.09	58.69	42.72	60.63
831285	常欣科技	3969	54.08	68.73	43.66	45.40
832612	女娲珠宝	3970	54.08	49.22	61.06	52.93
833776	华方药业	3971	54.08	55.53	54.52	51.53
831474	科特新材	3972	54.07	61.09	42.45	57.51
835497	金侨教育	3973	54.07	59.15	60.08	40.01
831549	高新凯特	3974	54.07	61.34	47.70	51.12
830988	兴和股份	3975	54.07	46.87	52.45	66.10

续表

挂牌代码	公司简称	排名	总体指数	透明度与治理指数	成长能力指数	创新能力指数
832184	陆特能源	3976	54.07	46.46	61.35	56.46
834695	郑设股份	3977	54.07	52.41	54.50	55.90
835680	西部宝德	3978	54.06	56.13	56.61	48.22
832945	金长城	3979	54.06	57.58	60.72	41.45
833613	华夏显示	3980	54.06	58.03	60.52	41.05
833759	大众科技	3981	54.06	59.59	56.04	43.99
831222	金龙腾	3982	54.06	50.22	68.19	43.24
834920	人合机电	3983	54.06	52.33	54.68	55.78
835637	林华医疗	3984	54.05	53.61	59.06	48.93
831118	兰亭科技	3985	54.05	58.91	58.04	42.61
430709	武汉深蓝	3986	54.05	64.36	37.26	58.76
834973	江苏宏力	3987	54.05	62.35	48.68	48.48
834714	天余生态	3988	54.04	48.21	71.98	41.68
834802	宝贝格子	3989	54.04	64.45	55.11	38.13
836951	佛尔盛	3990	54.04	42.41	58.85	64.92
831998	合迪科技	3991	54.04	40.86	63.34	61.95
837026	青青藤	3992	54.04	48.19	71.68	42.03
831691	三高股份	3993	54.03	42.66	59.03	64.33
835056	栋方股份	3994	54.03	55.69	57.23	47.99
831862	致力科技	3995	54.02	48.88	65.22	48.44
832875	富仕德	3996	54.02	67.62	57.42	30.95
834262	康富科技	3997	54.02	50.75	55.94	56.45
835215	天达控制	3998	54.02	55.26	52.59	53.92
831214	中晶股份	3999	54.02	64.62	47.27	46.82
834164	双江股份	4000	54.02	70.02	44.01	42.95
837153	诺邦科技	4001	54.02	53.95	59.57	47.74
831703	青广无线	4002	54.01	48.35	52.35	63.91
831863	焦作泰利	4003	54.01	64.44	55.01	38.16

挂牌代码	公司简称	排名	总体指数	透明度与治理指数	成长能力指数	创新能力指数
834472	盛世园林	4004	54.01	43.10	68.53	52.73
833080	百事特	4005	54.01	50.16	54.43	58.95
831698	工大软件	4006	54.00	44.73	60.17	60.01
831360	超级玩家	4007	54.00	49.12	40.98	75.83
835833	天雄科技	4008	54.00	55.76	44.15	62.81
834922	依华股份	4009	54.00	57.23	63.89	38.08
835163	天邦菌业	4010	53.99	55.40	66.55	37.59
430318	四维传媒	4011	53.98	45.39	55.15	64.76
831234	天辰股份	4012	53.97	69.88	52.86	32.80
830880	火凤凰	4013	53.97	51.46	60.03	50.56
831259	津福斯特	4014	53.97	61.58	40.20	59.02
836995	泛亚人力	4015	53.97	70.63	50.22	34.75
834392	兆尹科技	4016	53.96	46.37	52.68	66.15
836167	东文传媒	4017	53.96	56.86	68.53	33.16
834645	心游科技	4018	53.95	46.22	37.34	83.92
836832	清泉股份	4019	53.95	59.11	55.40	45.00
832129	新兴药业	4020	53.95	54.72	55.82	50.71
831565	润成科技	4021	53.94	58.11	44.01	59.44
833586	雷诺尔	4022	53.94	53.94	54.50	53.29
831784	贝尔机械	4023	53.93	53.76	62.39	44.47
836771	三上新材	4024	53.93	49.94	66.18	45.51
832071	晶华光学	4025	53.93	56.08	55.43	49.18
837066	迷你仓	4026	53.93	43.26	73.35	46.70
837053	华烁科技	4027	53.93	49.95	56.07	57.08
430142	锐新昌	4028	53.92	62.39	50.97	45.37
430176	中教股份	4029	53.92	43.59	55.85	66.28
836275	晶杰通信	4030	53.92	56.81	71.28	29.90
834530	鑫鑫龙鑫	4031	53.92	58.23	52.24	49.75

续表

挂牌代码	公司简称	排名	总体指数	透明度与治理指数	成长能力指数	创新能力指数
430407	长合信息	4032	53.91	48.72	55.31	59.64
835828	尚鑫新材	4033	53.91	58.51	55.00	46.17
834533	联冠电极	4034	53.91	54.42	58.87	47.50
430122	中控智联	4035	53.90	63.05	51.98	43.20
836416	时空视点	4036	53.90	41.05	67.15	56.83
835550	新亚强	4037	53.90	63.37	46.29	49.28
834964	旷世智源	4038	53.90	65.90	53.44	37.48
831057	多普泰	4039	53.89	47.57	60.32	55.44
836264	阿泰克	4040	53.89	55.13	56.46	49.20
430053	国学时代	4041	53.89	41.41	58.66	66.02
831500	西部蓝天	4042	53.89	45.25	65.86	52.34
833219	软汇科技	4043	53.89	49.56	39.65	76.33
430314	新橡科技	4044	53.88	52.52	55.01	54.52
834756	凡星医疗	4045	53.88	47.12	56.45	60.48
835884	成信股份	4046	53.88	57.68	51.28	51.51
834614	百禾传媒	4047	53.88	51.27	67.36	42.08
833817	聚石化学	4048	53.88	50.81	54.60	57.38
836572	万佳科技	4049	53.87	45.30	50.39	69.97
831137	泰和股份	4050	53.87	51.04	62.74	47.70
430326	希文科技	4051	53.87	48.80	48.17	67.58
430417	良才股份	4052	53.87	64.46	47.70	46.01
833996	花集网	4053	53.87	55.66	60.81	43.38
430252	联宇技术	4054	53.87	40.56	65.08	59.77
833224	唐北电瓷	4055	53.87	43.60	74.80	44.32
831115	福克油品	4056	53.86	54.15	47.24	61.05
833199	灵岩医疗	4057	53.86	52.68	54.65	54.62
836114	泰瑞创	4058	53.86	59.95	49.73	49.99
831735	国瑞升	4059	53.85	52.58	51.63	58.20

续表

挂牌代码	公司简称	排名	总体指数	透明度与治理指数	成长能力指数	创新能力指数
835912	阿房宫	4060	53.85	53.32	55.72	52.44
833917	富燃科技	4061	53.85	46.56	56.44	61.15
832150	和佐股份	4062	53.84	55.30	60.84	43.75
834233	沙电电气	4063	53.84	53.71	57.70	49.59
834769	泛泰大西	4064	53.84	58.64	51.24	50.04
835001	亨龙智能	4065	53.83	56.98	50.34	53.40
836817	优普惠	4066	53.83	56.73	60.16	42.49
836182	洁诺股份	4067	53.83	54.99	69.71	33.97
835153	琥崧智能	4068	53.83	55.51	48.84	57.18
430369	威门药业	4069	53.83	53.25	58.05	49.80
834120	朵云清	4070	53.83	53.93	51.14	56.77
832009	普瑞奇	4071	53.82	60.84	45.29	53.72
430594	盈光科技	4072	53.82	62.20	38.54	59.54
430393	三景科技	4073	53.82	62.18	52.84	43.16
831288	安美勤	4074	53.82	52.69	55.84	53.10
831885	鱼鳞图	4075	53.82	49.65	55.18	58.14
831730	亚诺生物	4076	53.82	40.44	61.99	63.33
832311	兆科电子	4077	53.82	52.58	54.01	55.35
831614	合富科技	4078	53.82	47.69	66.95	47.40
832892	捷昕精密	4079	53.82	50.25	52.64	60.20
831043	锦旺农业	4080	53.81	66.99	58.21	30.18
836644	科诺伟业	4081	53.81	51.20	57.26	53.54
430164	大医股份	4082	53.81	61.19	42.04	56.91
835812	盛迪科技	4083	53.80	51.25	46.28	66.05
830792	创新科技	4084	53.80	44.33	60.73	59.20
835900	威瀚电气	4085	53.80	48.26	51.23	64.56
831790	凯德科技	4086	53.80	58.57	51.49	49.71
836539	紫山生物	4087	53.79	45.20	74.58	42.05

续表

挂牌代码	公司简称	排名	总体指数	透明度与治理指数	成长能力指数	创新能力指数
831040	优波科	4088	53.79	47.36	65.13	49.84
832621	三维钢构	4089	53.79	56.82	63.52	38.33
430320	江扬环境	4090	53.78	49.62	64.31	47.58
834826	常青树	4091	53.78	63.61	54.45	39.14
832759	古甜食品	4092	53.78	42.42	68.55	52.87
831739	艾斯克	4093	53.78	54.41	52.54	54.31
833210	兆丰小贷	4094	53.78	60.88	54.99	42.35
833447	凯力船艇	4095	53.78	67.21	52.73	36.02
833409	泉源堂	4096	53.77	56.15	68.40	33.63
833262	奥神新材	4097	53.77	47.97	60.10	54.69
830861	金诺科技	4098	53.76	52.37	50.86	59.04
831393	中碧环保	4099	53.76	48.76	48.88	66.41
831488	华宏医药	4100	53.76	59.43	52.92	46.71
834426	发现者	4101	53.76	56.43	45.48	59.47
832421	恐龙谷	4102	53.75	62.98	55.10	39.20
835683	隆盛智能	4103	53.75	44.65	59.51	60.00
836321	天合牧科	4104	53.75	58.93	66.85	31.41
834209	正合股份	4105	53.75	54.82	67.73	36.20
835824	广东振华	4106	53.75	53.06	60.57	46.90
835427	凯丰新材	4107	53.74	63.72	50.83	43.01
833984	民太安	4108	53.74	46.42	54.73	62.94
832976	富雷实业	4109	53.74	42.02	58.51	64.81
835784	兴为通	4110	53.74	48.07	71.19	41.71
836648	东帝士	4111	53.74	62.47	59.52	34.80
830766	博锐尚格	4112	53.74	46.54	46.71	71.96
835830	安旺门业	4113	53.74	47.75	71.76	41.50
832846	山东开泰	4114	53.73	62.49	53.93	41.15
834581	创智信科	4115	53.73	53.71	35.25	74.97

续表

挂牌代码	公司简称	排名	总体指数	透明度与治理指数	成长能力指数	创新能力指数
832116	天岳科技	4116	53.73	47.07	54.96	61.72
831270	宇虹颜料	4117	53.72	56.44	55.84	47.45
430355	沃特能源	4118	53.72	54.19	69.89	34.50
836942	恒立钻具	4119	53.72	61.58	54.37	41.88
833943	优机股份	4120	53.72	54.93	54.74	50.83
836778	朝阳股份	4121	53.72	59.85	41.35	59.26
834928	雷珏股份	4122	53.72	56.93	59.96	42.02
834384	秋实农业	4123	53.72	46.24	72.08	43.18
833674	佰焰科技	4124	53.71	51.01	48.54	63.47
831423	快易名商	4125	53.71	62.58	58.23	36.02
835843	皿鎏软件	4126	53.71	61.10	44.84	53.46
834464	纽哈斯	4127	53.71	58.40	52.66	48.29
835453	火焰山	4128	53.71	53.38	66.40	39.61
836372	中电罗莱	4129	53.71	48.40	49.79	65.69
430572	奥普节能	4130	53.70	56.67	57.00	45.72
835616	无锡优拓	4131	53.70	47.37	53.45	62.91
832213	双森股份	4132	53.69	58.99	66.61	31.39
834296	宝胜电气	4133	53.69	65.30	52.08	39.16
831081	西驰电气	4134	53.69	51.47	48.35	62.93
834575	星贝尔	4135	53.68	55.86	53.36	50.99
834069	金通科技	4136	53.68	54.98	56.29	48.85
833071	科恩锐通	4137	53.68	64.24	43.85	50.05
836097	国富纵横	4138	53.68	59.07	61.09	37.56
831441	瓷爵士	4139	53.67	29.30	90.11	46.25
835877	诺克特	4140	53.67	58.79	56.71	42.96
835473	彦林科技	4141	53.67	65.14	48.15	43.82
831462	友泰电气	4142	53.67	56.22	57.64	45.50
833141	耀华医疗	4143	53.67	43.43	68.17	51.46

挂牌代码	公司简称	排名	总体指数	透明度与治理指数	成长能力指数	创新能力指数
835523	奥克斯电	4144	53.66	50.20	58.37	53.15
835428	美邦环境	4145	53.66	64.50	45.32	47.94
830939	君山股份	4146	53.66	61.91	46.85	49.84
836457	源知环境	4147	53.66	62.98	49.31	45.50
832038	宁夏新龙	4148	53.65	57.80	60.93	39.44
835575	奥咨达	4149	53.64	52.53	43.45	66.91
835321	璞勒仕	4150	53.63	41.90	73.58	47.29
837135	仁立地途	4151	53.63	63.19	55.15	38.41
836940	海的动力	4152	53.63	51.37	64.48	44.37
835744	凯风技术	4153	53.63	53.52	37.83	71.91
836476	英联国际	4154	53.62	64.12	57.39	34.49
430546	乐彩科技	4155	53.62	57.82	55.63	45.40
836283	中谷股份	4156	53.62	52.52	65.87	41.12
835015	福德股份	4157	53.62	41.59	46.79	78.43
831677	有福科技	4158	53.62	49.79	57.41	54.66
836462	华绵制衣	4159	53.62	58.55	56.35	43.52
835853	星原文化	4160	53.61	46.96	78.45	34.49
831053	美佳新材	4161	53.61	59.27	58.54	39.96
833511	裕田霸力	4162	53.61	56.66	55.98	46.58
832464	科大科技	4163	53.61	51.51	46.16	65.12
836206	钱皇股份	4164	53.60	48.61	66.05	46.36
834784	中祥和	4165	53.60	61.93	61.46	32.83
835685	麦科三维	4166	53.60	57.58	42.05	61.24
430513	中科三耐	4167	53.60	54.65	52.85	52.96
833471	江苏天龙	4168	53.60	55.56	56.41	47.61
835372	三扬轴业	4169	53.59	49.83	60.43	51.06
833135	中源智人	4170	53.59	58.17	47.72	53.87
833681	辰泰科技	4171	53.59	51.56	46.18	64.95

挂牌代码	公司简称	排名	总体指数	透明度与治理指数	成长能力指数	创新能力指数
836165	汇昌股份	4172	53.59	29.95	84.20	51.80
830971	科特环保	4173	53.58	44.36	55.89	63.92
836443	金盾科技	4174	53.58	55.60	48.04	57.07
832231	恒盛环保	4175	53.57	51.63	65.87	42.20
834781	新生活	4176	53.57	62.07	75.01	16.98
834637	禾益化工	4177	53.57	59.18	49.36	50.49
832597	中移能	4178	53.57	54.31	64.59	39.87
832229	孚尔姆	4179	53.56	55.44	59.04	44.63
833752	广申股份	4180	53.56	57.59	47.93	54.35
833652	一恒贞	4181	53.56	60.55	65.12	30.43
430343	优网科技	4182	53.56	49.48	48.10	65.59
836163	美安医药	4183	53.56	61.14	63.34	31.64
835173	蒙拓农机	4184	53.56	54.85	63.29	40.56
835909	双飞人	4185	53.56	45.88	68.07	47.74
831626	胜禹股份	4186	53.56	49.82	64.88	45.83
836802	天纳节能	4187	53.55	41.53	73.61	47.50
836478	和雷实业	4188	53.55	56.04	63.30	38.85
831080	立思股份	4189	53.55	48.91	58.21	54.76
833112	海宏电力	4190	53.55	39.05	62.92	63.26
833193	盈和科技	4191	53.55	57.70	48.15	53.88
836849	中创文化	4192	53.54	62.68	58.53	34.93
831816	兴锐科技	4193	53.54	62.93	49.72	44.67
835435	江苏海天	4194	53.54	54.61	50.67	55.33
834302	韩光电器	4195	53.54	55.26	49.73	55.48
833227	博元电力	4196	53.53	53.50	64.49	41.01
831701	万龙电气	4197	53.53	54.82	51.38	54.16
430067	维信通	4198	53.53	45.08	47.42	72.46
832359	益森科技	4199	53.52	52.63	59.91	47.46

续表

挂牌代码	公司简称	排名	总体指数	透明度与治理指数	成长能力指数	创新能力指数
831056	千叶药包	4200	53.52	50.21	58.97	51.94
835264	康宏股份	4201	53.52	62.60	63.08	29.73
834954	海德龙	4202	53.52	57.38	57.14	43.92
836830	华迅智能	4203	53.51	61.14	53.17	43.15
835244	数虎图像	4204	53.51	53.53	54.17	52.73
430687	华瑞核安	4205	53.51	50.78	44.88	67.26
835164	鑫联华	4206	53.50	55.50	58.74	44.67
833361	银农科技	4207	53.50	49.66	64.53	46.24
831103	怡达化学	4208	53.49	60.13	57.49	39.54
834519	华能环保	4209	53.49	41.09	56.26	67.80
832960	望变电气	4210	53.49	58.02	56.07	44.11
831706	领航科技	4211	53.49	52.75	65.14	41.15
430089	天一众合	4212	53.48	49.96	45.44	67.69
835871	正则咨询	4213	53.48	56.79	47.05	56.17
830867	全华光电	4214	53.47	44.83	71.13	45.40
831475	春晖智控	4215	53.47	50.18	64.61	45.34
835174	五新隧装	4216	53.47	49.49	63.60	47.46
833788	品尚汇	4217	53.47	50.55	66.47	42.67
833569	蓝擎股份	4218	53.46	61.93	41.29	55.48
831239	云南文化	4219	53.46	65.89	53.60	35.76
832555	金宇农牧	4220	53.46	56.60	63.52	37.46
832308	旺盛园林	4221	53.45	47.45	71.97	40.68
832844	赛浪股份	4222	53.45	48.71	73.80	36.78
832672	浏阳河	4223	53.44	48.10	55.86	58.22
834480	丽都整形	4224	53.44	51.99	63.60	43.82
833088	泰金精锻	4225	53.43	40.84	77.33	43.77
832032	青晨科技	4226	53.43	50.26	51.31	60.34
834961	东和设备	4227	53.43	50.92	60.58	48.75

续表

挂牌代码	公司简称	排名	总体指数	透明度与治理指数	成长能力指数	创新能力指数
836198	拓捷科技	4228	53.43	52.46	66.56	39.71
832011	天众合金	4229	53.42	50.24	62.70	47.27
832234	鸿通管材	4230	53.42	54.60	55.75	49.09
836110	沙家浜	4231	53.42	62.81	51.09	42.86
836056	麦格天宝	4232	53.42	52.45	53.82	54.33
834582	卓仕物流	4233	53.42	59.68	58.69	38.54
831132	临风股份	4234	53.42	56.21	55.37	47.22
834238	泰昂能源	4235	53.41	45.14	60.05	57.47
835299	和正农牧	4236	53.41	64.77	59.24	30.70
834424	美乐雅	4237	53.41	57.72	64.80	34.24
834107	华强电子	4238	53.40	55.60	53.05	50.71
836389	新亚股份	4239	53.40	53.10	63.57	42.16
832285	瑞恩电气	4240	53.40	50.16	64.20	45.58
831697	海优新材	4241	53.40	48.77	68.28	42.84
833750	长宁钻石	4242	53.40	43.36	63.19	56.32
834159	海盈科技	4243	53.40	49.24	57.53	54.52
832669	华电股份	4244	53.39	57.19	53.95	47.40
833159	力好科技	4245	53.39	52.19	64.13	42.77
836474	瑞赛克	4246	53.39	58.91	60.98	36.89
834635	航宇科技	4247	53.39	57.39	47.50	54.50
833211	海欣药业	4248	53.38	54.89	50.65	54.37
830832	齐鲁华信	4249	53.38	61.72	55.94	38.66
836340	华昕影院	4250	53.38	55.25	66.95	35.15
430731	凯地钻探	4251	53.38	50.94	43.80	67.80
833089	索福特	4252	53.36	60.62	47.19	50.21
831065	鑫干线	4253	53.36	45.35	48.98	69.68
835014	梵诺空间	4254	53.36	49.66	53.81	58.04
831167	鑫汇科	4255	53.35	61.09	54.03	41.66

续表

挂牌代码	公司简称	排名	总体指数	透明度与治理指数	成长能力指数	创新能力指数
835502	深装总	4256	53.35	58.77	60.34	37.67
834402	海昌药业	4257	53.34	50.68	57.28	52.56
834661	天安科技	4258	53.34	62.56	42.27	53.03
835976	白鹿温泉	4259	53.34	56.92	57.43	43.58
836323	博为软件	4260	53.33	34.07	63.34	69.03
836358	和韵文化	4261	53.33	58.13	46.22	54.73
430085	新锐英诚	4262	53.33	39.64	69.22	54.39
830905	成聪软件	4263	53.32	37.01	57.03	72.09
832599	皓业彩瓷	4264	53.32	50.86	62.95	45.76
834601	能迪能源	4265	53.32	58.19	46.18	54.67
830872	长信畅中	4266	53.32	32.39	68.86	65.03
831241	博峰新业	4267	53.32	60.34	46.05	51.76
835851	资旗源	4268	53.32	51.39	56.69	52.18
834745	康德药业	4269	53.32	50.48	51.47	59.46
837064	鸿海股份	4270	53.32	48.29	79.13	30.78
833194	碧螺塔	4271	53.31	41.57	65.03	56.43
833418	中兰环保	4272	53.31	39.54	56.63	68.92
831005	华维电瓷	4273	53.31	45.58	57.80	59.06
830828	万绿生物	4274	53.31	57.36	55.13	45.49
836378	创盛智能	4275	53.30	53.70	48.09	58.74
835004	维力谷	4276	53.30	55.75	42.81	61.88
835131	世纪坐标	4277	53.30	59.61	37.39	62.66
836248	豪特装备	4278	53.29	55.89	61.35	40.37
830980	日懋园林	4279	53.29	47.09	55.02	60.06
832388	龙磁科技	4280	53.29	57.37	53.51	47.26
835180	纽麦特	4281	53.28	54.41	61.30	42.47
430484	求实智能	4282	53.28	53.35	53.73	52.65
832366	英伦信息	4283	53.27	53.18	54.37	52.15

挂牌代码	公司简称	排名	总体指数	透明度与治理指数	成长能力指数	创新能力指数
835942	天康医疗	4284	53.27	57.91	62.74	35.86
835128	景森设计	4285	53.27	53.92	57.24	47.81
833766	龙福环能	4286	53.27	60.78	58.62	36.53
834456	德而美	4287	53.27	55.76	56.49	46.05
834859	新锐股份	4288	53.27	61.99	51.17	43.37
836124	华青融天	4289	53.27	57.01	56.86	43.86
834099	蓝怡科技	4290	53.27	43.16	57.73	62.41
830940	科宏生物	4291	53.27	60.52	50.34	46.41
832634	赛特电工	4292	53.27	68.73	47.11	38.51
430059	中海纪元	4293	53.26	54.26	54.13	50.85
834055	百事通	4294	53.25	47.66	54.07	60.20
831962	尚慧能源	4295	53.25	42.97	69.39	49.21
830959	爱珂照明	4296	53.24	55.69	61.63	40.15
430287	环宇畜牧	4297	53.23	58.33	56.02	42.85
833956	三和生物	4298	53.23	47.22	67.35	45.52
831426	拂尘龙	4299	53.23	53.41	44.05	63.52
831148	长宏科技	4300	53.23	51.89	56.11	51.82
834315	富源科技	4301	53.23	50.34	59.80	49.76
835920	湘村股份	4302	53.22	47.81	60.73	52.25
835058	黑油展览	4303	53.22	63.50	35.68	58.85
831144	欣影科技	4304	53.22	50.45	49.62	61.27
835306	得润宝	4305	53.22	52.00	46.51	62.64
834503	西盈科技	4306	53.22	59.64	56.12	40.82
430133	赛孚制药	4307	53.22	43.71	52.33	67.64
836383	蓝特光学	4308	53.21	53.54	60.53	44.34
836028	固特科技	4309	53.21	54.12	57.89	46.53
835543	瑞美医疗	4310	53.20	63.46	59.05	32.02
831776	中云创	4311	53.20	49.29	67.09	42.77

续表

挂牌代码	公司简称	排名	总体指数	透明度与治理指数	成长能力指数	创新能力指数
832053	富得利	4312	53.19	57.52	65.95	32.46
833974	众益达	4313	53.19	48.16	50.98	62.81
835766	珐玛珈	4314	53.19	59.21	49.02	49.47
834337	宏川智慧	4315	53.18	58.52	56.11	42.29
834957	上海凯鑫	4316	53.18	50.10	62.17	47.23
834408	盛源科技	4317	53.18	46.30	65.35	48.94
836675	秉扬科技	4318	53.18	47.02	70.12	42.45
831817	捷创技术	4319	53.17	54.45	56.23	47.87
831857	增立钢构	4320	53.17	46.38	60.77	54.03
830773	正扬股份	4321	53.17	61.51	36.10	60.98
835660	美中嘉和	4322	53.17	57.16	51.94	48.94
833225	赛特股份	4323	53.16	55.90	62.90	38.12
835600	瑞朗医药	4324	53.16	52.27	64.29	41.65
832717	斯泰科技	4325	53.16	59.32	43.99	55.00
834910	游酷网络	4326	53.16	30.44	79.09	55.45
833656	确成硅化	4327	53.16	56.50	54.39	47.02
836729	科得新材	4328	53.15	58.58	53.42	45.18
834217	斯尔克	4329	53.15	57.00	59.61	40.30
830825	和泰塑胶	4330	53.14	54.14	59.65	44.27
832546	科富股份	4331	53.14	51.43	60.78	46.79
831588	山川秀美	4332	53.14	45.40	52.49	64.80
831878	先锋科技	4333	53.14	53.29	55.66	50.03
834459	利洁生物	4334	53.14	57.07	52.76	48.01
836720	吉冈精密	4335	53.13	53.60	59.29	45.41
836748	光裕股份	4336	53.13	53.21	54.94	50.93
835258	宏业新材	4337	53.12	52.24	55.46	51.70
832656	优力克	4338	53.12	52.38	50.95	56.66
834773	中科润金	4339	53.12	52.26	63.84	42.03

挂牌代码	公司简称	排名	总体指数	透明度与治理指数	成长能力指数	创新能力指数
834927	自然科技	4340	53.12	57.42	51.08	49.39
836107	富池精工	4341	53.11	42.38	57.34	63.40
836365	乒乓响	4342	53.11	65.51	53.91	34.69
830912	科汇电自	4343	53.11	47.71	55.59	57.88
836799	容大生物	4344	53.11	63.32	45.29	47.67
835218	芳香庄园	4345	53.10	51.32	59.96	47.74
835956	浦华环保	4346	53.10	54.31	51.84	52.85
831995	贝特智联	4347	53.10	56.84	41.42	61.24
835519	辽宁天佐	4348	53.10	54.42	69.37	32.56
834030	黔昌农林	4349	53.10	47.90	62.22	49.96
831651	保通食品	4350	53.08	54.55	63.41	39.16
430397	金帆股份	4351	53.08	54.82	49.04	55.26
831887	长潮股份	4352	53.08	42.93	56.23	63.79
833819	颖泰生物	4353	53.08	52.22	56.06	50.86
835856	明炬气体	4354	53.08	50.95	60.55	47.50
836617	软岛科技	4355	53.07	50.65	64.69	43.15
834037	龙盛世纪	4356	53.07	43.97	67.03	49.87
830782	泰安众诚	4357	53.07	61.12	42.80	53.49
833922	丰源智控	4358	53.06	46.76	62.08	51.60
430365	赫宸环境	4359	53.05	44.62	50.08	68.37
430342	天润康隆	4360	53.05	39.17	58.68	66.17
836361	川山甲	4361	53.05	60.06	57.42	38.14
835595	固润科技	4362	53.05	52.24	59.99	46.23
833900	阿尔创	4363	53.05	49.63	57.82	52.39
831466	软通股份	4364	53.05	67.00	43.57	44.23
833989	太时股份	4365	53.04	63.70	46.46	45.56
832619	天创环境	4366	53.04	54.19	49.67	55.28
833669	携泰健康	4367	53.03	52.65	61.90	43.39

续表

挂牌代码	公司简称	排名	总体指数	透明度与治理指数	成长能力指数	创新能力指数
831828	利特尔	4368	53.03	45.48	71.60	42.38
833715	凯世光研	4369	53.03	49.03	49.95	62.22
835867	博睿健康	4370	53.03	55.91	53.63	48.27
835062	远东科技	4371	53.02	52.41	51.86	55.20
831555	天乐橡塑	4372	53.02	53.20	57.35	47.78
831690	恒升机床	4373	53.01	68.50	38.44	47.89
836599	思科泰	4374	53.01	51.46	40.40	69.67
833087	勇辉生态	4375	53.00	50.96	61.42	46.23
430674	巴兰仕	4376	53.00	56.15	56.59	44.45
831223	江苏中旗	4377	53.00	55.48	54.49	47.79
832017	中兴机械	4378	53.00	53.44	61.51	42.61
836337	生兴防治	4379	53.00	44.02	59.05	58.71
834017	方心健康	4380	53.00	62.32	47.04	46.68
430009	华环电子	4381	52.99	48.46	48.96	64.01
834146	时代电影	4382	52.99	48.20	62.27	49.11
831520	东来办公	4383	52.99	59.36	57.13	39.26
834059	灵通展览	4384	52.99	58.74	52.51	45.42
833145	天智科技	4385	52.99	46.78	54.47	60.04
834835	海力威	4386	52.99	56.98	46.46	54.84
832963	海鹰环境	4387	52.98	56.99	55.30	44.67
834715	十川股份	4388	52.98	51.23	50.78	57.99
832426	灵佑药业	4389	52.98	51.73	60.23	46.41
832767	墨药股份	4390	52.98	53.42	57.47	47.19
831372	宝成股份	4391	52.98	52.05	54.89	52.08
835266	谷峰科技	4392	52.98	50.31	55.90	53.39
835048	龙云旅游	4393	52.98	51.00	64.51	42.53
830881	圣泉集团	4394	52.96	56.69	52.47	48.26
832535	润龙包装	4395	52.96	54.59	64.39	37.54

续表

挂牌代码	公司简称	排名	总体指数	透明度与治理指数	成长能力指数	创新能力指数
836132	宇利物流	4396	52.95	57.10	67.79	30.08
833502	联创投资	4397	52.95	49.34	73.46	34.50
834919	狼卜股份	4398	52.95	56.61	64.26	34.78
835978	天戈通信	4399	52.94	55.73	55.03	46.62
430520	世安科技	4400	52.94	57.35	43.14	57.99
836079	鑫海矿装	4401	52.94	53.56	57.86	46.43
831574	富翊装饰	4402	52.94	57.03	60.21	38.83
836291	红宇股份	4403	52.94	52.75	58.98	46.27
430570	蓝星科技	4404	52.93	43.05	55.71	63.69
837105	秦岭农业	4405	52.93	58.82	61.07	35.30
831085	博冠股份	4406	52.93	40.25	52.55	71.26
834458	海天磁业	4407	52.93	54.88	50.87	52.54
832889	深捷科技	4408	52.93	42.14	63.22	56.34
832166	晶都农贷	4409	52.93	54.95	61.17	40.62
836618	哥俩好	4410	52.93	56.93	54.12	45.90
836589	德利得	4411	52.93	61.53	54.22	39.30
832385	快乐传媒	4412	52.92	63.66	53.33	37.31
832797	泰士特	4413	52.92	51.21	46.84	62.32
831184	强盛股份	4414	52.92	56.60	52.72	47.96
831456	森瑞新材	4415	52.92	57.51	53.31	46.00
835293	金鼎股份	4416	52.91	63.38	47.60	44.24
835981	环球优路	4417	52.91	44.32	67.91	47.82
836471	兰博生物	4418	52.91	52.09	61.19	44.56
835359	百通能源	4419	52.91	42.20	68.09	50.59
831444	汇隆新材	4420	52.90	55.18	56.94	45.06
831876	华辰股份	4421	52.90	50.35	63.60	44.21
833774	创建达一	4422	52.90	54.62	42.58	62.32
830928	康定电子	4423	52.90	52.54	55.44	50.48

挂牌代码	公司简称	排名	总体指数	透明度与治理指数	成长能力指数	创新能力指数
832445	世博新材	4424	52.90	58.23	57.06	40.59
831787	高和智能	4425	52.89	48.88	54.54	56.67
832243	力合节能	4426	52.89	47.15	68.60	42.96
833086	明药堂	4427	52.89	57.25	40.05	61.48
832948	金牌电工	4428	52.89	67.26	42.47	44.56
833200	宏业农装	4429	52.88	62.11	49.38	43.89
836696	旗华建设	4430	52.88	52.42	56.06	49.89
831767	知音文化	4431	52.88	55.77	58.41	42.46
834075	云传媒	4432	52.88	44.75	58.87	57.46
833666	通灵股份	4433	52.88	58.83	51.11	46.51
834872	五米常香	4434	52.87	52.81	54.72	50.84
831243	晓鸣农牧	4435	52.87	57.50	57.77	40.72
835294	生信铝业	4436	52.87	59.17	61.95	33.56
833702	宁格朗	4437	52.87	65.83	46.97	41.33
836091	金联星	4438	52.86	67.95	47.46	37.79
836809	翔龙科技	4439	52.86	58.13	45.83	53.51
430107	朗铭科技	4440	52.86	40.32	61.00	61.21
831141	风云汇	4441	52.85	57.34	46.52	53.78
832254	万安环境	4442	52.84	58.29	56.86	40.55
831926	丰荣航空	4443	52.83	50.30	50.01	59.65
833336	德生防水	4444	52.83	55.83	55.74	45.26
833156	中南卡通	4445	52.83	48.53	57.25	53.81
832474	卓越鸿昌	4446	52.83	51.00	56.05	51.72
832073	吉和昌	4447	52.83	50.51	59.35	48.61
836088	瑞安科技	4448	52.83	46.33	49.60	65.69
832657	光合文旅	4449	52.82	58.56	45.25	53.43
831634	盛世股份	4450	52.82	56.19	44.08	58.10
830996	汇能精电	4451	52.82	54.86	51.03	52.00

续表

挂牌代码	公司简称	排名	总体指数	透明度与治理指数	成长能力指数	创新能力指数
430406	奥美格	4452	52.82	45.23	63.09	51.73
833958	顶固集创	4453	52.81	52.97	62.67	41.28
832920	去吧看看	4454	52.81	71.08	42.60	38.76
831188	正兴玉	4455	52.81	61.21	53.77	39.86
834083	盛华霖	4456	52.81	43.89	65.92	50.34
430103	天大清源	4457	52.81	48.49	46.83	65.76
835432	智联股份	4458	52.80	46.43	84.30	25.65
833253	大建桥梁	4459	52.80	48.04	59.50	51.84
834250	福岛精密	4460	52.80	52.29	46.15	61.14
835073	行知探索	4461	52.80	57.65	47.97	51.49
834320	天辰新材	4462	52.80	60.10	57.53	37.05
835906	科润股份	4463	52.79	45.92	54.94	60.03
837019	百家医道	4464	52.79	53.09	52.37	52.86
836633	达瑞电子	4465	52.79	41.03	63.16	57.48
831567	南达农业	4466	52.79	62.50	53.26	38.53
834008	群鑫科技	4467	52.79	62.94	51.08	40.42
833709	和信科贷	4468	52.78	64.63	54.13	34.50
832784	好样传媒	4469	52.78	61.78	70.67	19.54
833885	蝶讯网	4470	52.78	43.89	57.29	60.14
834251	兴源仪表	4471	52.78	46.80	58.92	54.16
430554	金正方	4472	52.77	51.10	56.16	51.25
834234	易观亚太	4473	52.77	53.35	56.11	48.11
831860	驰翔精密	4474	52.77	62.19	51.42	41.02
836386	晓耀传播	4475	52.76	48.17	70.30	39.12
831934	宇迪光学	4476	52.76	57.22	59.40	38.84
833945	滨江科贷	4477	52.76	54.87	58.37	43.33
831957	晨宇电气	4478	52.75	63.51	48.90	42.00
833541	新康达	4479	52.75	55.74	48.94	52.92

挂牌代码	公司简称	排名	总体指数	透明度与治理指数	成长能力指数	创新能力指数
836590	润东科技	4480	52.75	43.70	67.06	49.11
835756	弘易传媒	4481	52.75	57.43	60.22	37.59
831629	安恒利通	4482	52.75	53.60	46.07	59.23
832163	巨潮科技	4483	52.74	50.72	56.34	51.48
836958	纬诚股份	4484	52.74	53.96	61.88	40.54
836540	法兰智联	4485	52.74	48.84	66.02	43.01
834387	肇庆动力	4486	52.73	54.59	55.15	47.35
835436	捷泰科技	4487	52.73	51.11	59.57	47.19
832067	翱翔科技	4488	52.73	54.96	56.55	45.21
833599	营财保安	4489	52.73	57.55	66.18	30.50
836169	世德堂	4490	52.73	52.03	73.95	29.36
430518	嘉达早教	4491	52.72	59.16	50.28	46.45
834812	圣士达	4492	52.72	52.00	57.73	48.00
835767	增鑫牧业	4493	52.72	51.49	61.45	44.43
832287	金凯光电	4494	52.71	54.53	55.47	46.98
430392	斯派克	4495	52.71	50.03	62.19	45.60
836398	联盟股份	4496	52.71	46.66	73.97	36.83
430582	华菱西厨	4497	52.71	58.06	52.81	45.03
430106	爱特泰克	4498	52.71	41.83	64.07	55.01
832195	名家智能	4499	52.70	52.41	62.44	41.94
837065	华建云鼎	4500	52.69	49.52	63.57	44.68
834600	润阳科技	4501	52.69	49.50	66.81	40.99
833222	基业园林	4502	52.69	55.75	55.98	44.60
834580	天线宝宝	4503	52.69	49.97	53.68	55.37
832512	万舜股份	4504	52.69	50.34	72.09	33.73
832635	中捷四方	4505	52.68	44.99	57.25	58.31
832450	中兴农贷	4506	52.68	62.18	52.29	39.73
834776	山禾金缘	4507	52.68	47.62	56.26	55.72

续表

挂牌代码	公司简称	排名	总体指数	透明度与治理指数	成长能力指数	创新能力指数
831821	华源新材	4508	52.68	60.88	55.10	38.34
832727	景心科技	4509	52.68	35.41	67.24	60.34
834552	斯巴克瑞	4510	52.68	51.29	54.61	52.43
832257	正和药业	4511	52.68	50.74	57.45	49.93
835385	法宁格	4512	52.67	55.05	53.83	48.00
833206	影达传媒	4513	52.67	43.13	82.29	32.13
832578	建科机械	4514	52.67	61.52	48.14	45.37
835141	呼阀控股	4515	52.66	54.49	67.60	32.93
834487	孔诚物联	4516	52.66	48.75	58.48	51.49
833700	阿斯克	4517	52.66	52.48	55.34	49.82
430266	联动设计	4518	52.66	50.39	48.29	60.86
831963	明利股份	4519	52.66	32.00	86.98	42.41
832949	皇家壹号	4520	52.65	48.70	53.12	57.68
831104	翔维科技	4521	52.65	63.25	53.23	37.02
835538	额尔敦	4522	52.64	58.26	66.35	28.98
430113	中交远洲	4523	52.64	55.59	36.52	66.98
832219	建装业	4524	52.64	58.05	57.27	39.69
831424	薪泽奇	4525	52.64	56.97	54.79	44.06
835409	佰惠生	4526	52.64	46.54	74.76	35.85
834945	英飞网络	4527	52.64	48.13	46.15	66.44
832830	汉哲咨询	4528	52.64	40.93	61.33	59.18
835866	水贝传媒	4529	52.63	46.54	66.21	45.65
833969	江淮园艺	4530	52.63	41.91	56.99	62.77
835338	赛孚股份	4531	52.63	59.63	44.98	51.53
834980	宁波水表	4532	52.63	62.66	52.96	38.09
430017	星昊医药	4533	52.63	40.26	54.52	67.89
834658	华天发展	4534	52.62	47.22	63.81	47.42
833585	千叶珠宝	4535	52.62	56.92	55.35	43.43

续表

挂牌代码	公司简称	排名	总体指数	透明度与治理指数	成长能力指数	创新能力指数
835132	聚能达	4536	52.62	56.40	57.33	41.89
835541	康美生物	4537	52.62	54.14	47.21	56.70
833011	江奥光电	4538	52.62	62.93	57.47	32.51
831872	宏微科技	4539	52.62	52.09	48.46	58.13
831322	朗悦科技	4540	52.61	42.54	76.83	39.03
836826	盖世食品	4541	52.61	53.12	55.68	48.38
832278	鹿得医疗	4542	52.61	53.90	58.57	43.94
834457	永葆环保	4543	52.60	53.19	54.31	49.83
836214	泰丰液压	4544	52.60	49.47	53.35	56.15
430225	伊禾农品	4545	52.60	50.13	67.93	38.49
835066	垦艺生物	4546	52.60	48.37	50.84	60.59
836760	津力生物	4547	52.60	55.55	57.08	43.30
430452	汇龙科技	4548	52.60	48.44	52.48	58.61
836222	顺泰钨业	4549	52.59	54.99	64.15	35.94
430745	诺文科技	4550	52.59	52.34	60.57	43.78
837022	雄狮装饰	4551	52.59	54.47	55.30	46.83
834015	金海岸	4552	52.59	55.20	54.17	47.07
831673	交联辐照	4553	52.58	59.42	51.11	44.63
833001	三江股份	4554	52.58	49.12	66.09	41.98
833153	剧星传媒	4555	52.58	61.12	58.08	34.23
836440	浦士达	4556	52.58	50.50	59.93	47.07
833258	尚洋科技	4557	52.58	45.80	69.39	42.85
832969	龙者新材	4558	52.58	58.09	53.06	44.25
836065	国孚电力	4559	52.58	44.74	60.00	55.10
834506	雷蒙德	4560	52.57	50.01	56.50	51.69
831455	粤林股份	4561	52.57	59.66	45.91	50.20
834712	掌上明珠	4562	52.57	53.88	40.60	64.45
430352	慧网通达	4563	52.56	51.60	52.69	53.79

续表

挂牌代码	公司简称	排名	总体指数	透明度与治理指数	成长能力指数	创新能力指数
833297	德宏种业	4564	52.56	53.55	52.17	51.63
834550	唯捷创芯	4565	52.56	45.55	53.29	61.61
430593	华尔美特	4566	52.55	54.77	60.95	39.78
832574	亨戈股份	4567	52.55	57.56	53.33	44.59
833548	锐丰科技	4568	52.55	58.84	55.02	40.84
834040	华信电气	4569	52.55	40.91	58.91	61.67
833781	瑞奇工程	4570	52.55	54.70	55.38	46.26
831014	海联捷讯	4571	52.55	47.04	56.74	55.50
832530	麦融高科	4572	52.55	51.23	64.48	40.70
836057	华诺环保	4573	52.54	42.54	65.09	52.26
835125	商络电子	4574	52.54	67.47	60.66	22.14
430074	德鑫物联	4575	52.54	41.49	61.22	58.15
835027	江宸智能	4576	52.53	52.78	41.34	65.04
832045	红星药业	4577	52.53	49.97	54.89	53.44
834058	华洋赛车	4578	52.53	54.65	54.08	47.76
831059	霍斯通	4579	52.53	47.38	58.53	52.91
835527	君宇科技	4580	52.52	52.58	53.09	51.77
836783	华商低碳	4581	52.52	39.10	74.15	46.62
833832	追日电气	4582	52.51	48.38	56.41	53.87
831594	赛力克	4583	52.51	53.12	63.02	39.59
835818	联动通达	4584	52.51	50.33	75.75	28.91
833537	天合石油	4585	52.50	56.84	44.48	55.58
835729	佰能蓝天	4586	52.50	55.75	52.91	47.42
834670	宏达小贷	4587	52.50	59.89	53.21	41.24
836122	南深股份	4588	52.49	52.38	70.70	31.76
830930	天行健	4589	52.49	48.02	58.10	52.35
833742	天秦装备	4590	52.49	51.63	57.00	48.52
832620	中安股份	4591	52.49	38.09	73.26	48.95

续表

挂牌代码	公司简称	排名	总体指数	透明度与治理指数	成长能力指数	创新能力指数
835577	庞森商业	4592	52.48	46.68	76.19	33.47
831143	焕鑫新材	4593	52.48	47.05	66.36	44.22
836382	宏邦节水	4594	52.48	56.18	54.11	45.38
832267	诺君安	4595	52.48	41.45	47.24	74.05
836196	掌中无限	4596	52.48	39.00	57.04	66.24
832266	首帆动力	4597	52.48	53.51	58.79	43.77
430396	亿汇达	4598	52.47	66.72	41.74	44.68
833728	诚正稀土	4599	52.47	53.19	61.14	41.49
836109	山由帝奥	4600	52.46	46.46	62.53	49.38
833394	民士达	4601	52.46	55.68	53.70	46.51
835606	亿友电器	4602	52.46	56.83	60.43	37.16
833480	红旗民爆	4603	52.46	62.73	46.97	44.28
832081	金利股份	4604	52.46	42.82	76.20	38.81
833940	蜀塔实业	4605	52.45	60.54	49.10	44.90
832349	武新电气	4606	52.45	51.42	58.83	46.58
832737	恒信玺利	4607	52.45	58.12	57.36	38.83
832467	帝益生态	4608	52.45	38.62	68.78	53.22
835510	杰尔科技	4609	52.45	58.80	38.93	59.01
832893	宏源农牧	4610	52.45	54.33	62.25	38.55
833869	海普安全	4611	52.44	52.26	46.40	59.63
834943	纳特康	4612	52.44	46.10	70.54	40.62
430064	金山顶尖	4613	52.44	48.84	61.05	47.63
834471	鑫宇股份	4614	52.44	63.31	49.25	40.75
834270	远大特材	4615	52.44	52.84	53.81	50.30
834523	田歌股份	4616	52.43	55.28	63.16	36.10
834253	宏力再生	4617	52.43	53.90	62.27	39.07
834236	伊塔科技	4618	52.43	54.89	64.63	34.96
832640	青木高新	4619	52.43	44.26	63.60	51.13

续表

挂牌代码	公司简称	排名	总体指数	透明度与治理指数	成长能力指数	创新能力指数
836134	京华新材	4620	52.43	44.53	77.15	35.18
836083	世家装饰	4621	52.43	59.50	60.65	33.01
834177	华贸广通	4622	52.42	51.34	70.66	33.02
833243	龙辰科技	4623	52.42	64.57	45.98	42.67
430481	吉瑞祥	4624	52.42	48.66	70.30	37.20
834860	广大航服	4625	52.42	58.63	58.54	36.62
834078	大德捷盈	4626	52.42	49.81	50.31	58.51
836797	东风机电	4627	52.41	47.73	48.11	63.94
837054	华磊股份	4628	52.41	55.65	65.92	32.31
832297	新生飞翔	4629	52.40	51.61	65.70	38.25
833886	万达业	4630	52.40	62.63	54.54	35.50
836733	四联环保	4631	52.39	41.35	64.78	53.76
835255	乐宝股份	4632	52.39	49.54	63.43	43.75
834091	平安租赁	4633	52.38	50.03	56.63	50.84
834138	盛瑞科技	4634	52.38	52.79	52.10	52.13
835781	同济股份	4635	52.38	57.57	40.54	58.64
833143	贝特创意	4636	52.38	60.08	59.75	33.05
834169	山西高科	4637	52.38	63.66	37.20	53.88
831345	海特股份	4638	52.38	52.57	62.16	40.87
832812	华文包装	4639	52.38	55.88	55.21	44.18
833167	乐邦科技	4640	52.37	53.00	51.44	52.55
834649	仕元光电	4641	52.37	59.26	49.95	45.43
833202	佳科股份	4642	52.36	51.77	62.49	41.58
832057	雅安茶厂	4643	52.36	57.78	55.96	40.59
836035	新丝路	4644	52.36	62.89	46.32	44.44
831447	明烁节能	4645	52.36	45.66	70.36	41.16
835341	安软科技	4646	52.36	40.96	53.57	67.06
831112	哥伦布	4647	52.36	65.36	49.11	37.75

续表

挂牌代码	公司简称	排名	总体指数	透明度与治理指数	成长能力指数	创新能力指数
837115	恩典科技	4648	52.36	61.92	56.23	34.43
834491	博鹏发	4649	52.35	49.58	70.02	35.98
831280	兴恒隆	4650	52.35	45.08	57.26	56.97
836312	集美新材	4651	52.35	52.04	62.77	40.82
831064	浩驰科技	4652	52.35	49.85	53.08	55.02
835169	新华物流	4653	52.34	67.06	53.13	30.67
835361	广尔纳	4654	52.34	50.08	63.30	42.97
831742	纽米科技	4655	52.34	45.94	58.29	54.55
834555	日津科技	4656	52.34	58.53	54.29	41.36
835190	美中双和	4657	52.34	56.66	52.60	45.95
430241	威林科技	4658	52.34	52.16	47.92	57.67
430689	摩登百货	4659	52.33	59.71	58.23	35.14
835012	麦驰物联	4660	52.33	48.61	59.82	48.98
832736	华鼎股份	4661	52.33	54.44	47.43	54.97
833376	圣尼特	4662	52.33	36.35	74.27	49.68
836077	吉林碳谷	4663	52.33	51.97	62.44	41.22
832534	东宝股份	4664	52.32	56.79	53.66	44.49
833016	希尔传媒	4665	52.32	46.16	71.10	39.46
835278	华亿传媒	4666	52.32	49.07	58.74	49.53
835028	诚德股份	4667	52.32	55.39	59.41	39.84
834890	大陆农牧	4668	52.31	38.05	74.36	47.14
837103	京润环保	4669	52.31	36.39	64.19	61.13
834211	大卫之选	4670	52.31	51.27	65.14	39.04
833583	华盛科技	4671	52.31	48.44	52.84	57.15
837038	上阀股份	4672	52.31	56.61	54.30	43.94
830844	鸿远电气	4673	52.30	47.12	51.44	60.62
834735	麦凯智造	4674	52.30	56.41	59.12	38.67
831936	联科生物	4675	52.29	58.21	50.99	45.45

续表

挂牌代码	公司简称	排名	总体指数	透明度与治理指数	成长能力指数	创新能力指数
834727	天茂新材	4676	52.29	56.48	61.08	36.31
836833	三阁园林	4677	52.29	49.39	62.99	44.10
832441	合兴铁链	4678	52.29	58.78	61.10	33.02
831662	搜才人力	4679	52.29	49.88	57.51	49.70
831271	燎原药业	4680	52.29	40.82	62.26	57.03
833927	宁宇科技	4681	52.28	43.15	45.24	73.25
833240	弛达科技	4682	52.28	41.60	69.81	47.24
832277	金泉股份	4683	52.28	56.20	60.02	37.87
831367	红山河	4684	52.27	52.55	57.64	45.72
832217	丰禾支承	4685	52.27	57.48	46.11	51.99
430104	全三维	4686	52.27	47.87	43.32	68.75
831804	绿宝石	4687	52.27	55.65	42.06	59.21
833646	百汇环保	4688	52.26	44.15	68.80	44.72
836399	汇春科技	4689	52.26	51.08	57.21	48.25
833770	宏伟供应	4690	52.26	55.39	59.26	39.81
836910	利民生物	4691	52.25	44.47	76.15	35.81
832373	美特桥架	4692	52.25	42.56	69.10	46.60
430186	国承瑞泰	4693	52.25	52.60	59.14	43.85
833527	马斯汀	4694	52.25	54.07	42.26	61.13
835080	蓝川环保	4695	52.25	59.85	46.34	48.29
832215	瀚盛建工	4696	52.25	40.52	69.38	49.13
834404	扬戈科技	4697	52.24	60.92	46.39	46.71
430529	恒成工具	4698	52.24	54.94	55.50	44.68
834309	瀚江新材	4699	52.24	55.07	58.42	41.15
836276	南方智能	4700	52.24	43.19	64.42	51.03
430478	禾益化学	4701	52.24	55.94	48.92	50.81
834330	东吴农化	4702	52.23	56.49	56.16	41.72
831357	黄国粮业	4703	52.23	62.66	55.46	33.81

挂牌代码	公司简称	排名	总体指数	透明度与治理指数	成长能力指数	创新能力指数
834651	飞扬旅游	4704	52.23	63.66	59.86	27.33
836158	西施生态	4705	52.23	38.45	64.54	57.52
430409	天泉鑫膜	4706	52.21	56.92	52.47	45.27
831971	开元物业	4707	52.21	54.43	64.22	35.29
836470	金德镭射	4708	52.21	53.51	61.70	39.48
836064	杭富士达	4709	52.21	57.49	40.69	57.96
832416	华美精陶	4710	52.20	52.43	59.69	43.30
833491	沧海核装	4711	52.20	56.06	55.16	43.37
836759	千江高新	4712	52.20	50.03	60.34	45.93
831883	嘉翼精机	4713	52.20	49.50	48.41	60.37
833278	北旺农牧	4714	52.19	53.48	67.38	32.96
836133	柯文股份	4715	52.19	43.82	68.56	45.22
832868	金亿帝	4716	52.19	63.80	44.96	44.11
833859	国能新材	4717	52.19	52.16	54.32	49.79
831150	金越交通	4718	52.19	58.90	49.83	45.43
430205	亿房信息	4719	52.19	45.34	46.73	68.11
830810	广东羚光	4720	52.18	56.86	50.81	47.16
430299	天津宝恒	4721	52.17	55.24	49.05	51.42
835907	海德曼	4722	52.17	57.26	57.34	39.05
835779	康利达	4723	52.17	52.28	45.63	59.49
832096	南铸科技	4724	52.17	59.87	47.92	46.16
430656	财安金融	4725	52.16	43.38	58.59	57.18
831533	绩优股份	4726	52.16	35.43	70.81	54.36
835645	大美股份	4727	52.16	55.21	62.08	36.48
833630	嘉利股份	4728	52.16	52.83	62.47	39.38
430429	星业科技	4729	52.16	53.56	49.41	53.33
836331	优晟股份	4730	52.16	47.93	76.07	30.67
836937	至和天下	4731	52.16	50.50	73.43	30.07

挂牌代码	公司简称	排名	总体指数	透明度与治理指数	成长能力指数	创新能力指数
836034	东金科技	4732	52.15	69.18	45.96	35.23
834454	和泰鑫	4733	52.15	54.12	53.50	47.84
430464	方迪科技	4734	52.15	34.40	58.67	69.71
833697	上海未来	4735	52.15	50.62	54.59	51.50
834306	神州科技	4736	52.15	44.42	58.56	55.68
836379	星光珠宝	4737	52.15	50.58	63.71	41.08
833271	永畅兴	4738	52.14	50.97	59.92	44.86
831846	飞驰环保	4739	52.13	49.43	60.29	46.58
831672	莲池医院	4740	52.12	61.40	54.31	36.52
831747	中景股份	4741	52.12	44.43	47.06	68.79
831746	弘奥生物	4742	52.12	48.13	61.60	46.87
834264	华通设备	4743	52.12	68.40	41.81	40.98
833848	光宇股份	4744	52.11	63.16	36.58	54.35
430294	七环电气	4745	52.11	49.21	54.93	52.96
835635	联动属具	4746	52.11	57.70	48.31	48.58
836977	餐旅实业	4747	52.11	49.80	60.81	45.37
832921	博电电气	4748	52.10	49.09	46.92	62.30
835612	天使之泪	4749	52.10	52.33	69.32	32.02
831591	云涛生物	4750	52.10	65.96	47.80	37.48
831169	百特莱德	4751	52.10	31.47	69.33	61.43
832358	一保通	4752	52.10	41.40	47.72	72.21
836660	钢研功能	4753	52.09	49.02	60.27	47.05
836887	永泽医药	4754	52.09	58.35	63.59	30.07
830869	英康科技	4755	52.09	62.77	51.62	37.55
832353	益泰药业	4756	52.09	46.43	68.20	41.58
835162	菲利特	4757	52.08	46.84	63.14	46.80
833366	利隆媒体	4758	52.08	39.63	58.91	61.81
834381	方圆现代	4759	52.08	45.78	64.79	46.39

续表

挂牌代码	公司简称	排名	总体指数	透明度与治理指数	成长能力指数	创新能力指数
831679	易点科技	4760	52.08	53.52	51.23	51.00
832622	天鹅家纺	4761	52.07	54.18	63.27	36.24
835192	国变电气	4762	52.07	57.49	48.36	48.67
835861	奥诺科技	4763	52.06	43.73	56.87	58.29
834393	爱柯迪	4764	52.06	50.61	55.63	50.01
831523	亚成生物	4765	52.06	53.94	60.22	40.04
833708	捷佳伟创	4766	52.06	48.02	55.31	54.02
836555	威锋科技	4767	52.05	45.24	52.03	61.67
836686	超能国际	4768	52.04	54.35	70.19	27.97
835096	英多智能	4769	52.04	51.98	34.20	72.61
835309	凯成股份	4770	52.04	51.08	70.25	32.47
836785	晶彩光电	4771	52.03	51.57	56.93	47.05
835301	银色坐标	4772	52.03	48.55	73.30	32.52
832194	蔚联股份	4773	52.02	47.99	65.69	42.01
833100	爱己爱牧	4774	52.02	49.51	52.48	55.03
834741	三棱股份	4775	52.00	47.72	58.15	51.00
830949	中窑股份	4776	52.00	59.44	42.14	52.84
833590	长庚新材	4777	52.00	50.61	52.42	53.50
832537	洁华控股	4778	52.00	52.31	60.09	42.29
835655	法塞特酒	4779	52.00	44.29	66.46	46.29
836909	智房科技	4780	52.00	52.89	46.72	56.79
831123	大成空间	4781	52.00	53.70	55.70	45.34
831232	红旗种业	4782	52.00	46.28	60.82	49.92
833301	亚迪纳	4783	51.99	46.01	61.62	49.38
833063	高华股份	4784	51.99	55.11	62.06	36.04
832541	镇江固废	4785	51.99	55.40	52.36	46.75
835155	鑫冠科技	4786	51.99	46.53	64.15	45.75
834469	东管电力	4787	51.98	46.73	54.61	56.38

挂牌代码	公司简称	排名	总体指数	透明度与治理指数	成长能力指数	创新能力指数
833814	德润达	4788	51.98	46.60	64.12	45.65
835803	致达智能	4789	51.98	45.63	53.70	58.97
833444	华恒股份	4790	51.98	47.21	40.64	71.72
836762	华阳国际	4791	51.98	50.01	58.02	47.82
835454	威克传媒	4792	51.97	50.91	67.03	36.20
830824	华虹科技	4793	51.97	47.95	55.63	53.44
430747	赛普健身	4794	51.97	48.08	59.53	48.79
835234	安奇汽车	4795	51.97	52.35	62.16	39.73
835149	鸿伟家居	4796	51.96	62.00	49.16	41.01
836322	格雷柏	4797	51.95	56.50	40.75	58.38
832004	海林节能	4798	51.95	56.29	42.76	56.35
836558	香草香草	4799	51.94	56.17	60.17	36.54
835135	启光智造	4800	51.94	61.47	50.74	39.88
832158	金森源	4801	51.94	56.68	62.45	33.19
836402	民福康	4802	51.94	43.47	75.51	36.84
831027	兴致科技	4803	51.93	54.62	53.32	46.52
836284	欧菲特	4804	51.92	44.81	53.46	60.20
832572	上海青禾	4805	51.92	57.86	41.71	55.24
836421	嘉普通	4806	51.92	60.27	51.61	40.48
430573	山水节能	4807	51.91	46.69	53.02	58.03
430274	重钢机械	4808	51.91	58.99	54.71	38.71
430510	丰光精密	4809	51.91	52.56	53.62	49.03
832831	邦得利	4810	51.91	55.53	45.34	54.34
831879	龙钇科技	4811	51.91	51.23	48.07	57.26
834410	苏州电瓷	4812	51.90	46.84	55.58	54.84
832187	运控电子	4813	51.90	53.88	61.42	38.19
836964	航天华世	4814	51.90	53.32	60.08	40.50
833896	海诺尔	4815	51.90	56.17	55.33	41.93

续表

挂牌代码	公司简称	排名	总体指数	透明度与治理指数	成长能力指数	创新能力指数
833811	中新股份	4816	51.90	48.53	49.96	58.87
836325	中检测试	4817	51.89	42.79	60.89	54.41
833031	嗨购科技	4818	51.89	57.67	58.65	35.99
831508	拓新股份	4819	51.89	56.50	54.20	42.73
831548	光大百纳	4820	51.89	50.58	48.92	57.14
834608	星光影视	4821	51.88	49.44	54.10	52.78
831606	方硕科技	4822	51.87	48.87	45.44	63.49
833255	西部股份	4823	51.87	50.05	66.71	37.41
836059	金达科技	4824	51.87	44.57	59.64	53.25
835374	联帮医疗	4825	51.87	48.24	57.89	50.07
430487	佳信捷	4826	51.87	43.55	53.39	61.85
833609	乐通通信	4827	51.86	54.80	56.30	42.63
831442	枫林食品	4828	51.86	61.58	54.82	34.76
835522	尤利特	4829	51.86	60.21	43.77	49.37
836118	万都云雅	4830	51.86	50.25	65.43	38.55
834983	黑尊生物	4831	51.86	53.35	63.23	36.71
836753	华特机电	4832	51.86	56.58	56.35	40.04
831320	路骋国旅	4833	51.86	48.91	73.85	30.78
835214	美凯宝	4834	51.86	56.26	62.76	33.14
836105	艾博健康	4835	51.86	46.64	52.65	58.31
835469	龙友科技	4836	51.86	50.73	51.87	53.43
836448	民和生物	4837	51.85	58.92	40.15	55.32
833382	长江绿海	4838	51.85	48.51	66.65	39.58
830989	北方空间	4839	51.85	53.78	49.56	51.74
833887	庞泰环保	4840	51.85	50.18	56.29	49.10
833469	爱普医疗	4841	51.84	50.49	51.30	54.37
834166	杰事杰	4842	51.84	52.90	56.44	45.06
833976	新游网络	4843	51.84	42.30	45.41	72.69

续表

挂牌代码	公司简称	排名	总体指数	透明度与治理指数	成长能力指数	创新能力指数
835118	集万股份	4844	51.83	50.77	73.79	28.13
430619	格纳斯	4845	51.83	51.94	47.53	56.63
835631	培根文化	4846	51.83	45.44	61.15	50.17
836367	三孚新材	4847	51.83	41.57	57.36	59.97
831047	深远石油	4848	51.83	47.65	50.67	59.04
831848	合信达	4849	51.82	48.91	50.64	57.29
833620	无锡煤机	4850	51.82	60.99	45.03	46.66
430413	沄辉科技	4851	51.81	57.96	39.83	56.88
832460	成光兴	4852	51.81	55.33	52.50	46.06
835449	ST二十度	4853	51.81	46.92	55.70	54.24
831489	天衡股份	4854	51.80	45.60	73.58	35.57
837050	华盛铭兔	4855	51.80	57.06	53.93	41.93
836045	门对门	4856	51.80	55.90	58.63	38.18
835313	镭蒙机电	4857	51.80	50.97	65.38	37.38
837118	盈科行	4858	51.79	33.09	65.02	63.01
833929	康大医疗	4859	51.79	50.60	45.97	60.16
835786	鄱湖股份	4860	51.79	59.51	56.84	35.10
430035	中兴通融	4861	51.79	51.55	65.34	36.58
831307	佛罗伦萨	4862	51.79	45.66	54.51	57.33
835765	上深股份	4863	51.79	60.40	55.27	35.65
833733	贡嘎雪	4864	51.78	56.65	50.75	46.10
430044	东宝亿通	4865	51.78	56.04	44.30	54.36
832582	众源新材	4866	51.78	54.95	56.32	42.09
836183	百林园林	4867	51.78	43.98	77.17	33.64
833183	超凡股份	4868	51.77	40.86	70.53	45.66
831503	广安生物	4869	51.77	43.11	62.03	52.21
833839	天波信息	4870	51.77	47.40	50.00	59.98
835504	森阳科技	4871	51.76	57.34	59.91	34.55

挂牌代码	公司简称	排名	总体指数	透明度与治理指数	成长能力指数	创新能力指数
836730	双鸟锚链	4872	51.76	64.03	54.32	31.51
831955	海益宝	4873	51.76	50.98	54.37	49.86
831892	新玻电力	4874	51.75	45.74	64.69	45.39
430137	润天股份	4875	51.75	48.66	43.23	65.90
834558	口岸旅游	4876	51.75	45.05	72.03	37.93
832413	亿盛担保	4877	51.75	54.90	56.03	42.38
831844	会友线缆	4878	51.75	53.75	58.19	41.53
832532	大亚股份	4879	51.74	62.02	55.27	33.19
834129	软脑科技	4880	51.74	53.75	49.41	51.59
430633	卡姆医疗	4881	51.74	47.11	59.70	49.14
835379	大凌实业	4882	51.74	49.43	54.62	51.68
834230	众盟软件	4883	51.74	45.44	67.91	42.06
836734	唐鸿重工	4884	51.73	56.31	63.11	32.22
835567	山东能源	4885	51.73	52.73	65.12	34.98
833498	鑫灏源	4886	51.73	48.02	59.23	48.37
831766	三木科技	4887	51.73	57.24	51.87	43.79
837072	汉亦盛	4888	51.73	46.62	54.94	55.24
834475	三友科技	4889	51.73	57.11	47.80	48.62
832249	普点科技	4890	51.72	61.08	26.28	67.73
831448	贝欧特	4891	51.72	48.05	57.87	49.86
831646	汉能碳	4892	51.72	45.97	63.60	46.19
833642	华隆微电	4893	51.71	58.38	49.54	44.82
832293	日高股份	4894	51.71	50.83	47.47	57.83
834304	黑蜘蛛	4895	51.71	55.56	66.30	29.51
833687	中拓石油	4896	51.70	48.04	55.03	53.06
832121	六晶科技	4897	51.70	52.07	44.23	59.74
835946	英虎网络	4898	51.68	45.84	54.71	56.43
832484	金晋农牧	4899	51.68	49.17	70.41	33.72

挂牌代码	公司简称	排名	总体指数	透明度与治理指数	成长能力指数	创新能力指数
836434	世纪祥云	4900	51.67	44.71	53.74	59.13
835410	唐年股份	4901	51.67	59.31	58.38	33.19
833965	科创股份	4902	51.67	55.36	51.62	46.51
830994	金友电缆	4903	51.66	38.45	62.00	58.44
833384	新在线	4904	51.66	54.95	47.13	52.22
837015	大地院线	4905	51.65	56.12	68.30	26.25
835150	珠城科技	4906	51.65	48.99	50.00	57.30
832487	汉得利	4907	51.65	51.46	53.24	50.10
831093	鑫航科技	4908	51.63	50.86	67.66	34.33
833057	新世傲	4909	51.63	52.46	68.80	30.77
831526	凯华材料	4910	51.63	49.31	53.15	53.17
833740	音锋股份	4911	51.63	36.08	65.70	57.43
834822	弘晨科技	4912	51.63	58.23	55.82	37.51
834317	正帆科技	4913	51.63	53.07	50.58	50.80
835437	史密富	4914	51.62	51.87	56.59	45.57
833111	国泰股份	4915	51.62	58.23	63.12	29.09
834214	百合网	4916	51.62	52.10	53.50	48.77
836522	中畅微飞	4917	51.62	46.70	60.98	47.80
832162	超思维	4918	51.61	48.57	60.33	45.91
836072	夏兴科技	4919	51.61	52.32	53.06	48.95
831970	四川永强	4920	51.61	49.49	54.89	50.84
834884	新天杰	4921	51.61	54.87	51.75	46.84
831909	百川锁业	4922	51.60	57.42	56.36	37.94
831960	佳音在线	4923	51.60	55.76	47.70	50.21
831650	盛华德	4924	51.60	56.07	38.08	60.81
837091	威盛科技	4925	51.59	48.49	68.91	36.07
836497	中自环保	4926	51.58	49.64	43.31	63.82
831933	百杰瑞	4927	51.58	49.82	59.62	44.84

挂牌代码	公司简称	排名	总体指数	透明度与治理指数	成长能力指数	创新能力指数
835520	信诺立兴	4928	51.58	55.83	56.15	40.33
834591	华富储能	4929	51.58	60.89	51.78	38.21
832543	鸿大股份	4930	51.58	62.88	56.46	30.03
836409	明峰检测	4931	51.58	61.39	44.96	45.32
832514	华旺股份	4932	51.58	52.11	55.39	46.45
430502	万隆电气	4933	51.58	56.46	49.65	46.90
831206	尚恩科技	4934	51.58	45.04	51.66	60.70
833479	朗德金燕	4935	51.57	62.28	47.82	40.75
836252	砂之船	4936	51.57	53.09	60.12	39.61
832147	斯菱股份	4937	51.56	57.05	56.37	38.30
831476	硕源科技	4938	51.56	50.45	57.02	46.87
430762	荣昌育种	4939	51.56	62.04	52.59	35.59
430489	佳先股份	4940	51.56	48.80	56.77	49.47
836021	恒润高科	4941	51.56	48.31	66.87	38.56
832227	付世光电	4942	51.55	55.24	58.16	38.77
832335	科立森	4943	51.55	52.03	49.53	53.20
430514	速升装备	4944	51.55	61.46	35.62	55.84
833196	荣邦医疗	4945	51.54	44.94	65.47	44.88
834817	爱知网络	4946	51.54	58.74	44.91	48.99
832861	奇致激光	4947	51.54	35.23	62.04	62.49
833745	恐龙园	4948	51.54	51.20	53.28	50.00
836694	家电网	4949	51.53	54.00	61.05	37.14
834615	亚龙股份	4950	51.53	66.08	43.21	40.53
832734	洁利来	4951	51.53	50.02	56.10	48.40
834291	中信出版	4952	51.53	46.30	63.08	45.65
836465	俊青文化	4953	51.52	53.78	64.11	33.86
832061	贵材科技	4954	51.51	50.93	61.28	41.12
831443	黑美人	4955	51.51	38.07	76.49	41.81

续表

挂牌代码	公司简称	排名	总体指数	透明度与治理指数	成长能力指数	创新能力指数
831769	中马园林	4956	51.51	58.37	50.91	42.51
430459	华艺园林	4957	51.51	57.34	59.24	34.40
835772	隆华股份	4958	51.51	44.92	49.19	63.45
832836	银钢一通	4959	51.50	53.89	53.16	46.23
832733	威格科技	4960	51.50	50.19	57.99	45.92
834803	鑫昌龙	4961	51.50	42.40	67.24	46.27
833378	深深爱	4962	51.50	58.13	41.60	53.51
830884	华盛供水	4963	51.50	39.61	63.65	54.33
830926	迪浩股份	4964	51.49	48.80	55.90	50.23
832253	万琦威	4965	51.48	55.17	59.12	37.51
832013	博涛文化	4966	51.48	51.17	38.69	66.60
836807	奔朗新材	4967	51.48	56.39	51.13	44.95
836317	萨菲尔	4968	51.48	44.73	66.25	44.05
833803	勃朗科技	4969	51.48	58.06	37.42	58.32
831272	同力天合	4970	51.47	39.49	55.95	63.24
836159	跃飞新材	4971	51.47	53.74	55.31	43.85
835327	国耀电子	4972	51.47	58.10	48.95	45.01
833935	明游天下	4973	51.47	49.21	55.03	50.56
833052	迪玛卫浴	4974	51.46	53.72	71.22	25.60
830950	华隆股份	4975	51.46	53.95	53.18	45.98
832384	格瑞光电	4976	51.46	36.86	68.03	53.03
835087	桂林森农	4977	51.45	48.97	52.04	54.27
836384	瑞真精机	4978	51.45	44.68	50.67	61.88
835115	西屋港能	4979	51.45	53.43	53.95	45.77
836514	光华伟业	4980	51.44	62.90	44.69	43.02
835250	爱慕希	4981	51.44	67.13	43.54	38.36
430623	箭鹿股份	4982	51.44	59.52	53.46	37.71
832305	东利机械	4983	51.43	54.38	59.71	37.76

续表

挂牌代码	公司简称	排名	总体指数	透明度与治理指数	成长能力指数	创新能力指数
836152	瑞邦智能	4984	51.43	45.51	57.80	52.46
834066	大统体育	4985	51.42	51.33	66.38	34.39
834122	云端网络	4986	51.42	46.31	66.31	41.54
834089	浙商创投	4987	51.42	49.15	70.72	32.47
836920	梵卡莎	4988	51.42	51.32	59.23	42.59
837150	科德股份	4989	51.42	56.86	52.84	42.11
836007	润华物业	4990	51.42	54.60	69.06	26.69
833445	海王星	4991	51.42	53.45	36.18	66.02
831023	北展股份	4992	51.41	59.44	52.75	38.52
430558	均信担保	4993	51.40	51.34	58.90	42.89
833314	中诚股份	4994	51.40	44.56	53.65	58.46
835594	时联特溶	4995	51.40	59.18	51.04	40.82
832037	华能橡胶	4996	51.39	56.55	52.73	42.58
834489	安瑞升	4997	51.39	47.58	67.56	38.20
832772	银都股份	4998	51.39	48.58	60.99	44.32
833676	宇方工业	4999	51.39	47.72	59.45	47.32
836491	太极华保	5000	51.38	55.84	50.75	45.81
835875	天基新材	5001	51.38	52.58	48.19	53.33
832839	共同管业	5002	51.37	53.88	53.70	45.16
836918	房掌柜	5003	51.37	56.05	50.07	46.26
836697	澎瀚机械	5004	51.37	63.80	39.13	47.88
835748	埃柯赛	5005	51.37	56.87	48.41	47.01
430194	锐风行	5006	51.36	32.32	63.36	64.47
834805	淘粉吧	5007	51.36	36.01	64.73	57.68
836962	源兴医药	5008	51.35	51.99	48.18	54.11
836048	明科能源	5009	51.35	49.96	52.97	51.45
834997	邦健医疗	5010	51.35	41.16	55.99	60.40
836639	忆江山	5011	51.35	48.16	51.70	55.44

挂牌代码	公司简称	排名	总体指数	透明度与治理指数	成长能力指数	创新能力指数
833133	中红医疗	5012	51.34	51.56	57.44	44.04
831229	木兰花	5013	51.34	58.62	60.51	30.55
830963	伽力森	5014	51.34	59.13	50.85	40.92
835528	亨得股份	5015	51.33	46.33	59.00	49.58
832878	宝利祥	5016	51.33	52.12	60.21	40.01
831068	凌志环保	5017	51.33	43.16	55.50	58.05
833641	小西牛	5018	51.32	56.66	50.76	44.43
834703	飓风股份	5019	51.32	45.83	63.07	45.59
832885	星辰科技	5020	51.31	42.11	50.82	64.87
835573	茉印股份	5021	51.31	61.64	49.09	39.29
835446	汇尔杰	5022	51.31	53.37	53.05	46.41
836046	捷强动力	5023	51.31	57.39	40.35	55.30
834310	华夏飞机	5024	51.31	51.24	44.97	58.68
834295	虎彩印艺	5025	51.31	54.36	50.50	47.92
835197	日兴生物	5026	51.30	51.72	58.73	42.20
835763	浙江鼎帮	5027	51.30	43.83	76.43	33.00
836412	海泰新光	5028	51.30	43.41	60.71	51.63
832485	中钰科技	5029	51.30	34.48	65.49	58.74
430003	北京时代	5030	51.30	46.65	54.10	54.63
834364	固尔邦	5031	51.29	45.28	62.49	46.93
834185	黎明钢构	5032	51.29	50.78	61.66	40.12
832742	博聪股份	5033	51.29	59.16	44.80	47.62
835889	开合文化	5034	51.29	60.61	45.90	44.32
830811	安凯达	5035	51.29	50.04	51.21	53.13
831826	华菱医疗	5036	51.29	54.93	47.34	50.66
833908	比科斯	5037	51.28	59.82	43.38	48.31
834542	维欧艾	5038	51.28	50.00	59.48	43.68
830895	玉成精机	5039	51.28	61.81	39.06	50.44

续表

挂牌代码	公司简称	排名	总体指数	透明度与治理指数	成长能力指数	创新能力指数
836236	和成新材	5040	51.28	49.13	57.81	46.81
430460	太湖股份	5041	51.28	53.45	51.15	48.36
836444	中宇环保	5042	51.26	47.30	63.24	43.09
831265	宏源药业	5043	51.25	45.22	59.96	49.78
430105	合力思腾	5044	51.25	35.36	53.71	70.85
833513	派诺光电	5045	51.25	46.99	62.90	43.89
833564	乐华文化	5046	51.25	53.03	65.55	32.33
835482	施可达	5047	51.25	54.07	52.07	46.32
831886	云智科技	5048	51.25	50.79	55.39	47.12
834867	匡通电子	5049	51.24	60.28	49.79	40.16
834125	林中宝	5050	51.24	57.49	50.40	43.39
831348	碧松照明	5051	51.24	56.58	56.52	37.63
834690	捷先数码	5052	51.23	44.67	66.95	42.44
831003	金大股份	5053	51.23	48.51	54.80	50.97
831438	生力材料	5054	51.23	53.83	59.04	38.60
834563	丰盛光电	5055	51.22	56.96	52.13	42.08
836287	祥龙电建	5056	51.22	45.20	62.50	46.78
430614	星通联华	5057	51.22	51.83	47.45	54.69
831319	绿蔓生物	5058	51.22	42.30	68.30	44.20
836385	九九互娱	5059	51.22	63.98	51.60	32.77
430519	博控科技	5060	51.22	46.97	61.97	44.86
832502	圆融科技	5061	51.21	52.34	45.33	56.37
833970	广盛小贷	5062	51.21	53.62	63.76	33.41
832531	元丰科技	5063	51.20	49.27	60.77	42.96
834431	广育德	5064	51.20	43.45	59.85	52.22
836782	正大龙祥	5065	51.20	57.39	61.29	30.89
833260	万辰生物	5066	51.20	51.74	61.28	38.88
831731	硅海电子	5067	51.20	39.84	65.12	51.26

挂牌代码	公司简称	排名	总体指数	透明度与治理指数	成长能力指数	创新能力指数
834463	强石股份	5068	51.20	53.35	49.26	50.39
836602	中海通	5069	51.20	49.61	61.50	41.61
836427	倍乐股份	5070	51.20	51.14	61.69	39.24
831195	三祥科技	5071	51.19	48.77	61.26	43.06
831359	恒光股份	5072	51.19	58.55	45.99	46.77
835270	华软新元	5073	51.19	37.44	66.02	53.57
833125	华益精机	5074	51.18	64.33	52.68	30.91
833321	瑞立科密	5075	51.18	46.01	63.00	44.90
834175	冠盛集团	5076	51.17	52.24	57.33	42.61
834739	冠为科技	5077	51.17	52.26	53.55	46.91
836593	大宇纺织	5078	51.17	55.45	64.46	29.90
835146	同欣机械	5079	51.17	49.92	49.51	54.84
835862	汉神机电	5080	51.17	51.51	57.89	42.97
430020	建工华创	5081	51.16	47.02	37.66	72.50
430098	大津股份	5082	51.15	44.27	53.50	58.17
833543	灵通股份	5083	51.15	60.25	53.35	35.78
836180	华青股份	5084	51.14	53.89	53.36	44.73
836040	博智教育	5085	51.14	45.14	71.61	36.12
832304	纽威科技	5086	51.14	35.52	72.35	48.84
833483	凯科科技	5087	51.14	60.15	58.85	29.57
835109	鑫益嘉	5088	51.13	43.08	67.78	43.38
834273	新天力	5089	51.13	54.88	53.64	42.95
831151	全胜物流	5090	51.12	53.46	56.70	41.42
833696	张江超艺	5091	51.12	44.22	41.63	71.75
832822	保正物流	5092	51.12	59.42	51.07	39.46
834278	高测股份	5093	51.12	42.12	52.23	62.53
832221	聚元食品	5094	51.12	47.56	71.49	32.74
831160	晨龙锯床	5095	51.11	52.63	55.03	44.48

续表

挂牌代码	公司简称	排名	总体指数	透明度与治理指数	成长能力指数	创新能力指数
832625	巴口香	5096	51.11	51.61	51.22	50.29
430602	腾旋科技	5097	51.11	48.72	43.49	63.23
430185	普瑞物联	5098	51.11	41.34	54.07	61.48
835185	贝特瑞	5099	51.10	49.04	58.62	45.39
836305	光跃科技	5100	51.10	47.59	61.57	44.04
832369	江苏神农	5101	51.10	49.14	57.40	46.64
430389	意普万	5102	51.10	44.11	62.88	47.43
835085	凯米教育	5103	51.10	52.13	47.99	53.19
832636	大运科技	5104	51.09	55.06	61.85	33.15
836492	种源农业	5105	51.09	50.52	70.19	29.98
834108	万隆股份	5106	51.09	52.65	53.23	46.44
833283	盛瑞传动	5107	51.09	63.55	41.51	44.49
430117	航天理想	5108	51.08	41.94	42.82	73.47
832262	德惠商业	5109	51.08	62.99	53.88	31.06
830979	泰宝生物	5110	51.08	51.21	56.42	44.76
430174	沃捷传媒	5111	51.07	51.10	69.32	30.11
836346	亿玛在线	5112	51.07	53.28	48.65	50.74
833114	商汇小贷	5113	51.07	55.68	55.11	39.93
430188	奥贝克	5114	51.07	55.12	45.86	51.33
832070	磁谷科技	5115	51.07	46.56	46.55	62.61
832783	恒源食品	5116	51.06	49.09	73.04	28.63
834020	东霖食品	5117	51.06	59.43	54.93	34.82
831477	菲达阀门	5118	51.06	61.75	49.23	38.08
834633	聚贤科技	5119	51.06	50.16	51.50	51.82
832614	旺大集团	5120	51.06	50.54	51.27	51.55
831556	文正股份	5121	51.06	55.24	61.82	32.81
831516	金科环保	5122	51.06	58.69	52.08	39.11
430683	新中德	5123	51.05	51.54	52.16	49.09

续表

挂牌代码	公司简称	排名	总体指数	透明度与治理指数	成长能力指数	创新能力指数
831038	宇建科技	5124	51.04	62.63	43.97	42.81
835384	禄智科技	5125	51.04	41.21	62.08	52.24
831460	光和光学	5126	51.03	45.53	64.87	42.91
835960	九易庄宸	5127	51.03	57.39	49.41	43.90
430056	中航新材	5128	51.03	51.52	50.84	50.54
832438	润港林业	5129	51.03	56.60	62.22	30.31
831388	福来喜得	5130	51.02	55.45	48.40	47.78
835423	保奇影视	5131	51.02	60.19	46.84	42.88
834752	蓬莱海洋	5132	51.02	50.96	54.75	46.82
833881	一森园林	5133	51.01	46.67	63.87	42.37
836153	明邦物流	5134	51.01	45.09	60.79	48.14
833046	上层传媒	5135	51.01	64.76	50.72	31.93
834937	晨辉科技	5136	51.00	42.70	53.73	59.59
836351	鲁顺食品	5137	51.00	48.75	67.66	35.07
833139	正德科技	5138	51.00	57.13	55.58	37.08
836207	骏地设计	5139	50.99	50.50	46.49	56.84
834908	高创特	5140	50.99	58.76	42.53	49.72
834411	星娱文化	5141	50.99	43.86	57.28	53.82
833440	新鸿运	5142	50.98	55.48	63.26	30.55
833782	天锐医药	5143	50.98	51.18	57.51	43.22
833845	人之初	5144	50.98	55.44	48.78	47.20
832124	东南股份	5145	50.97	47.84	56.71	48.82
831723	恒晟农贷	5146	50.97	52.95	58.57	39.46
834797	荣达禽业	5147	50.97	55.61	61.88	31.89
836250	迈特绿建	5148	50.96	45.84	55.16	53.38
430736	中江种业	5149	50.96	40.69	60.44	54.59
831993	欧克精化	5150	50.96	52.81	55.92	42.68
836209	启超电缆	5151	50.96	58.57	55.44	35.08

续表

挂牌代码	公司简称	排名	总体指数	透明度与治理指数	成长能力指数	创新能力指数
430173	欧美城	5152	50.96	40.73	55.19	60.53
835280	春风物流	5153	50.95	66.91	50.93	28.47
833138	长江材料	5154	50.94	57.39	50.17	42.73
430678	蓝波绿建	5155	50.94	49.53	52.06	51.66
833902	琪瑜光电	5156	50.94	55.44	53.37	41.79
832252	荣进睿达	5157	50.94	55.32	61.54	32.59
832476	柯立沃特	5158	50.94	46.60	46.92	61.66
836108	五星铜业	5159	50.94	65.80	49.35	31.78
832712	创侨股份	5160	50.93	49.73	54.42	48.63
832687	京东农业	5161	50.93	44.28	62.12	47.48
836503	寰宇科技	5162	50.93	40.71	52.67	63.36
430541	翼兴节能	5163	50.93	52.99	44.88	54.96
832992	神戎电子	5164	50.93	49.34	61.42	41.14
833287	海拜科技	5165	50.92	53.02	45.42	54.28
834432	德博尔	5166	50.92	44.53	65.16	43.58
836855	议中股份	5167	50.92	59.97	49.84	39.38
430126	马氏兄弟	5168	50.91	49.84	53.84	49.08
836116	潜能燃气	5169	50.91	56.58	46.19	48.32
834660	戈瑞电子	5170	50.90	44.50	43.64	68.28
833941	伊悦尼	5171	50.90	47.96	51.84	53.99
831000	吉芬设计	5172	50.90	46.68	54.82	52.37
832698	青雨传媒	5173	50.90	52.41	59.36	39.07
831645	三星新材	5174	50.90	55.63	52.26	42.66
832684	天运股份	5175	50.90	58.12	50.05	41.69
832741	禾泰股份	5176	50.90	52.94	46.04	53.59
835420	锋尚世纪	5177	50.89	47.08	61.60	44.00
833618	迪派无线	5178	50.89	43.30	55.29	56.56
835165	嘉尚传媒	5179	50.89	45.06	66.29	41.44

挂牌代码	公司简称	排名	总体指数	透明度与治理指数	成长能力指数	创新能力指数
430087	富电绿能	5180	50.89	34.57	78.98	41.67
430358	基美影业	5181	50.88	49.37	63.68	38.32
835644	天草生物	5182	50.88	48.08	61.11	43.09
831621	中镁控股	5183	50.87	56.53	51.20	42.51
833816	志成股份	5184	50.87	47.36	52.98	53.40
835576	数字硅谷	5185	50.86	54.29	56.65	39.39
831513	爱廸新能	5186	50.86	55.67	57.74	36.19
833236	江亚消防	5187	50.86	41.45	59.63	54.07
831305	海希通讯	5188	50.86	50.73	49.22	52.91
830929	幸美股份	5189	50.86	49.59	62.51	39.27
834898	株百股份	5190	50.85	62.59	51.63	33.39
836779	万邦特材	5191	50.85	50.44	56.45	44.99
830911	标榜新材	5192	50.84	52.94	45.92	53.54
833628	金山地质	5193	50.84	50.05	50.43	52.42
832454	新涛科技	5194	50.83	36.61	68.81	50.27
430654	聚科照明	5195	50.83	49.50	47.79	56.19
832713	华莱士	5196	50.83	37.82	57.82	61.16
835979	邑通道具	5197	50.82	50.32	60.02	40.99
833083	爱林至善	5198	50.82	51.96	62.55	35.75
836927	鸿田股份	5199	50.82	55.28	56.01	38.55
830925	鄂信钻石	5200	50.81	40.46	55.42	60.13
836510	蒙都羊业	5201	50.81	57.47	58.29	32.83
430033	彩讯科技	5202	50.81	55.55	45.60	50.11
835961	名品世家	5203	50.81	38.02	74.75	41.38
835472	今朝时代	5204	50.81	47.30	42.47	65.32
836739	金全股份	5205	50.81	43.04	66.89	43.31
833316	宏商科技	5206	50.80	52.87	49.56	49.31
831686	正大环保	5207	50.80	47.17	64.00	40.76

挂牌代码	公司简称	排名	总体指数	透明度与治理指数	成长能力指数	创新能力指数
832728	全宝科技	5208	50.79	46.19	55.99	51.32
430334	科洋科技	5209	50.79	50.46	47.55	54.99
832598	大野创意	5210	50.79	44.20	50.83	60.05
832724	江苏三鑫	5211	50.79	53.74	51.08	46.29
834512	传诚时装	5212	50.78	49.06	58.73	44.09
836763	远翔新材	5213	50.78	51.01	48.89	52.64
836387	融锦化工	5214	50.78	56.05	51.82	42.15
836459	赛威客	5215	50.78	59.13	58.14	30.54
832627	锦达保税	5216	50.77	50.74	60.80	39.32
834754	八马茶业	5217	50.77	53.25	56.28	40.93
831179	奥杰科技	5218	50.76	42.26	54.33	58.64
832068	苏变电气	5219	50.75	56.68	55.01	37.51
833834	绩丰物联	5220	50.75	47.18	66.61	37.59
835850	凯欣股份	5221	50.74	42.95	71.09	38.36
835704	罗特药业	5222	50.73	55.95	47.95	46.56
831433	川东磁电	5223	50.73	51.67	59.52	39.31
834998	华强电商	5224	50.73	55.50	62.10	30.95
832864	协力仪控	5225	50.73	54.31	41.81	55.90
835583	太阳谷	5226	50.72	59.41	48.71	40.75
832409	希雅图	5227	50.71	44.34	66.82	41.23
836894	亚亨机械	5228	50.71	49.95	56.03	45.69
836882	金至科技	5229	50.71	38.57	56.16	61.59
430063	工控网	5230	50.71	40.06	45.65	71.55
831250	维涅斯	5231	50.70	48.86	55.05	48.32
835296	澳菲利	5232	50.70	49.37	70.63	29.73
831001	英特罗	5233	50.70	57.28	48.71	43.72
835219	新世洋	5234	50.70	52.85	64.27	32.10
836796	盛达机器	5235	50.70	52.47	40.99	59.34

续表

挂牌代码	公司简称	排名	总体指数	透明度与治理指数	成长能力指数	创新能力指数
833390	国德医疗	5236	50.70	49.38	57.98	44.20
832489	济邦生态	5237	50.70	39.21	60.22	55.97
834706	士诺健康	5238	50.69	52.44	51.54	47.25
833496	华安新材	5239	50.69	63.40	46.18	37.94
833359	ST天涯	5240	50.69	33.23	65.36	58.48
430640	摩威环境	5241	50.69	39.63	61.68	53.67
833602	洪昌科技	5242	50.69	40.95	69.85	42.43
831054	巴陵节能	5243	50.68	47.76	56.44	48.20
430423	宁变科技	5244	50.68	54.10	49.18	47.57
834842	光彩传媒	5245	50.68	51.13	49.11	51.86
832815	金瀚科技	5246	50.68	50.29	51.69	50.07
836565	东篱环境	5247	50.68	43.79	62.27	47.09
834720	闽瑞环保	5248	50.68	43.27	69.00	40.10
834446	凤尚购	5249	50.67	55.82	60.43	32.21
834010	亚兴科技	5250	50.67	47.98	46.12	59.70
834933	正弦电气	5251	50.67	52.65	42.87	56.84
834765	美之高	5252	50.66	55.88	55.77	37.44
832115	喜宝动力	5253	50.66	37.97	72.38	43.66
835568	新大禹	5254	50.66	45.67	55.26	52.42
834225	秋林股份	5255	50.66	49.03	63.34	38.39
836258	高兴新材	5256	50.65	59.56	51.89	36.66
833867	泓坤股份	5257	50.65	51.42	46.47	54.36
836061	蜂巢锐哲	5258	50.65	49.28	50.58	52.66
836681	泰嘉电子	5259	50.65	46.48	63.31	41.99
832972	中能股份	5260	50.64	48.98	50.87	52.73
833829	鹏飞股份	5261	50.64	46.91	63.80	40.80
835011	麦迪制冷	5262	50.64	50.40	61.23	38.84
833157	京冶轴承	5263	50.64	51.05	57.75	41.89

续表

挂牌代码	公司简称	排名	总体指数	透明度与治理指数	成长能力指数	创新能力指数
831530	才府玻璃	5264	50.64	44.94	61.51	46.19
832704	安美科	5265	50.63	52.05	34.21	67.48
834039	世创电子	5266	50.63	50.95	51.37	49.33
835974	天人科技	5267	50.63	45.65	54.57	53.13
832131	斯盛能源	5268	50.62	48.34	60.82	42.15
836355	闽申农业	5269	50.62	52.53	64.77	31.70
834237	皖江金租	5270	50.62	53.24	60.02	36.13
835226	建研咨询	5271	50.62	65.18	49.22	31.67
430381	阿兰德	5272	50.62	53.40	54.08	42.71
830969	智通人才	5273	50.62	49.50	54.99	47.17
835857	百甲科技	5274	50.62	42.99	55.28	56.03
832671	冠宇科技	5275	50.61	60.88	41.12	47.01
831166	纳地股份	5276	50.61	49.57	57.79	43.83
832228	广信担保	5277	50.61	51.07	54.20	45.83
833417	起点人力	5278	50.61	45.91	70.84	34.01
834462	欧佩股份	5279	50.60	50.12	62.76	37.33
837131	纳尼亚	5280	50.60	51.26	53.39	46.47
834068	蓝氧科技	5281	50.60	41.23	61.93	50.81
834137	汇锋传动	5282	50.60	56.17	49.34	44.17
835641	众信易诚	5283	50.60	54.87	58.02	36.04
835289	三力新材	5284	50.60	58.94	47.47	42.41
832019	中棉种业	5285	50.59	57.73	40.16	52.50
832740	芝星炭业	5286	50.59	55.44	57.65	35.64
836042	泛华体育	5287	50.58	43.03	56.51	54.45
430301	倚天股份	5288	50.58	43.60	58.14	51.73
836902	远洋科技	5289	50.57	51.98	57.63	40.47
833270	沃福百瑞	5290	50.57	43.39	62.20	47.36
833514	中创发	5291	50.57	49.37	52.28	50.31

挂牌代码	公司简称	排名	总体指数	透明度与治理指数	成长能力指数	创新能力指数
430439	亚杜股份	5292	50.57	54.23	55.93	39.26
833129	苏美材料	5293	50.56	53.60	44.97	52.70
430493	新成新材	5294	50.56	51.68	52.71	46.52
836919	迅扬科技	5295	50.56	51.06	60.81	38.09
835947	高山农业	5296	50.56	49.92	54.93	46.44
833421	金利洁	5297	50.56	49.20	50.18	52.91
831373	电科电源	5298	50.56	49.08	52.95	49.89
831192	海明威	5299	50.55	49.92	57.25	43.76
836246	合通科技	5300	50.55	49.90	60.75	39.77
836400	留成网	5301	50.55	54.49	53.85	41.20
834844	卓异装备	5302	50.55	57.66	29.05	65.18
831334	竞天科技	5303	50.54	55.93	32.21	64.00
836417	中桥传媒	5304	50.54	54.55	48.08	47.72
836547	无锡晶海	5305	50.54	53.81	51.31	45.06
831561	威孚热能	5306	50.54	44.01	59.18	49.82
835917	欧迈特	5307	50.53	52.20	44.76	54.82
833454	同心传动	5308	50.53	54.38	48.07	47.91
834379	美柯海斯	5309	50.53	62.59	53.69	29.88
833584	高峰科特	5310	50.53	58.37	58.84	29.91
430167	四利通	5311	50.53	50.17	32.42	71.81
834274	和嘉天健	5312	50.52	54.92	62.30	30.79
833104	融汇管通	5313	50.52	56.53	48.18	44.72
833546	盛世华诚	5314	50.52	52.37	56.73	40.77
833880	中城投资	5315	50.51	58.10	51.95	38.16
832630	诺之股份	5316	50.51	54.46	46.59	49.43
835018	中天股份	5317	50.51	56.01	52.26	40.72
832126	康乐药业	5318	50.51	44.18	54.96	54.33
836596	鲁新新材	5319	50.50	65.02	43.38	38.20

续表

挂牌代码	公司简称	排名	总体指数	透明度与治理指数	成长能力指数	创新能力指数
836804	棓雅生物	5320	50.50	59.69	47.25	41.26
835237	力佳科技	5321	50.50	42.84	63.23	46.69
833730	金旅环保	5322	50.49	42.20	55.52	56.42
831570	鸿益达	5323	50.48	48.13	62.90	39.54
835949	华电智能	5324	50.48	53.13	43.14	55.17
832666	齐鲁银行	5325	50.48	55.15	56.89	36.53
835546	高拓新材	5326	50.48	42.80	65.74	43.78
831852	东研科技	5327	50.47	46.39	52.21	54.23
834549	天工股份	5328	50.47	49.48	58.45	42.68
834683	爹地宝贝	5329	50.46	56.38	56.79	34.85
835407	立澜科技	5330	50.45	45.70	66.33	38.92
834371	新安传媒	5331	50.45	53.29	50.33	46.58
835809	金和福	5332	50.45	51.45	45.08	55.20
832437	三泰新材	5333	50.44	53.84	43.21	53.95
833412	帝瀚环保	5334	50.44	54.50	38.98	57.85
835104	红鼎豆捞	5335	50.43	54.94	54.14	39.83
834287	鼎楚节能	5336	50.43	50.72	42.99	58.57
834348	凯瑞股份	5337	50.42	55.68	49.23	44.38
832707	国豪股份	5338	50.42	46.57	58.30	46.81
430718	合肥高科	5339	50.42	52.97	56.87	39.42
430322	智合新天	5340	50.41	45.31	67.87	37.58
834782	海伊教育	5341	50.41	56.21	36.57	58.11
833802	希尔化工	5342	50.40	55.44	51.48	42.05
833051	九新能源	5343	50.40	59.15	47.07	41.89
833464	苏州沪云	5344	50.40	58.25	41.18	49.90
834368	华新能源	5345	50.40	37.87	59.42	57.72
835179	凯德石英	5346	50.40	50.79	52.95	46.91
835896	天津华宇	5347	50.40	58.51	53.35	35.55

续表

挂牌代码	公司简称	排名	总体指数	透明度与治理指数	成长能力指数	创新能力指数
834764	巨龙硅钢	5348	50.39	53.39	62.08	32.76
832128	喜之家	5349	50.38	54.93	52.30	41.77
833161	神州英才	5350	50.38	56.42	43.74	49.48
831716	金新股份	5351	50.38	51.24	56.89	41.68
830958	鑫庄农贷	5352	50.38	53.74	53.13	42.48
836698	聚能炭	5353	50.37	56.59	53.18	38.36
832024	时代华影	5354	50.37	41.27	51.14	62.32
832051	经证投资	5355	50.37	47.51	59.10	44.39
834815	巨东股份	5356	50.36	45.49	56.80	49.85
832050	百富餐饮	5357	50.36	45.67	54.86	51.84
833345	中标科技	5358	50.36	44.27	70.45	35.91
832006	郑州水务	5359	50.36	44.69	53.48	54.79
835659	佳健医疗	5360	50.36	50.76	63.41	34.83
836431	美思特	5361	50.36	51.98	61.65	35.11
831449	赛格立诺	5362	50.35	53.29	67.54	26.48
834396	坤瑞科技	5363	50.35	59.19	44.69	44.38
430535	柳爱科技	5364	50.35	50.78	54.07	45.49
831545	达一农林	5365	50.35	52.97	58.58	37.19
830896	旺成科技	5366	50.35	54.45	51.00	43.81
832342	思普润	5367	50.34	36.71	66.51	51.02
835609	港龙股份	5368	50.34	54.21	54.35	40.28
835986	泰壹环保	5369	50.34	54.44	50.38	44.50
832133	天涌影视	5370	50.33	43.64	69.28	38.02
837051	科理咨询	5371	50.32	51.74	59.87	37.37
836185	利伟生物	5372	50.32	53.71	39.97	57.42
831642	蜀虹装备	5373	50.32	57.35	46.88	44.35
430010	现代农装	5374	50.31	60.67	44.31	42.59
836473	中财股份	5375	50.31	59.41	54.25	32.94

续表

挂牌代码	公司简称	排名	总体指数	透明度与治理指数	成长能力指数	创新能力指数
831147	合建重科	5376	50.31	45.99	60.63	44.56
430646	上海底特	5377	50.31	48.05	52.84	50.60
836835	鲁虹农科	5378	50.31	50.16	61.53	37.64
835822	丝路林牧	5379	50.31	57.24	51.30	39.39
834682	球冠电缆	5380	50.30	50.69	58.10	40.82
830847	晟嘉电气	5381	50.30	55.85	39.93	54.38
834692	恒泰股份	5382	50.30	51.29	50.64	48.50
833014	中标集团	5383	50.30	46.16	54.88	50.87
832059	欧密格	5384	50.30	49.31	55.09	46.18
833823	综桓能源	5385	50.29	50.50	60.04	38.82
835183	鸿禧能源	5386	50.29	50.72	61.41	36.93
833250	瑞科际	5387	50.29	45.52	52.34	54.67
832820	慧通股份	5388	50.28	59.81	48.64	38.73
430260	布雷尔利	5389	50.28	60.48	50.14	36.05
430756	科电瑞通	5390	50.27	60.06	37.32	51.32
835370	东江菲特	5391	50.27	50.55	52.14	47.73
833431	金海科技	5392	50.27	45.39	64.04	41.34
830923	上元堂	5393	50.26	50.27	65.16	33.15
833488	伟旺达	5394	50.25	48.61	54.93	47.21
832589	比特利	5395	50.25	59.06	39.04	50.69
834153	炜田新材	5396	50.25	56.33	58.26	32.48
831453	远泉股份	5397	50.25	49.94	59.36	40.23
836022	增晟节能	5398	50.25	47.39	57.02	46.50
831568	张铁军	5399	50.25	51.56	63.80	32.84
834406	迪威普	5400	50.25	53.35	46.09	50.65
832792	鹿城银行	5401	50.24	58.44	52.60	35.97
835023	融兴担保	5402	50.24	54.96	55.76	37.24
830966	苏北花卉	5403	50.23	48.02	54.21	48.80

挂牌代码	公司简称	排名	总体指数	透明度与治理指数	成长能力指数	创新能力指数
834405	永丰小贷	5404	50.23	54.72	57.47	35.60
833934	震宇科技	5405	50.23	45.85	42.75	65.00
832588	葫芦堡	5406	50.23	43.53	68.01	39.28
832978	开特股份	5407	50.23	44.40	56.57	51.17
835544	万盛智能	5408	50.23	57.93	52.82	36.39
833741	山水股份	5409	50.23	48.85	67.80	32.00
834096	江川金融	5410	50.23	47.88	53.95	49.26
832090	时代装饰	5411	50.22	47.09	58.44	45.22
835582	华闽南配	5412	50.22	55.95	56.49	34.93
430649	绿清科技	5413	50.22	46.17	47.83	58.66
836781	惠嘉生物	5414	50.22	44.06	63.29	43.90
834696	海通基业	5415	50.21	59.07	47.60	40.72
430214	建中医疗	5416	50.21	53.00	54.49	41.37
831349	德运塑业	5417	50.21	49.87	59.78	39.70
430714	奇才股份	5418	50.19	43.94	52.66	56.19
832818	正海合泰	5419	50.19	49.68	55.96	44.30
831750	华明泰	5420	50.19	48.71	58.92	42.26
830961	圣华农科	5421	50.18	61.10	36.23	50.79
834666	桑尼能源	5422	50.18	39.67	61.79	51.69
832307	中航蜂窝	5423	50.18	57.47	40.30	51.22
831584	雷博司	5424	50.17	53.54	47.14	48.89
430668	笃诚科技	5425	50.17	56.50	44.50	47.75
430302	保华石化	5426	50.17	51.79	44.77	54.08
430686	华盛控股	5427	50.17	58.86	43.06	46.06
430663	大陆机电	5428	50.16	42.25	52.37	58.79
837089	恒瑞股份	5429	50.16	55.48	53.18	39.19
831253	东进农牧	5430	50.15	55.26	58.49	33.37
833763	原态农业	5431	50.15	52.45	57.06	38.97

续表

挂牌代码	公司简称	排名	总体指数	透明度与治理指数	成长能力指数	创新能力指数
832275	敦华石油	5432	50.14	45.32	47.49	60.00
836931	新中法	5433	50.14	56.58	53.99	36.64
836281	鸿盛华	5434	50.14	44.53	74.76	29.79
430682	中天羊业	5435	50.13	48.95	54.61	46.66
834189	惠同股份	5436	50.13	50.47	64.05	33.67
835030	欧歌科技	5437	50.12	53.36	53.25	41.98
832291	中泊防爆	5438	50.12	51.86	50.79	46.91
430348	瑞斯福	5439	50.11	54.84	39.18	55.98
833117	润泰股份	5440	50.11	46.60	59.81	43.91
834327	车讯互联	5441	50.11	41.00	69.44	40.76
832072	紫晶股份	5442	50.10	48.08	53.60	48.94
831618	文广农贷	5443	50.10	55.32	55.21	36.87
832709	达特照明	5444	50.10	44.19	46.07	63.06
832873	金奇精化	5445	50.10	47.72	59.26	42.94
835698	聚能股份	5446	50.10	40.58	57.82	54.68
831390	宜都运机	5447	50.09	47.39	56.30	46.78
835393	万家天能	5448	50.09	54.93	59.80	32.12
833673	茂莱光学	5449	50.09	44.52	56.74	50.31
430722	鸿图建筑	5450	50.09	45.10	41.94	66.47
836397	智善生活	5451	50.09	48.48	59.00	42.12
834861	同福碗粥	5452	50.09	47.80	58.41	43.76
833582	华特信息	5453	50.08	52.08	55.39	41.18
834383	都邦药业	5454	50.08	50.38	51.78	47.72
834796	鑫海新材	5455	50.08	56.33	50.63	40.64
832301	三信科技	5456	50.08	44.26	51.25	56.94
832482	菁茂农业	5457	50.08	38.62	69.63	43.81
831859	祁药股份	5458	50.07	61.47	51.50	32.36
831135	永冠股份	5459	50.07	55.52	57.35	34.03

挂牌代码	公司简称	排名	总体指数	透明度与治理指数	成长能力指数	创新能力指数
831159	安达物流	5460	50.07	59.96	54.68	30.83
835764	迪生数娱	5461	50.07	43.30	47.89	62.12
834479	建宏股份	5462	50.07	52.94	46.23	50.42
834828	天源磁业	5463	50.07	46.08	62.69	41.20
836070	龙翔电气	5464	50.05	44.18	61.21	45.54
835003	龙腾影视	5465	50.05	34.57	83.04	34.04
831696	赤诚生物	5466	50.05	40.64	62.80	48.70
831304	迪尔化工	5467	50.05	67.69	44.76	31.24
832983	泡宝网	5468	50.05	59.03	54.68	32.06
834659	科逸股份	5469	50.04	52.32	56.36	39.58
831996	永裕竹业	5470	50.04	46.84	60.00	43.13
833531	博亚精工	5471	50.04	48.28	55.86	45.83
834761	锦聚成	5472	50.04	61.26	65.62	16.31
832104	诺晟股份	5473	50.03	44.68	36.36	73.26
837143	潮庭食品	5474	50.02	52.33	54.96	41.10
836039	华力石油	5475	50.02	57.27	33.37	58.90
834747	富鹰物流	5476	50.02	49.76	60.86	37.96
835495	视野股份	5477	50.02	54.70	67.03	23.89
834140	华协农业	5478	50.02	43.27	53.32	55.75
831838	福康药业	5479	50.01	50.44	59.92	38.04
833121	伊索股份	5480	50.01	50.83	52.40	46.12
836190	托球股份	5481	50.01	51.51	55.29	41.84
834301	金邦科技	5482	50.01	53.84	59.73	33.45
836566	三星科技	5483	50.01	59.85	53.63	31.98
835037	环球药业	5484	50.01	49.65	48.53	52.21
830918	银发环保	5485	50.01	36.67	59.31	58.15
833126	通化耐博	5486	50.00	54.69	44.75	49.40
834007	华溢物流	5487	50.00	63.69	47.82	33.18

续表

挂牌代码	公司简称	排名	总体指数	透明度与治理指数	成长能力指数	创新能力指数
835119	信谊包装	5488	50.00	53.56	62.60	30.51
835024	七彩云南	5489	50.00	54.03	47.23	47.47
832613	资博股份	5490	50.00	47.54	53.10	49.89
833482	能量传播	5491	49.99	61.58	57.78	24.71
836245	安中股份	5492	49.99	50.79	52.28	46.23
833487	东莞林氏	5493	49.99	50.91	58.21	39.26
834576	沃尔奔达	5494	49.98	47.11	50.94	52.93
834366	汇丰小贷	5495	49.98	51.64	56.26	40.43
834461	华工股份	5496	49.97	47.35	55.63	47.17
835887	正凯新材	5497	49.97	55.07	57.60	33.99
430728	五岳钻具	5498	49.96	53.14	59.25	34.80
833838	美世创投	5499	49.95	52.00	52.81	43.76
834202	纵横六合	5500	49.95	52.16	58.39	37.13
834421	易通科技	5501	49.94	65.81	35.53	44.11
833560	东南电梯	5502	49.94	49.48	51.70	48.57
833212	捷瑞流体	5503	49.93	58.52	53.77	33.40
834914	峰华卓立	5504	49.93	44.72	57.29	48.83
836553	中汇税务	5505	49.93	54.86	58.12	33.56
832518	佳汇设计	5506	49.92	43.18	49.91	59.46
832318	广通股份	5507	49.92	41.55	61.11	48.90
836606	华泰液力	5508	49.92	51.07	55.07	42.39
834267	苏州立瓷	5509	49.92	50.87	41.08	58.72
835382	中冷物流	5510	49.92	53.28	65.58	27.18
836896	桃花源	5511	49.91	40.74	53.94	58.22
832697	振源电器	5512	49.91	57.48	42.18	48.09
831200	巨正源	5513	49.90	52.54	54.83	40.54
835588	东仑传媒	5514	49.90	47.36	66.55	34.39
832431	兴亿海洋	5515	49.89	43.94	54.33	53.17

续表

挂牌代码	公司简称	排名	总体指数	透明度与治理指数	成长能力指数	创新能力指数
835669	尼的科技	5516	49.88	50.56	50.88	47.77
835514	雅荷科技	5517	49.87	51.23	63.04	32.84
832827	百逸达	5518	49.87	48.47	65.10	34.34
834889	盛达电机	5519	49.86	50.06	57.38	40.96
835355	纽恩特	5520	49.86	46.63	52.56	51.32
832877	八记食品	5521	49.86	43.06	68.12	38.49
831668	天元小贷	5522	49.86	62.39	51.13	30.70
835993	泽衡环保	5523	49.85	39.95	46.62	67.53
834736	康铭盛	5524	49.85	42.22	61.70	47.01
833651	正大股份	5525	49.84	56.88	43.77	46.89
430588	天松医疗	5526	49.84	39.83	53.75	59.49
833821	浦江股份	5527	49.84	45.80	57.37	46.90
835388	佳景科技	5528	49.84	39.24	60.90	52.10
836588	鹏远新材	5529	49.84	51.02	57.88	38.93
833268	北亚时代	5530	49.84	37.80	58.52	56.86
834123	辽宁天丰	5531	49.83	49.71	55.42	43.60
834979	天健生物	5532	49.83	45.21	62.10	42.26
832908	西恩科技	5533	49.82	54.04	48.75	45.11
831172	华尔达	5534	49.82	46.21	55.49	48.42
430634	南安机电	5535	49.82	58.75	48.71	38.49
837017	千一智能	5536	49.81	46.19	66.54	35.72
836515	彩珀科教	5537	49.81	51.76	64.56	30.12
836597	三尚传媒	5538	49.81	46.97	61.25	40.69
834539	运通车联	5539	49.80	45.63	55.72	48.89
831013	兴艺景	5540	49.80	41.71	61.19	48.14
834082	中建信息	5541	49.79	33.98	62.13	57.94
834193	大川新材	5542	49.79	61.30	48.80	34.69
835166	综艺联创	5543	49.79	50.27	57.61	40.14

续表

挂牌代码	公司简称	排名	总体指数	透明度与治理指数	成长能力指数	创新能力指数
836575	绿邦作物	5544	49.78	56.29	48.99	41.50
832182	欧好光电	5545	49.78	46.90	45.48	58.77
833762	励思股份	5546	49.77	52.88	55.22	39.14
833245	华望科技	5547	49.77	47.10	47.16	56.53
430586	兴港包装	5548	49.76	57.72	52.26	35.68
830830	新昶虹	5549	49.76	52.90	50.03	45.00
834321	明盛达	5550	49.76	58.75	59.52	25.87
831207	南方制药	5551	49.76	44.22	55.71	50.74
834004	新乡日升	5552	49.76	63.66	39.61	41.78
832435	俪德照明	5553	49.76	50.38	38.01	62.35
430445	仙宜岱	5554	49.75	51.61	50.82	45.91
831354	话机世界	5555	49.75	48.31	67.24	31.72
835648	同益股份	5556	49.75	55.46	60.03	29.90
833195	天强制药	5557	49.75	45.66	57.18	46.98
430183	天友设计	5558	49.74	46.14	54.73	49.11
832264	普克科技	5559	49.74	49.65	62.77	34.93
834700	征途科技	5560	49.74	48.35	51.98	49.14
833950	金凯达	5561	49.73	37.09	57.37	58.79
834103	诚泰股份	5562	49.73	46.02	63.41	39.25
834223	永诚保险	5563	49.72	53.79	62.13	29.75
430550	沃克斯	5564	49.72	42.67	55.76	52.75
831866	蔚林股份	5565	49.72	47.44	54.00	48.03
830818	巨峰股份	5566	49.72	49.55	52.39	46.89
832263	美亚高新	5567	49.72	59.97	47.82	37.44
832000	安徽凤凰	5568	49.72	50.98	57.21	39.33
832756	中科君浩	5569	49.71	49.65	53.03	45.98
836094	万达股份	5570	49.71	51.12	55.66	40.88
831294	中德科技	5571	49.70	50.51	52.73	45.09

续表

挂牌代码	公司简称	排名	总体指数	透明度与治理指数	成长能力指数	创新能力指数
835905	中达软塑	5572	49.70	55.73	55.97	33.97
835455	乐的美	5573	49.69	47.80	60.26	40.23
836740	世纪森诺	5574	49.69	49.40	42.47	58.39
833311	万容科技	5575	49.69	54.86	49.29	42.86
834905	和合玉器	5576	49.69	52.63	50.02	45.15
831531	康雅股份	5577	49.68	41.77	57.68	51.67
834929	风向标	5578	49.67	39.68	50.26	63.11
836490	天工科股	5579	49.67	55.52	40.57	51.86
834609	万兴股份	5580	49.67	52.81	50.70	44.04
835694	芙儿优	5581	49.66	53.48	54.36	38.88
836016	清水股份	5582	49.66	58.58	43.24	44.44
831932	东南电器	5583	49.66	48.68	59.42	39.84
835633	世纪福	5584	49.64	37.61	53.12	62.64
833146	双喜电器	5585	49.64	52.90	57.63	35.88
832662	方盛股份	5586	49.64	48.27	57.45	42.58
832298	菲缆股份	5587	49.63	54.59	53.82	37.84
833877	万得福	5588	49.63	36.24	57.67	59.28
836179	国天电子	5589	49.62	43.51	66.30	39.11
833878	帕斯菲克	5590	49.62	53.67	50.22	43.23
833836	盛祥电子	5591	49.62	50.87	54.12	42.68
832938	国林环保	5592	49.62	42.08	56.76	52.05
836677	中谊抗震	5593	49.61	51.12	46.33	51.24
831107	金科信息	5594	49.61	40.90	51.95	59.20
835396	博威能源	5595	49.61	52.75	52.78	41.53
832874	益家食品	5596	49.60	54.97	45.64	46.59
835297	东杨新材	5597	49.60	46.78	58.38	43.52
832866	博杰科技	5598	49.60	44.08	50.16	56.75
832117	腾冉电气	5599	49.60	42.91	58.28	49.05

挂牌代码	公司简称	排名	总体指数	透明度与治理指数	成长能力指数	创新能力指数
834276	澳冠智能	5600	49.60	39.34	55.72	57.04
836041	残友善务	5601	49.59	42.05	52.70	56.68
834742	麦克韦尔	5602	49.59	46.63	56.51	45.85
830875	千草生物	5603	49.59	55.51	41.06	51.02
833420	集趣股份	5604	49.59	52.95	28.97	68.50
835776	招金励福	5605	49.58	62.78	48.61	32.09
831515	威和光电	5606	49.58	66.04	40.30	37.01
836700	华谊控股	5607	49.58	54.92	50.23	41.31
831352	健力股份	5608	49.58	69.30	36.39	36.91
836531	枫华种业	5609	49.58	54.25	58.50	32.77
834699	南通联科	5610	49.57	57.28	50.71	37.39
430676	恒立数控	5611	49.57	49.86	52.25	46.09
832980	怡林实业	5612	49.57	41.29	62.12	46.85
430589	银河激光	5613	49.57	63.61	40.71	39.92
430701	立德股份	5614	49.57	47.74	49.15	52.62
833453	永创医药	5615	49.56	52.64	50.62	44.00
834837	联畅物流	5616	49.56	53.54	60.25	31.67
430442	华昊电器	5617	49.55	49.66	52.88	45.58
833220	思比科	5618	49.54	51.35	42.98	54.53
430207	威明德	5619	49.54	35.54	61.00	56.16
832573	地瑞科森	5620	49.54	51.61	41.32	56.06
834680	海天众意	5621	49.53	56.14	54.77	34.20
834000	国鑫农贷	5622	49.53	53.88	54.24	37.99
430499	中科股份	5623	49.53	51.52	55.03	40.41
834949	耀客传媒	5624	49.53	42.68	71.18	34.34
430070	赛亿智能	5625	49.53	51.98	39.10	58.03
835939	君亭酒店	5626	49.52	51.38	59.82	35.07
833914	远航合金	5627	49.52	52.71	54.61	39.18

挂牌代码	公司简称	排名	总体指数	透明度与治理指数	成长能力指数	创新能力指数
833242	领航传媒	5628	49.52	57.23	46.39	42.22
836893	超滤环保	5629	49.52	51.88	55.84	38.94
837132	创业人	5630	49.52	51.97	54.78	40.02
832593	森宝电器	5631	49.52	47.40	53.79	47.60
834599	同力股份	5632	49.51	59.69	34.54	52.32
836171	神马华威	5633	49.51	48.71	64.69	33.21
831356	中电智能	5634	49.50	42.72	57.08	50.38
834495	华欧股份	5635	49.50	53.96	46.76	46.37
834871	上川智能	5636	49.50	48.26	61.52	37.46
834201	柳鑫股份	5637	49.50	46.91	61.98	38.83
833392	民和影视	5638	49.50	47.09	69.74	29.65
836279	吉川科技	5639	49.49	53.72	50.96	41.86
835706	利诚股份	5640	49.49	54.07	52.98	39.01
832002	赛文技术	5641	49.49	42.71	50.68	57.67
830993	壹玖壹玖	5642	49.48	28.88	80.98	42.41
836970	威腾股份	5643	49.48	46.34	53.41	49.39
835394	西江物流	5644	49.48	55.32	55.12	34.76
833604	南广影视	5645	49.47	46.89	59.53	41.58
835540	旭辉股份	5646	49.47	44.86	58.96	45.09
430293	奉天电子	5647	49.47	43.94	55.81	50.00
833290	瑞必达	5648	49.47	43.96	70.31	33.33
836422	润普食品	5649	49.45	49.52	60.64	36.50
835366	泰鑫小贷	5650	49.44	56.52	45.43	44.07
832609	意昂股份	5651	49.44	44.18	61.14	43.44
836523	航泰股份	5652	49.44	59.38	37.58	49.02
830857	金冠科技	5653	49.43	48.87	49.62	50.01
834047	缔安科技	5654	49.43	44.00	42.33	65.24
831911	锯力煌	5655	49.43	48.47	52.11	47.70

续表

挂牌代码	公司简称	排名	总体指数	透明度与治理指数	成长能力指数	创新能力指数
832225	利通液压	5656	49.43	54.38	50.12	41.63
836437	瑞诚科技	5657	49.42	48.48	58.82	39.97
832332	巨鹏食品	5658	49.41	40.80	63.21	45.73
832279	三川能源	5659	49.41	45.30	51.19	53.19
831136	颖元股份	5660	49.41	60.34	51.15	32.00
834624	天涯泰盟	5661	49.41	60.96	45.61	37.48
832161	金力股份	5662	49.41	50.28	55.47	41.23
832654	天宜机械	5663	49.40	46.86	51.69	50.36
831419	鸿铭科技	5664	49.40	48.13	65.43	32.80
831834	三维股份	5665	49.39	47.34	52.48	48.74
430566	虹越花卉	5666	49.38	42.73	65.67	40.07
832246	润天智	5667	49.38	46.36	55.14	47.02
836230	冠明新材	5668	49.37	51.44	61.07	33.03
832433	亚克股份	5669	49.37	51.22	52.93	42.68
430693	恒力液压	5670	49.37	53.43	46.55	46.87
833729	恩济和	5671	49.37	45.48	49.48	54.73
836684	扬德股份	5672	49.37	45.18	58.31	45.02
430094	确安科技	5673	49.37	46.07	48.04	55.54
430378	山本光电	5674	49.36	57.06	49.99	37.78
834351	科隆能源	5675	49.35	42.70	50.13	57.81
831596	高欣耐磨	5676	49.34	38.92	56.19	56.20
835201	奥美达	5677	49.34	56.38	52.99	35.22
835405	意天物联	5678	49.34	47.10	52.54	48.82
836780	新之环保	5679	49.34	51.14	65.34	28.42
832690	百固科技	5680	49.34	47.02	59.50	40.93
430713	昌润钻石	5681	49.33	48.76	49.09	50.42
833621	上海颖川	5682	49.33	35.40	54.50	63.06
831075	宏海科技	5683	49.33	55.17	45.27	45.74

挂牌代码	公司简称	排名	总体指数	透明度与治理指数	成长能力指数	创新能力指数
836556	威龙科技	5684	49.32	42.83	60.50	45.65
835253	汇邦小贷	5685	49.32	54.81	53.60	36.65
835611	鸿志兴	5686	49.31	51.07	54.99	40.31
833664	威特龙	5687	49.31	48.97	54.58	43.74
836635	大宏智能	5688	49.31	46.44	51.17	51.22
836315	城市药业	5689	49.30	49.03	52.75	45.72
830813	熔金股份	5690	49.29	51.70	49.13	46.08
836721	美润云	5691	49.29	49.46	61.64	34.88
836770	创洁工贸	5692	49.29	56.82	57.48	29.26
833931	华通股份	5693	49.29	44.35	59.22	44.86
832157	龙华薄膜	5694	49.29	52.76	52.72	40.44
836564	华海节能	5695	49.28	49.43	55.39	42.08
833791	和道传媒	5696	49.28	40.36	53.56	56.95
833507	美安普	5697	49.27	47.05	54.50	46.41
834280	源和电站	5698	49.26	53.77	54.37	37.04
832093	科伦股份	5699	49.26	42.84	62.47	43.15
835855	鸿基股份	5700	49.26	53.83	56.80	34.16
833818	威克曼	5701	49.26	48.20	50.65	49.16
831247	盛帮股份	5702	49.25	44.05	56.90	47.82
833273	蓝思种业	5703	49.25	52.81	54.10	38.67
833286	海斯比	5704	49.24	54.76	45.59	45.65
831338	山东信和	5705	49.24	48.66	56.56	41.65
834035	力驰雷奥	5706	49.24	42.83	58.85	47.24
833967	万极科技	5707	49.23	48.47	56.57	41.88
832788	环球渔场	5708	49.23	49.71	63.12	32.60
833526	北林科技	5709	49.22	42.90	55.11	51.40
836237	长虹民生	5710	49.22	52.18	59.76	32.95
430637	菱博电子	5711	49.22	50.53	42.26	55.37

续表

挂牌代码	公司简称	排名	总体指数	透明度与治理指数	成长能力指数	创新能力指数
430751	赛格微	5712	49.21	40.82	57.69	51.32
831422	奥根科技	5713	49.21	50.84	49.02	47.14
836203	耀达股份	5714	49.20	50.45	54.83	40.98
832823	柳州电机	5715	49.19	46.64	58.02	42.67
833853	通和股份	5716	49.18	37.37	58.13	55.57
836693	科路股份	5717	49.18	44.70	48.59	56.16
835273	创兴智能	5718	49.17	45.19	49.06	54.92
830787	唐朝股份	5719	49.17	59.21	52.30	31.41
834174	维康子帆	5720	49.17	50.18	53.29	43.02
430716	爱力浦	5721	49.17	49.67	49.47	48.11
834265	冠中生态	5722	49.17	45.48	48.74	54.86
834143	三人咨询	5723	49.17	53.18	53.78	38.22
830906	万事达	5724	49.15	58.75	47.35	37.67
430470	哲达科技	5725	49.15	49.69	46.59	51.33
834830	氟特电池	5726	49.15	43.91	38.93	68.28
832569	腾升装饰	5727	49.15	43.32	52.96	52.99
837058	金安特	5728	49.15	41.58	74.26	31.00
832149	利尔达	5729	49.14	47.72	53.06	46.66
831037	华力兴	5730	49.14	49.13	47.60	50.94
832290	双猫股份	5731	49.14	42.75	66.07	38.73
832798	吉星吉达	5732	49.14	50.83	50.60	45.09
835310	洁利康	5733	49.13	53.48	49.08	43.07
833493	中岳非晶	5734	49.13	34.54	74.91	40.15
832238	康泰股份	5735	49.13	56.02	47.36	41.45
836690	悦泰物流	5736	49.13	46.36	70.15	28.93
831436	白水农夫	5737	49.12	45.11	67.59	33.59
833525	利驰租赁	5738	49.12	47.96	52.59	46.77
832269	耶萨智能	5739	49.11	54.15	42.97	49.05

挂牌代码	公司简称	排名	总体指数	透明度与治理指数	成长能力指数	创新能力指数
430449	蓝泰源	5740	49.09	51.41	46.36	48.96
836938	鑫华润	5741	49.09	46.61	52.90	48.21
831753	艾博德	5742	49.08	43.89	56.13	48.31
835943	凯华股份	5743	49.08	49.04	60.25	36.32
831139	江西广蓝	5744	49.08	57.13	51.53	34.89
831689	克莱特	5745	49.08	46.96	53.17	47.37
833982	龙腾农贷	5746	49.07	49.51	57.21	39.12
830785	冰洋科技	5747	49.07	57.64	49.37	36.63
833348	亿阳值通	5748	49.06	36.69	56.19	58.33
832643	广东华联	5749	49.06	44.04	61.19	42.22
430483	森鹰窗业	5750	49.06	46.78	53.63	47.03
836482	京弘全	5751	49.06	44.82	57.71	45.11
835898	香之君	5752	49.06	55.02	36.22	55.38
836247	华密股份	5753	49.05	44.92	59.67	42.71
833837	恒沣农贷	5754	49.05	51.36	56.59	37.14
831939	博琳包装	5755	49.05	60.62	40.31	42.75
836038	瑞格营销	5756	49.05	48.03	58.48	39.67
835142	信和科技	5757	49.04	61.23	40.85	41.25
832816	索克物业	5758	49.04	57.22	54.11	31.67
836508	泉舜纸塑	5759	49.04	56.69	53.95	32.60
831935	倍格曼	5760	49.04	50.99	52.89	41.85
835601	加一健康	5761	49.03	44.92	61.49	40.55
836525	网信通	5762	49.03	42.73	57.56	48.14
833387	湖北展朋	5763	49.03	45.92	52.76	49.14
834440	怡丽科姆	5764	49.03	36.59	80.46	30.50
832720	兴渝股份	5765	49.02	51.26	56.04	37.82
831501	远方动力	5766	49.02	30.55	69.47	51.61
833049	绿洲园林	5767	49.02	55.01	50.94	38.35

续表

挂牌代码	公司简称	排名	总体指数	透明度与治理指数	成长能力指数	创新能力指数
834434	恒安兴	5768	49.02	61.40	43.51	37.86
835069	德珑磁电	5769	49.02	40.28	58.01	51.02
832726	艾瑞斯	5770	49.01	51.83	43.65	51.19
834377	德博科技	5771	49.00	40.44	48.96	61.14
430125	都市鼎点	5772	49.00	50.72	43.18	53.26
834065	合凯电气	5773	49.00	42.25	52.42	54.58
833879	中环海陆	5774	48.99	44.56	58.32	44.55
834248	科佳新材	5775	48.99	58.92	55.00	28.10
832425	国农基业	5776	48.99	50.75	36.18	61.20
830772	远航科技	5777	48.98	46.06	52.69	48.84
832674	泓利股份	5778	48.98	52.91	56.69	34.58
831825	蓝海股份	5779	48.98	47.35	61.34	37.09
836625	宝艺股份	5780	48.98	49.62	58.31	37.36
834986	大利科技	5781	48.97	50.39	43.28	53.52
430366	金天地	5782	48.97	46.62	50.62	50.40
836533	连邦新材	5783	48.97	50.80	54.33	40.24
835362	紫丁香	5784	48.97	54.07	45.94	45.25
830789	博富科技	5785	48.96	68.26	43.47	28.04
430209	康孚科技	5786	48.96	44.59	53.23	50.23
833786	超纯环保	5787	48.96	45.07	47.74	55.84
430359	同济医药	5788	48.95	50.80	49.80	45.39
834562	陆海环保	5789	48.95	49.71	62.69	32.11
834043	杭科光电	5790	48.93	58.75	37.10	48.67
831042	芜起股份	5791	48.93	48.38	57.15	40.28
832392	百控股份	5792	48.93	45.03	56.73	45.48
833008	舜富压铸	5793	48.93	45.11	63.35	37.75
430029	金泰得	5794	48.92	60.85	48.18	32.95
834866	利欣制药	5795	48.92	46.53	56.83	43.22

续表

挂牌代码	公司简称	排名	总体指数	透明度与治理指数	成长能力指数	创新能力指数
831638	天物生态	5796	48.91	58.21	42.16	43.55
430645	中瑞药业	5797	48.91	41.68	55.70	51.32
836232	蓝梦广告	5798	48.91	48.79	47.98	50.13
836668	奥星电子	5799	48.89	55.10	50.10	38.77
836823	华佳丝绸	5800	48.89	58.09	43.21	42.44
834709	注意力	5801	48.89	48.54	58.43	38.43
832339	远大宏略	5802	48.88	39.90	60.51	48.22
831795	晚安家纺	5803	48.88	46.04	54.10	46.89
834261	一诺威	5804	48.88	48.65	55.52	41.57
834740	凯鑫光电	5805	48.87	52.50	57.24	34.15
830874	金田元丰	5806	48.87	46.03	44.94	57.38
836824	鸿翔股份	5807	48.86	53.67	56.81	32.95
835323	舜阳科技	5808	48.86	50.80	59.49	33.92
833626	捷程检测	5809	48.86	48.82	53.09	44.04
835549	兴润金控	5810	48.86	54.99	65.56	21.03
834557	雨田润	5811	48.85	51.84	48.28	45.31
831847	中兵环保	5812	48.85	44.41	62.36	39.62
834271	三花小贷	5813	48.85	62.34	43.04	36.48
833890	大连华富	5814	48.85	58.63	51.65	31.82
836295	宏腾科技	5815	48.84	43.18	60.09	43.94
832025	川盛科技	5816	48.84	54.30	34.65	57.42
836257	正佳环保	5817	48.83	47.57	55.95	42.43
830913	中北通磁	5818	48.83	46.18	61.56	37.96
830985	浙江力诺	5819	48.82	49.00	50.31	46.85
832210	科诺铝业	5820	48.82	43.02	62.76	41.00
831343	益通建设	5821	48.81	42.66	53.13	52.55
834517	瓜尔润	5822	48.81	50.54	56.39	37.68
831726	朱老六	5823	48.81	52.35	58.23	33.03

挂牌代码	公司简称	排名	总体指数	透明度与治理指数	成长能力指数	创新能力指数
832994	慈惠健康	5824	48.81	56.15	45.90	41.79
835585	东盛园林	5825	48.81	51.23	55.34	37.89
832509	华光胶囊	5826	48.80	48.67	50.42	47.14
834992	上亿传媒	5827	48.80	55.87	53.02	33.99
834389	富景农业	5828	48.80	53.57	44.58	46.91
832461	西域旅游	5829	48.80	45.97	62.64	36.91
830977	婴儿乐	5830	48.80	50.28	53.03	41.85
832907	宏华股份	5831	48.79	57.92	46.65	38.36
831336	苏丝股份	5832	48.79	49.07	56.34	39.72
831913	东方誉源	5833	48.79	48.85	61.03	34.64
835075	清源投资	5834	48.78	48.95	60.54	35.06
836820	撼力合金	5835	48.78	63.56	46.19	30.89
832034	正阳生物	5836	48.77	47.89	50.49	48.05
834702	伊贝股份	5837	48.77	54.23	57.98	30.51
833094	耐普泵业	5838	48.77	45.41	47.19	55.34
831174	全密封	5839	48.77	49.84	50.04	45.79
832048	三艾广告	5840	48.76	65.03	44.10	31.17
834359	金色童年	5841	48.76	46.22	54.23	46.09
831602	昊华传动	5842	48.76	46.72	57.41	41.70
831617	巨力重工	5843	48.75	51.35	47.90	46.07
834100	狗不理	5844	48.75	49.92	56.09	38.66
430189	七彩亮点	5845	48.74	44.51	56.85	45.39
834874	谐通科技	5846	48.73	43.58	58.56	44.72
833450	奥立思特	5847	48.73	45.48	57.06	43.75
836838	唐是文化	5848	48.73	59.74	46.49	35.76
832855	博远欣绿	5849	48.72	57.18	36.94	50.30
834881	雅迪力特	5850	48.72	46.48	46.47	54.47
832678	众鑫科技	5851	48.71	43.66	54.26	49.46

续表

挂牌代码	公司简称	排名	总体指数	透明度与治理指数	成长能力指数	创新能力指数
832271	威纶股份	5852	48.71	52.84	47.52	44.24
832655	涌艺股份	5853	48.70	55.96	39.35	49.21
836932	方天科技	5854	48.70	37.87	56.11	55.47
834777	中投保	5855	48.70	44.72	57.45	44.27
832852	百川导体	5856	48.69	45.27	50.38	51.56
835973	宇航软件	5857	48.68	51.25	53.49	39.54
831430	天易股份	5858	48.68	52.28	41.38	51.97
836051	汇大光电	5859	48.67	48.03	58.77	38.01
832770	赛格导航	5860	48.67	45.49	43.48	59.13
833635	瑞德智能	5861	48.67	53.43	47.19	43.66
832173	凯林科技	5862	48.67	58.49	49.69	33.65
835773	纵横科技	5863	48.66	39.35	54.55	55.02
834070	盛全物业	5864	48.66	54.53	54.49	33.68
834852	正点未来	5865	48.66	53.18	56.74	33.00
832469	富恒新材	5866	48.66	45.98	56.09	43.90
833558	亚东无纺	5867	48.63	48.17	63.90	31.78
836376	前田热能	5868	48.63	61.94	37.54	42.59
831680	麒润文化	5869	48.63	51.58	61.00	30.29
430631	早康枸杞	5870	48.63	50.37	57.86	35.58
836202	金山环材	5871	48.63	41.85	63.92	40.64
831309	雷迪特	5872	48.62	44.52	56.75	45.06
833419	东仪核电	5873	48.62	51.35	44.58	49.40
835652	晶华光电	5874	48.62	50.74	61.59	30.74
834375	富友昌	5875	48.62	38.89	54.42	55.69
831408	大美游轮	5876	48.61	57.92	43.48	41.36
832696	铂宝集团	5877	48.61	51.84	64.40	25.92
835914	伊秀股份	5878	48.60	56.62	51.95	33.46
832965	金易久大	5879	48.60	43.95	55.32	47.45

挂牌代码	公司简称	排名	总体指数	透明度与治理指数	成长能力指数	创新能力指数
831371	美涂士	5880	48.59	50.78	53.79	39.55
836673	丰收日	5881	48.59	49.31	53.71	41.69
830915	味群食品	5882	48.58	47.96	51.69	45.89
831967	坦博尔	5883	48.57	48.38	47.46	50.11
831763	康爱特	5884	48.57	44.48	57.42	44.17
836157	顺邦通信	5885	48.56	48.87	52.89	43.14
836249	恒丰特导	5886	48.56	50.75	47.11	47.12
831131	兴宏泰	5887	48.55	58.35	35.90	49.24
430218	长虹立川	5888	48.55	35.04	62.44	51.66
834425	新赛点	5889	48.54	47.23	59.92	37.34
430034	大地股份	5890	48.54	49.64	52.72	42.19
430667	三多堂	5891	48.53	50.59	59.56	32.97
836127	亿鑫股份	5892	48.52	47.38	62.43	34.17
833570	万全物流	5893	48.52	48.45	60.17	35.25
836435	知我科技	5894	48.52	42.40	67.41	35.47
835727	互联在线	5895	48.52	38.55	37.88	74.79
833627	多尔克司	5896	48.52	48.54	57.21	38.51
834592	一乘股份	5897	48.51	50.63	56.26	36.64
834545	润升牛业	5898	48.51	49.98	59.06	34.34
830786	华源股份	5899	48.51	48.33	41.58	56.73
835938	健讯科技	5900	48.51	38.12	55.85	54.75
836979	惠民水务	5901	48.50	50.59	44.81	49.79
430721	瑞杰科技	5902	48.50	54.60	54.32	33.20
830962	科德威	5903	48.50	53.05	43.98	47.26
830850	万企达	5904	48.49	56.17	51.27	34.48
831403	庆功林	5905	48.49	48.58	48.39	48.49
831324	凯洋海鲜	5906	48.49	55.84	57.43	27.85
835908	仁创生态	5907	48.48	53.38	43.94	46.78

挂牌代码	公司简称	排名	总体指数	透明度与治理指数	成长能力指数	创新能力指数
835800	万联生活	5908	48.48	48.12	60.50	35.18
430454	百大能源	5909	48.48	33.48	55.29	61.80
430734	ST源渤	5910	48.47	48.41	32.68	66.69
835161	金铠文化	5911	48.45	43.83	63.90	37.23
833367	宝德利	5912	48.45	43.46	52.55	50.79
832169	世阳德尔	5913	48.44	44.16	55.79	46.03
835780	凯尔达	5914	48.43	29.98	71.73	47.72
835008	卓越钒业	5915	48.43	59.32	51.06	30.02
430538	中大科技	5916	48.42	55.34	46.62	40.74
833180	瀚丰矿业	5917	48.42	60.69	42.98	37.36
831342	大元广盛	5918	48.42	55.24	43.66	44.27
834067	华勤互联	5919	48.42	46.25	51.63	47.81
833607	航天生物	5920	48.42	46.28	44.22	56.26
834886	久正工学	5921	48.42	56.24	55.02	29.81
836112	三杰热电	5922	48.40	43.76	58.60	43.25
835241	经纶传媒	5923	48.40	47.18	55.71	41.74
833744	世纪本原	5924	48.40	54.65	48.97	38.92
833532	福慧达	5925	48.39	55.01	55.73	30.63
836080	德洛电力	5926	48.39	47.03	48.26	50.46
831048	天成股份	5927	48.39	46.10	60.38	37.84
430143	武大科技	5928	48.39	56.17	44.51	41.85
831078	斯科电气	5929	48.39	46.42	46.36	53.49
831625	蓝天精化	5930	48.38	61.18	41.98	37.68
430283	景弘环保	5931	48.37	49.93	41.07	54.55
837129	太阳股份	5932	48.37	49.68	61.62	31.32
430119	鸿仪四方	5933	48.36	36.60	51.54	61.31
430248	奥尔斯	5934	48.36	45.63	30.76	72.42
834205	东方红	5935	48.36	45.78	54.05	45.48

续表

挂牌代码	公司简称	排名	总体指数	透明度与治理指数	成长能力指数	创新能力指数
831387	华特磁电	5936	48.36	54.66	39.59	49.53
835448	秦汉精工	5937	48.36	49.74	55.08	38.70
430571	科硕科技	5938	48.36	49.30	47.50	48.01
836221	易实精密	5939	48.36	48.52	50.79	45.32
834356	金雅豪	5940	48.35	38.27	64.76	43.76
834824	永盛科技	5941	48.35	47.94	48.69	48.55
831736	利源捷能	5942	48.35	56.93	42.28	43.22
833925	兴业源	5943	48.35	57.12	53.12	30.51
832660	恒成股份	5944	48.34	63.75	39.87	36.33
831293	征宙机械	5945	48.33	51.99	48.52	42.96
832016	奥伦德	5946	48.33	46.43	48.86	50.40
832289	沧运集团	5947	48.31	50.09	55.18	37.94
837002	时宇虹	5948	48.31	50.98	52.99	39.18
835441	百隆股份	5949	48.31	58.97	41.69	40.87
836433	大唐药业	5950	48.31	35.36	57.34	56.21
831026	熙浪股份	5951	48.30	50.12	53.39	39.90
833435	国润新材	5952	48.30	33.49	69.92	44.37
430561	齐普光电	5953	48.29	56.50	43.37	42.36
831201	润华股份	5954	48.29	50.28	55.43	37.30
835178	武耀股份	5955	48.29	46.25	50.15	49.02
430099	理想固网	5956	48.28	57.11	35.55	50.44
833637	福建三星	5957	48.28	49.69	48.69	45.83
833518	人福药辅	5958	48.28	57.78	39.23	45.26
837028	明通集团	5959	48.27	44.87	61.00	38.48
834340	宝利小贷	5960	48.27	52.10	53.30	37.12
833265	润杰农科	5961	48.27	57.23	45.88	38.38
833949	正发股份	5962	48.27	39.18	57.88	50.07
836082	绿朋科技	5963	48.27	48.75	56.11	38.60

挂牌代码	公司简称	排名	总体指数	透明度与治理指数	成长能力指数	创新能力指数
430660	益佰广通	5964	48.27	61.28	24.17	57.56
835147	恒达新材	5965	48.27	46.72	53.87	44.02
835102	巨兆数码	5966	48.26	47.59	54.09	42.52
833019	天下书盟	5967	48.26	48.32	64.82	29.18
831845	新马精密	5968	48.26	42.47	58.90	44.21
832811	思明堂	5969	48.26	50.74	47.01	46.19
835643	今印联	5970	48.25	50.86	55.35	36.44
832427	天羚绒业	5971	48.25	49.18	61.26	32.01
834913	驰达飞机	5972	48.25	42.11	57.54	46.25
832209	新比克斯	5973	48.25	50.54	49.61	43.45
832405	圣锋物联	5974	48.25	52.45	53.08	36.76
830941	明硕股份	5975	48.24	48.17	51.78	44.27
835079	全美在线	5976	48.24	49.89	44.72	49.93
830827	世优电气	5977	48.23	37.66	55.70	54.59
834667	安特源	5978	48.23	42.29	50.00	54.59
837201	盈茂光电	5979	48.23	55.94	52.76	32.16
831316	连连化学	5980	48.23	48.53	54.29	40.84
835537	华维节水	5981	48.23	42.83	66.29	35.11
833478	侨益股份	5982	48.22	49.19	50.87	43.82
833539	大方生态	5983	48.22	49.44	56.18	37.37
836968	宏成数字	5984	48.22	55.55	39.82	47.50
834996	众至诚	5985	48.22	47.11	57.54	39.08
836267	美润股份	5986	48.22	54.61	58.00	27.97
834178	金田铜业	5987	48.20	54.12	53.56	33.70
831788	金龙科技	5988	48.19	51.42	44.68	47.67
833128	金正印务	5989	48.19	61.92	53.02	23.26
430019	新松佳和	5990	48.18	43.88	58.89	41.97
835493	天津航宇	5991	48.18	53.27	55.33	32.79

续表

挂牌代码	公司简称	排名	总体指数	透明度与治理指数	成长能力指数	创新能力指数
834972	英冠陶瓷	5992	48.18	45.10	52.46	47.60
836982	迪赛基业	5993	48.18	54.18	48.77	39.03
836271	光大医疗	5994	48.16	54.37	50.97	36.19
833850	恒生科技	5995	48.16	42.20	63.93	38.48
837018	帝恩思	5996	48.16	49.93	44.89	49.40
831122	永信科技	5997	48.16	41.45	55.78	48.88
831580	苏达汇诚	5998	48.16	50.91	46.82	45.79
832970	东海证券	5999	48.15	40.51	67.15	37.13
831644	透平高科	6000	48.14	45.48	32.96	69.30
834628	中轩生化	6001	48.12	56.41	45.17	39.81
832190	河之阳	6002	48.12	43.12	53.20	49.33
835832	慧通天下	6003	48.11	64.34	32.67	42.93
836307	凌天控股	6004	48.10	50.41	55.23	36.67
834284	嘉盛光电	6005	48.10	50.00	55.18	37.30
831004	宝泰股份	6006	48.10	48.90	46.76	48.51
834112	兴塑股份	6007	48.10	57.39	47.41	35.79
836428	诺佛尔	6008	48.10	40.89	64.38	39.59
832381	国汇小贷	6009	48.10	52.28	50.17	39.82
836812	雷格特	6010	48.10	35.86	73.82	35.85
832044	奥油化工	6011	48.09	55.19	50.85	34.93
835356	信力康	6012	48.09	56.11	55.49	28.29
836369	茶人岭	6013	48.08	52.28	54.67	34.58
835819	心日源	6014	48.07	44.44	59.02	40.62
831969	埃蒙迪	6015	48.07	48.51	52.40	42.46
832334	金呢股份	6016	48.06	32.20	58.28	58.71
833798	金福泰	6017	48.06	53.84	58.36	28.06
831873	环宇建工	6018	48.05	52.85	49.95	39.10
833272	金塔股份	6019	48.05	55.42	51.07	34.18

续表

挂牌代码	公司简称	排名	总体指数	透明度与治理指数	成长能力指数	创新能力指数
833636	邦瑞达	6020	48.05	48.44	30.75	67.35
831778	鸿森重工	6021	48.04	44.21	61.45	38.07
831792	海思堡	6022	48.03	48.19	59.98	34.10
834725	联通纪元	6023	48.03	51.26	52.82	37.97
831741	信音电子	6024	48.02	58.65	40.90	41.21
430151	亿鑫通	6025	48.02	52.96	45.88	43.51
430219	拓川股份	6026	48.01	44.52	54.09	45.96
430332	安华智能	6027	48.01	37.28	57.07	52.76
832675	福达合金	6028	48.01	52.11	50.07	39.86
832064	同里印刷	6029	48.00	49.62	67.04	23.88
834018	尚宝罗	6030	47.99	52.41	48.46	41.24
832870	博浪股份	6031	47.98	50.65	54.51	36.72
833215	红星美羚	6032	47.98	49.02	56.90	36.28
833919	酒仙网	6033	47.98	48.39	58.33	35.52
832211	鸿源科技	6034	47.98	54.21	52.66	33.81
831363	佰蒂生物	6035	47.98	48.59	49.24	45.67
831061	中瀛鑫	6036	47.98	56.16	46.68	37.92
836374	武当旅游	6037	47.98	47.00	59.43	36.21
837084	新斯顿	6038	47.97	51.91	47.15	43.37
831236	华东修船	6039	47.97	51.69	55.72	33.84
430146	亚泰都会	6040	47.97	45.43	42.74	57.53
836129	中源股份	6041	47.96	44.06	55.18	45.17
833408	伊森新材	6042	47.95	48.73	47.25	47.66
831912	金三元	6043	47.95	48.71	60.06	32.97
834401	苏河汇	6044	47.95	46.40	74.09	20.13
833734	华唐新材	6045	47.94	51.20	51.49	39.29
832556	宏力能源	6046	47.94	50.76	34.76	59.06
832481	鸿盛科技	6047	47.93	48.49	59.03	34.42

挂牌代码	公司简称	排名	总体指数	透明度与治理指数	成长能力指数	创新能力指数
836605	立达股份	6048	47.93	57.24	38.92	45.14
836026	金龙股份	6049	47.93	49.94	44.85	48.63
836611	左岸传媒	6050	47.92	52.95	44.37	44.91
835231	福泰科技	6051	47.92	50.58	53.06	38.27
832014	绿之彩	6052	47.92	52.67	42.41	47.54
835992	安正路	6053	47.92	44.76	58.57	40.15
834438	良晋电商	6054	47.92	41.65	67.13	34.71
833461	金凤股份	6055	47.91	46.97	51.61	45.00
832975	新凌嘉	6056	47.89	42.10	62.12	39.74
832208	尔格科技	6057	47.89	45.72	51.15	47.19
830952	方兰德	6058	47.88	42.51	51.60	51.20
832926	恒屹农牧	6059	47.88	49.32	57.73	34.54
834430	东福科技	6060	47.88	48.22	48.12	47.12
430402	吉事达	6061	47.86	43.81	40.29	62.28
832087	凯伯特	6062	47.85	53.79	53.09	33.46
833484	万邦工具	6063	47.85	43.60	54.64	46.05
831592	北方嘉科	6064	47.85	47.64	55.72	39.12
833476	点动股份	6065	47.84	46.91	61.58	33.37
835479	民生冷链	6066	47.84	58.06	49.44	31.57
837016	文业装饰	6067	47.83	41.01	62.41	40.72
836225	康利亚	6068	47.82	48.51	49.39	45.05
833512	金尚新能	6069	47.82	54.85	46.77	39.09
834960	金茂投资	6070	47.82	40.43	60.96	43.16
836475	华士食品	6071	47.82	64.03	56.14	15.38
834036	立特营销	6072	47.81	60.35	40.31	38.73
831375	三强股份	6073	47.81	58.42	32.50	50.42
833337	利德包装	6074	47.81	55.46	55.92	27.71
834590	信拓物流	6075	47.80	54.13	53.86	31.94

续表

挂牌代码	公司简称	排名	总体指数	透明度与治理指数	成长能力指数	创新能力指数
430647	青鹰股份	6076	47.80	65.71	42.05	29.14
833432	国瑞环保	6077	47.80	54.53	48.85	37.10
833155	东工股份	6078	47.80	44.14	56.54	42.93
836004	古井酒店	6079	47.78	43.41	60.89	38.88
832723	五角阻尼	6080	47.77	58.58	46.37	34.11
835557	大成科创	6081	47.77	46.55	57.31	38.54
835597	防护科技	6082	47.77	49.58	58.22	33.22
836429	吉联包装	6083	47.77	58.21	49.14	31.45
836125	揽月科技	6084	47.76	49.55	49.21	43.60
830834	信达化工	6085	47.76	55.53	46.41	38.36
835110	泛远国际	6086	47.76	50.48	53.32	37.54
835265	同禹药包	6087	47.76	45.46	58.56	38.61
834573	梅山黑茶	6088	47.75	40.56	61.54	42.08
833758	瑞雪海洋	6089	47.75	46.74	55.92	39.80
831898	冬虫夏草	6090	47.75	46.58	56.13	39.78
835995	松赫股份	6091	47.75	52.56	57.69	29.54
834026	武新股份	6092	47.74	56.22	43.64	40.49
835695	厚能股份	6093	47.74	37.05	68.03	39.54
831837	硕泉园林	6094	47.74	42.11	51.31	51.57
836889	持正科技	6095	47.73	52.35	46.27	42.87
834313	杰艾人力	6096	47.73	47.02	54.20	41.28
836293	三元玉瓷	6097	47.72	45.57	55.75	41.55
833983	一品鲜蔬	6098	47.72	42.38	63.23	37.45
836060	润通工业	6099	47.71	49.27	51.09	41.65
836299	京磁股份	6100	47.71	47.93	50.92	43.72
836881	百川电力	6101	47.71	59.88	44.55	34.16
430280	京西创业	6102	47.71	40.44	33.32	74.48
831831	天津彩板	6103	47.71	54.48	48.81	36.89

挂牌代码	公司简称	排名	总体指数	透明度与治理指数	成长能力指数	创新能力指数
831289	丰泽股份	6104	47.69	50.05	53.90	37.24
835263	威鑫农科	6105	47.69	55.55	45.95	38.60
833162	港力环保	6106	47.69	58.27	47.71	32.73
430595	唐人通服	6107	47.68	45.03	59.87	37.45
836344	隆海生物	6108	47.68	49.85	55.74	35.38
834395	博信资产	6109	47.68	49.37	60.66	30.40
833799	嘉禾生物	6110	47.68	49.20	56.99	34.85
832251	众深股份	6111	47.68	36.63	46.97	64.08
831189	乔顿服饰	6112	47.68	49.82	53.71	37.72
832323	聚丰股份	6113	47.68	42.46	57.59	43.66
833130	司珈尔	6114	47.67	45.59	65.50	30.15
834239	长联来福	6115	47.66	46.72	44.63	52.46
833310	仁新科技	6116	47.66	45.28	49.10	49.35
835060	群晖股份	6117	47.66	47.57	55.56	38.71
833176	桂林五洲	6118	47.65	46.68	54.65	41.00
835463	迈思汇智	6119	47.65	43.54	55.84	44.05
836871	派特尔	6120	47.65	39.61	58.19	46.91
835662	明天种业	6121	47.64	38.78	59.74	46.27
833136	世创科技	6122	47.64	48.69	49.39	44.16
833209	苏州园林	6123	47.64	49.92	58.33	32.14
833017	力诺特玻	6124	47.63	48.06	53.98	39.74
836526	船牌日化	6125	47.63	47.55	61.05	32.32
834467	经纬科技	6126	47.62	45.62	57.93	38.63
833957	威丝曼	6127	47.62	45.40	50.99	46.91
833610	山东天力	6128	47.62	51.13	39.36	52.16
830935	伊帕尔汗	6129	47.62	46.45	55.06	40.72
830806	ST 亚锦	6130	47.61	45.23	34.57	65.94
831732	爱车屋	6131	47.60	51.63	51.60	37.34

挂牌代码	公司简称	排名	总体指数	透明度与治理指数	成长能力指数	创新能力指数
834688	聚元微	6132	47.59	35.27	46.41	66.32
835333	帕克国际	6133	47.59	42.60	57.21	43.58
831700	华信精工	6134	47.58	51.41	47.47	42.31
831537	莱恩股份	6135	47.58	41.23	54.53	48.58
830991	康盛伟业	6136	47.58	50.14	45.71	46.12
832286	凯翔生物	6137	47.58	51.57	39.36	51.38
831881	鑫聚光电	6138	47.58	41.16	51.38	52.26
835996	亿源药业	6139	47.58	41.04	57.98	44.85
835657	鸿宝科技	6140	47.58	45.63	48.73	48.99
836234	奥派装备	6141	47.57	51.18	46.16	44.11
832328	安泰生物	6142	47.57	34.77	59.28	52.17
831665	自动化	6143	47.55	37.53	63.81	43.04
836875	中健网农	6144	47.55	56.45	53.64	28.00
835815	凯天环保	6145	47.54	47.73	51.75	42.45
832803	皓月股份	6146	47.54	49.46	50.43	41.51
832337	环渤海	6147	47.54	47.28	57.58	36.36
430134	可来博	6148	47.53	46.08	49.06	47.82
832180	绿洲森工	6149	47.53	49.60	52.28	39.16
835176	核新伟鸿	6150	47.53	55.75	60.67	20.84
831025	万兴隆	6151	47.52	56.34	51.51	30.51
834213	物管股份	6152	47.52	54.46	57.49	26.28
834300	合泰电机	6153	47.52	52.56	46.12	42.00
836102	宜燃股份	6154	47.51	51.71	49.04	39.82
834176	厚谊俊捷	6155	47.50	47.26	54.96	39.26
430507	信达胶脂	6156	47.50	51.05	48.85	40.92
831949	捷阳科技	6157	47.49	34.64	55.67	56.24
831121	力久电机	6158	47.49	48.65	46.63	46.83
833657	创力新能	6159	47.49	43.00	50.70	50.12

续表

挂牌代码	公司简称	排名	总体指数	透明度与治理指数	成长能力指数	创新能力指数
830859	金旭农发	6160	47.48	46.57	56.70	38.17
833911	博盛新材	6161	47.48	51.02	53.83	35.19
834763	万力粘合	6162	47.47	44.18	56.03	42.31
835651	宾宝时尚	6163	47.47	47.46	46.06	49.11
430473	网动股份	6164	47.47	43.29	56.45	43.06
833446	日升昌	6165	47.46	59.79	44.70	33.24
835078	华丽达	6166	47.46	38.45	53.30	53.48
832494	首航直升	6167	47.46	47.17	58.12	35.63
832517	联邦化工	6168	47.45	48.51	51.41	41.41
430235	典雅天地	6169	47.45	58.33	29.29	52.93
835317	广博机电	6170	47.45	39.49	63.04	40.77
833809	白山国旅	6171	47.43	47.40	52.74	41.38
835816	正方农牧	6172	47.42	55.90	48.92	33.74
835838	太阳城	6173	47.42	56.41	46.69	35.56
837126	北斗信息	6174	47.42	51.12	49.20	40.15
830973	双强科技	6175	47.42	51.12	42.15	48.24
832990	创达新材	6176	47.42	39.04	53.32	52.47
831469	金磊建材	6177	47.42	51.28	48.68	40.52
836141	汇锋新材	6178	47.41	45.67	57.07	38.77
831693	亚茂光电	6179	47.41	49.08	51.21	40.68
831893	五谷铜业	6180	47.40	58.27	47.22	32.26
834831	盛实百草	6181	47.39	42.80	59.07	40.46
430187	东方略	6182	47.39	55.27	30.37	55.81
831907	佳友科技	6183	47.37	36.75	49.72	59.64
834269	创源环境	6184	47.35	32.02	52.72	62.83
835745	岱山电力	6185	47.35	34.80	48.70	63.51
834131	水晶股份	6186	47.35	50.38	48.98	41.18
835589	山东海运	6187	47.34	55.15	51.61	31.42

续表

挂牌代码	公司简称	排名	总体指数	透明度与治理指数	成长能力指数	创新能力指数
832419	路斯股份	6188	47.34	54.46	49.81	34.44
430694	华印机电	6189	47.33	59.06	34.41	45.62
833293	速达股份	6190	47.33	50.12	47.50	43.19
835047	中融股份	6191	47.33	50.03	58.94	30.19
834135	龙盛股份	6192	47.33	41.87	69.70	29.34
833865	凯盛家纺	6193	47.32	50.41	53.36	36.01
834721	爱瑞特	6194	47.31	43.01	45.99	54.90
833264	鹤群机械	6195	47.30	51.64	48.67	39.61
836015	喜喜母婴	6196	47.30	52.34	52.32	34.42
836289	科维北斗	6197	47.30	57.70	45.08	35.16
832130	圣迪乐村	6198	47.29	42.14	58.05	42.21
832769	汕樟轻工	6199	47.28	37.25	57.83	49.34
833174	沃德传动	6200	47.28	45.05	49.89	47.42
836405	裕利智能	6201	47.27	41.95	63.67	35.96
832935	天鹰缸套	6202	47.27	57.28	39.18	42.43
832899	景津环保	6203	47.27	51.83	49.98	37.71
831674	奥特多	6204	47.26	49.09	37.10	56.36
834969	桂祥电力	6205	47.26	39.52	70.26	31.78
834398	塞飞亚	6206	47.26	57.61	50.75	28.63
430079	ST北华	6207	47.25	42.61	53.71	46.38
833116	施美乐	6208	47.24	57.36	41.12	40.00
835684	宝明堂	6209	47.24	54.39	49.03	35.10
836170	中安精工	6210	47.24	44.66	56.70	40.02
833239	晨科农牧	6211	47.23	46.61	62.32	30.80
831069	瑞明节能	6212	47.23	44.21	53.61	44.17
832417	报业延嘉	6213	47.22	49.68	51.41	38.94
836791	英特莱	6214	47.21	48.49	58.13	32.86
830981	世纪钨材	6215	47.21	52.07	46.05	41.67

挂牌代码	公司简称	排名	总体指数	透明度与治理指数	成长能力指数	创新能力指数
836710	中讯邮电	6216	47.20	52.05	52.31	34.52
430158	北方科诚	6217	47.20	36.75	46.65	62.59
836168	青怡股份	6218	47.18	46.41	57.11	36.86
836714	宏伟泰	6219	47.16	49.85	45.81	44.93
836788	和能股份	6220	47.16	50.05	57.76	30.91
430383	红豆杉	6221	47.16	46.77	51.10	43.17
831079	瑞琦科技	6222	47.15	41.31	55.21	46.14
833930	通海绒业	6223	47.14	58.17	49.45	28.94
836631	世仓智能	6224	47.14	49.88	46.77	43.69
836239	长虹能源	6225	47.13	57.91	56.00	21.75
837107	星鑫航天	6226	47.13	44.67	44.71	53.38
832134	宇都股份	6227	47.13	40.64	70.27	29.72
835640	富士达	6228	47.12	49.28	49.34	41.54
834294	捷信医药	6229	47.12	51.65	40.71	48.08
835397	马仁奇峰	6230	47.12	59.35	45.46	31.75
832395	闽东电机	6231	47.11	48.57	56.45	34.32
834481	普峰旅行	6232	47.11	48.76	55.13	35.57
833403	华通能源	6233	47.11	42.74	53.69	45.71
832701	银采天	6234	47.10	52.27	53.42	32.54
832466	山东众和	6235	47.09	37.14	58.53	48.02
837152	高精锻压	6236	47.09	56.70	47.23	33.38
833623	胜高股份	6237	47.09	31.25	79.16	32.64
836071	雅鼎创意	6238	47.09	42.32	53.04	47.00
833883	春宇电子	6239	47.09	49.65	48.56	41.80
835566	永丰食品	6240	47.08	41.66	65.27	33.86
831624	嘉成股份	6241	47.08	56.86	41.18	40.05
834163	蓝狮子	6242	47.08	46.86	67.95	23.43
831262	广建装饰	6243	47.07	45.35	46.72	49.91

续表

挂牌代码	公司简称	排名	总体指数	透明度与治理指数	成长能力指数	创新能力指数
833308	德威股份	6244	47.07	40.85	66.54	33.49
833517	策源股份	6245	47.06	41.67	63.01	36.37
832472	裕丰食品	6246	47.05	47.42	54.56	37.91
832152	华富股份	6247	47.05	56.65	42.95	38.22
831752	蓝图新材	6248	47.05	46.45	52.12	42.08
836552	博深科技	6249	47.05	49.56	35.60	56.64
831171	海纳生物	6250	47.05	42.18	51.61	48.66
833042	天汇能源	6251	47.05	50.67	48.64	40.10
836120	隆源气体	6252	47.04	49.99	50.43	38.99
834086	德泓国际	6253	47.04	40.75	59.86	41.20
836003	中讯天成	6254	47.02	55.95	55.85	24.29
832658	特别传媒	6255	47.01	49.57	54.04	35.34
832382	阳光小贷	6256	47.00	52.07	58.22	26.97
835390	瑞宝生物	6257	47.00	50.31	52.42	36.11
836456	南宇科技	6258	47.00	45.61	61.90	31.86
831286	竹林伟业	6259	46.99	46.32	58.78	34.39
832649	医模科技	6260	46.99	32.81	54.49	58.37
834117	山东绿霸	6261	46.98	45.06	48.69	47.73
836998	速普电商	6262	46.98	36.23	61.21	45.82
832981	忠信新材	6263	46.98	46.17	45.95	49.30
430691	麦稻之星	6264	46.96	43.69	46.67	51.91
836866	AB 集团	6265	46.96	51.30	52.59	34.38
430433	中瑞电子	6266	46.96	40.94	48.70	53.45
833233	鸿丰小贷	6267	46.96	42.31	57.71	41.18
833218	优森股份	6268	46.94	48.79	60.36	28.92
834594	大隆汇	6269	46.94	51.84	54.89	30.90
831722	阿迪克	6270	46.94	52.13	42.88	44.28
834283	好百年	6271	46.94	42.31	66.81	30.65

续表

挂牌代码	公司简称	排名	总体指数	透明度与治理指数	成长能力指数	创新能力指数
836622	中锐教育	6272	46.93	51.48	52.06	34.63
831282	欧亚股份	6273	46.92	43.61	54.30	43.11
834554	豪帮高科	6274	46.92	55.73	44.32	37.46
836641	奇华光电	6275	46.91	52.07	43.40	43.64
833405	原妙医学	6276	46.89	43.34	60.17	36.67
832362	佩蒂股份	6277	46.89	37.77	64.97	39.00
835969	华凌股份	6278	46.89	48.40	50.71	40.36
831687	亨达股份	6279	46.88	49.55	45.77	44.39
836377	立义科技	6280	46.87	46.87	61.68	29.88
833093	希科普	6281	46.87	55.17	35.93	47.72
833938	天狐创意	6282	46.85	41.17	52.11	48.81
831321	顺电股份	6283	46.84	46.20	57.13	35.94
430699	海欣医药	6284	46.84	50.43	57.74	29.27
835837	维恩木塑	6285	46.82	49.59	52.15	36.80
832346	汾西电子	6286	46.82	43.06	46.49	52.50
834388	远成股份	6287	46.82	48.58	45.33	46.03
833795	十方环能	6288	46.80	50.48	39.57	49.90
831300	同创股份	6289	46.79	57.31	45.68	33.24
835901	添力科技	6290	46.79	54.07	49.17	33.78
832631	安特科技	6291	46.78	54.89	50.27	31.35
836726	银城物业	6292	46.78	43.32	64.30	31.56
837112	大洋生物	6293	46.78	47.06	51.20	41.33
834433	晖速通信	6294	46.77	41.28	50.56	50.18
835548	巅峰科技	6295	46.77	39.28	60.04	42.10
836211	元璋精工	6296	46.77	39.43	64.82	36.40
835708	蓝能科技	6297	46.76	38.45	54.24	49.92
835774	百花香料	6298	46.76	47.73	57.18	33.44
836570	广通网络	6299	46.76	42.02	45.52	54.87

挂牌代码	公司简称	排名	总体指数	透明度与治理指数	成长能力指数	创新能力指数
834760	华凯科技	6300	46.75	51.75	45.29	41.38
833780	昌润创投	6301	46.75	47.02	46.47	46.70
833171	福建国航	6302	46.74	64.46	38.49	31.22
833043	新光镭射	6303	46.74	48.62	50.24	40.07
835789	海力香料	6304	46.74	39.82	58.10	43.47
835593	新豪轴承	6305	46.74	46.67	45.62	48.11
834417	环宇橡塑	6306	46.73	53.96	41.81	42.18
832470	万里运业	6307	46.72	51.79	51.82	33.72
832610	合海股份	6308	46.72	47.95	38.88	53.97
835114	海世通	6309	46.71	59.22	39.58	37.24
831941	兴荣高科	6310	46.70	47.58	43.47	49.16
833034	兰庆新材	6311	46.70	53.47	48.95	34.55
831744	万信达	6312	46.69	39.10	46.23	57.94
836499	百乐米业	6313	46.69	46.29	54.53	38.26
833118	棒杰小贷	6314	46.69	50.47	49.51	38.13
835656	远东国际	6315	46.69	51.60	52.87	32.66
835555	森林股份	6316	46.69	58.99	46.92	29.06
836242	顺控发展	6317	46.68	44.48	51.59	44.14
834899	恒大文化	6318	46.67	48.94	53.94	35.14
832125	乐克科技	6319	46.67	48.49	52.85	37.01
831745	考迈托	6320	46.66	49.60	50.53	38.09
836231	新力新材	6321	46.64	46.14	54.07	38.84
831794	正大富通	6322	46.64	43.97	55.22	40.54
834648	中纸在线	6323	46.64	45.98	57.48	35.11
430503	双环电感	6324	46.63	45.51	54.94	38.69
834883	关键科技	6325	46.63	27.62	62.59	55.15
834090	兴达泡塑	6326	46.63	46.72	58.68	32.67
430004	绿创环保	6327	46.63	47.01	45.82	47.02

挂牌代码	公司简称	排名	总体指数	透明度与治理指数	成长能力指数	创新能力指数
835302	泓毅股份	6328	46.62	46.40	54.21	38.22
836265	贝克药业	6329	46.61	53.53	43.49	40.40
831577	安阳机床	6330	46.60	53.98	37.03	47.16
836043	大众生态	6331	46.59	57.48	50.57	26.65
832448	佳业股份	6332	46.59	46.75	52.59	39.47
834281	威达智能	6333	46.58	51.52	42.25	44.57
831785	恒远利废	6334	46.58	47.32	33.63	60.38
430163	三众能源	6335	46.57	41.54	57.18	41.49
430166	一正启源	6336	46.57	43.69	31.53	67.89
835584	爱度股份	6337	46.57	52.53	50.18	34.01
834646	泓源科技	6338	46.56	47.61	53.20	37.46
836884	汇特传媒	6339	46.56	44.05	63.85	30.24
832909	兴海绿化	6340	46.55	42.67	52.35	45.35
830836	荆楚网	6341	46.53	42.63	57.67	39.26
834350	博圣云峰	6342	46.52	51.85	45.36	40.35
831098	通利农贷	6343	46.52	40.66	56.76	43.02
832434	三星股份	6344	46.51	48.57	48.01	41.90
834414	源耀生物	6345	46.50	44.44	61.32	32.41
831029	银丰棉花	6346	46.47	53.42	47.90	35.04
836032	建亚环保	6347	46.47	54.87	45.38	35.86
837182	鼎新高科	6348	46.47	41.81	52.85	45.71
832177	晶鑫股份	6349	46.46	42.54	52.96	44.54
832680	长城乳业	6350	46.43	47.31	53.48	37.10
834833	成都文旅	6351	46.43	40.86	55.15	44.29
832692	文鑫莲业	6352	46.43	45.75	56.58	35.74
430401	声威电声	6353	46.43	53.81	40.82	42.44
836010	路通彩虹	6354	46.43	41.63	52.34	46.40
832901	山东孔圣	6355	46.43	50.36	54.65	31.44

续表

挂牌代码	公司简称	排名	总体指数	透明度与治理指数	成长能力指数	创新能力指数
837032	海兴股份	6356	46.41	64.43	39.12	29.36
831158	金鲵生物	6357	46.41	45.80	52.02	40.82
834882	谢馥春	6358	46.40	47.00	53.22	37.73
832832	禹鼎电子	6359	46.40	44.43	49.05	46.14
835286	中科纳米	6360	46.40	57.51	43.99	33.47
836562	众拓联	6361	46.39	51.16	58.91	25.28
835517	宏祥新材	6362	46.39	43.83	52.29	43.21
832200	宝威纺织	6363	46.38	35.38	62.98	42.85
831877	小羽佳	6364	46.38	48.00	43.07	47.88
831928	开泰石化	6365	46.36	57.23	38.27	40.31
832088	鑫鑫农贷	6366	46.35	43.97	53.61	41.38
832544	怡莲蚕桑	6367	46.35	41.27	62.75	34.69
835070	洁润丝	6368	46.33	39.73	50.22	51.19
837173	华瑞达	6369	46.33	44.73	55.80	37.72
833356	瑞虹股份	6370	46.33	49.98	51.55	35.17
831791	雪银矿业	6371	46.31	69.66	33.68	27.88
835092	钢银电商	6372	46.31	47.06	52.47	38.18
836099	天元集团	6373	46.31	31.13	70.77	39.64
835224	物华股份	6374	46.30	62.28	41.96	28.75
832479	长荣农科	6375	46.30	47.57	56.90	32.34
430100	九尊能源	6376	46.29	45.92	43.41	50.10
834951	捷成科创	6377	46.29	41.93	51.47	46.50
832186	惠尔顿	6378	46.29	44.26	50.41	44.41
834705	联力股份	6379	46.28	41.77	50.72	47.55
836841	美迪斯	6380	46.28	46.53	50.33	41.26
830796	云南路桥	6381	46.27	48.47	55.52	32.53
833716	天工科技	6382	46.25	47.91	46.00	44.19
832105	宇宏新科	6383	46.25	39.57	62.23	37.33

续表

挂牌代码	公司简称	排名	总体指数	透明度与治理指数	成长能力指数	创新能力指数
836520	骏德科技	6384	46.25	47.17	57.15	32.43
835858	金禾股份	6385	46.24	48.45	63.65	23.15
835827	盛嘉伦	6386	46.23	38.12	58.83	43.22
834749	日普升	6387	46.23	49.20	42.48	46.34
834028	品胜股份	6388	46.22	36.18	57.95	46.92
830800	天开园林	6389	46.21	44.18	43.03	52.72
834409	西电动力	6390	46.20	52.64	46.26	37.06
836381	宝信咨询	6391	46.20	57.03	45.80	31.37
836087	瑞孚净化	6392	46.20	37.77	53.62	49.57
832314	四砂泰益	6393	46.19	40.94	54.73	43.81
832490	金洋新材	6394	46.19	45.31	42.89	51.23
831365	华意隆	6395	46.18	43.09	51.10	44.88
833005	仁众实业	6396	46.18	46.92	48.16	42.85
831894	高捷联	6397	46.17	47.32	51.89	37.99
836146	联明保安	6398	46.17	40.61	62.92	34.80
430041	中机非晶	6399	46.17	50.59	51.31	34.04
830916	公准股份	6400	46.17	47.13	55.95	33.58
831199	海博小贷	6401	46.16	41.87	50.73	46.98
831028	华丽包装	6402	46.16	46.44	55.91	34.59
836536	双金林业	6403	46.15	42.26	61.86	33.62
835936	天璇物流	6404	46.15	39.04	69.89	28.92
837055	宏祥智能	6405	46.13	42.45	49.44	47.55
831664	点众股份	6406	46.13	41.14	42.85	56.95
833371	蓝天燃气	6407	46.13	40.19	56.35	42.79
835076	普邦担保	6408	46.12	39.40	53.71	46.88
836642	新鲜传媒	6409	46.11	48.37	57.12	30.29
430539	扬子地板	6410	46.10	45.36	51.43	41.01
831178	科马材料	6411	46.09	38.55	48.17	54.34

挂牌代码	公司简称	排名	总体指数	透明度与治理指数	成长能力指数	创新能力指数
430527	申昱环保	6412	46.08	52.21	42.75	41.27
430477	盛力科技	6413	46.08	57.50	39.52	37.51
833065	川油科技	6414	46.08	46.64	45.56	45.87
836906	天行装饰	6415	46.07	57.50	54.97	19.73
836256	华星新材	6416	46.07	42.70	48.18	48.40
834561	磊鑫园林	6417	46.07	50.67	43.76	42.22
831904	优创股份	6418	46.07	46.07	40.65	52.27
836033	欧泉科技	6419	46.06	50.25	51.77	33.60
835314	金禾新材	6420	46.05	49.86	37.67	50.28
831552	庆东农科	6421	46.04	46.46	36.14	56.81
835487	协诚股份	6422	46.04	50.83	46.07	39.26
832587	金杉粮油	6423	46.02	44.93	41.66	52.57
833773	山美股份	6424	46.02	48.79	42.78	45.82
832939	杨利石化	6425	46.01	54.70	48.42	30.98
430102	科若思	6426	45.99	41.19	40.86	58.67
832123	环球石材	6427	45.99	48.69	43.22	45.36
830987	四平包装	6428	45.99	45.41	58.19	32.79
833391	广建咨询	6429	45.98	32.70	57.75	51.20
833920	举扬科技	6430	45.97	36.96	45.24	59.53
833177	时代股份	6431	45.97	48.71	46.89	41.05
831339	新思路	6432	45.96	49.22	37.63	50.92
833257	鑫盛小贷	6433	45.96	51.70	54.49	28.06
832372	西藏能源	6434	45.95	44.95	42.52	51.28
833889	雪阳坯衫	6435	45.94	49.07	49.48	37.48
430644	紫贝龙	6436	45.94	42.18	39.89	58.19
836254	滴滴集运	6437	45.94	48.65	49.90	37.56
832312	领耀科技	6438	45.93	35.60	51.32	54.30
835564	海科股份	6439	45.92	45.04	49.08	43.55

挂牌代码	公司简称	排名	总体指数	透明度与治理指数	成长能力指数	创新能力指数
832261	鑫鹰科技	6440	45.92	42.63	34.36	63.84
836738	博旺兴源	6441	45.92	51.73	47.91	35.44
834279	科威环保	6442	45.92	30.80	43.99	69.46
834810	斯得福	6443	45.91	46.45	51.19	39.09
834124	宇晶机器	6444	45.91	39.65	44.16	56.74
832141	燎原环保	6445	45.90	38.67	50.90	50.37
832319	华仁物业	6446	45.90	48.90	55.80	30.31
833991	趋势传媒	6447	45.89	40.91	61.26	35.30
836494	祖名股份	6448	45.89	43.32	57.12	36.65
835134	三阳畜牧	6449	45.89	33.32	65.81	40.77
430636	法普罗	6450	45.89	43.05	54.24	40.33
830778	博思堂	6451	45.89	48.06	50.65	37.37
832029	金正食品	6452	45.89	40.67	62.58	34.08
834623	聚海龙	6453	45.89	45.77	54.98	35.62
832364	兴宇包装	6454	45.88	49.19	56.38	29.16
835444	铭龙股份	6455	45.88	44.25	49.44	44.08
834325	天行股份	6456	45.88	46.14	46.90	44.32
835094	晓进机械	6457	45.87	47.62	45.90	43.36
430733	御食园	6458	45.85	46.16	48.74	42.11
835925	昌辉股份	6459	45.85	46.55	41.21	50.19
835088	同鑫光电	6460	45.85	53.34	43.42	38.06
834339	东方贷款	6461	45.84	49.30	46.60	40.09
830957	佳成科技	6462	45.83	55.29	36.28	43.45
430415	钟舟电气	6463	45.83	49.26	33.74	54.88
835854	联创世纪	6464	45.83	39.53	52.79	46.73
831290	金达照明	6465	45.83	39.00	46.41	54.79
430118	中钰控股	6466	45.82	53.46	37.57	44.51
836303	嘉钢股份	6467	45.82	53.27	51.58	28.68

续表

挂牌代码	公司简称	排名	总体指数	透明度与治理指数	成长能力指数	创新能力指数
430463	春茂股份	6468	45.81	41.59	52.08	44.57
830831	华泰集团	6469	45.80	48.42	39.88	48.91
835117	捷世通	6470	45.79	53.47	55.96	23.29
833961	通发传媒	6471	45.77	55.75	46.17	31.25
835391	百事宝	6472	45.77	45.03	45.56	47.03
831109	金牌股份	6473	45.76	47.09	45.87	43.77
833388	大源股份	6474	45.75	43.79	45.70	48.59
834619	日明消防	6475	45.75	52.42	46.42	35.58
833068	山河园林	6476	45.75	49.51	50.01	35.56
837117	华新环保	6477	45.74	43.67	52.77	40.61
835332	南瓷股份	6478	45.74	46.01	44.66	46.60
836489	科润光电	6479	45.74	48.53	56.36	29.60
833013	泛湾物流	6480	45.73	53.56	53.29	26.03
836067	一方电气	6481	45.73	38.91	54.42	45.39
830886	太尔科技	6482	45.73	57.87	27.40	49.65
832056	春光股份	6483	45.73	48.01	44.24	44.22
831298	美基食品	6484	45.72	42.17	54.45	40.71
835433	商之都	6485	45.71	56.94	46.04	29.50
833946	杰隆生物	6486	45.71	55.43	37.10	41.87
832429	朗恩斯	6487	45.71	48.60	54.77	31.22
834014	特瑞斯	6488	45.70	46.45	41.30	49.68
834275	中科药源	6489	45.69	43.08	43.43	51.98
835324	浙东铝业	6490	45.68	51.66	52.86	29.02
832550	双盛锌业	6491	45.68	41.19	62.27	32.99
830945	麟龙新材	6492	45.67	50.70	49.88	33.75
835807	上扬股份	6493	45.67	49.92	46.15	39.13
834382	爱尚传媒	6494	45.67	41.52	57.98	37.39
835260	票管家	6495	45.67	56.25	58.02	16.55

续表

挂牌代码	公司简称	排名	总体指数	透明度与治理指数	成长能力指数	创新能力指数
831181	莱特九州	6496	45.67	39.38	31.42	70.88
836220	良基股份	6497	45.66	48.39	51.89	34.66
835175	恒达包装	6498	45.66	45.42	52.31	38.36
836971	禾信医药	6499	45.65	53.56	52.34	26.83
832351	美力新	6500	45.64	48.49	37.40	51.08
837046	亿能电力	6501	45.62	44.48	46.00	46.81
830967	ST 巨环	6502	45.62	38.25	59.48	40.11
832867	瑞捷股份	6503	45.61	51.30	47.95	34.90
836627	富源股份	6504	45.61	50.98	44.72	39.05
830920	聚融集团	6505	45.61	45.03	51.56	39.59
833898	磊曜股份	6506	45.59	38.53	45.32	55.85
836161	一万节能	6507	45.58	40.52	47.51	50.52
835411	润丰物业	6508	45.58	52.39	52.17	28.39
831868	新农股份	6509	45.57	40.06	48.32	50.19
835320	诺斯贝尔	6510	45.56	36.63	62.63	38.59
430526	丝普兰	6511	45.54	43.21	35.89	59.91
831238	旭业新材	6512	45.54	46.15	51.81	37.50
831219	詹氏食品	6513	45.52	42.62	56.97	36.48
834664	中元天能	6514	45.52	43.19	43.78	50.81
836594	逸家洁	6515	45.52	52.76	48.08	32.38
831358	新华环保	6516	45.52	46.26	42.38	48.07
831775	巨龙生物	6517	45.52	51.08	47.54	35.35
831044	家喻新材	6518	45.51	48.36	44.05	43.17
835618	友润电子	6519	45.50	49.26	43.26	42.76
834639	晨光电缆	6520	45.49	45.06	50.02	40.92
835354	格润牧业	6521	45.48	46.36	54.96	33.38
832315	君和环保	6522	45.48	39.08	38.63	62.38
837183	车配龙	6523	45.48	50.11	48.33	35.67

续表

挂牌代码	公司简称	排名	总体指数	透明度与治理指数	成长能力指数	创新能力指数
833501	新虹伟	6524	45.47	32.77	54.20	53.39
831613	雷帕得	6525	45.47	48.20	47.18	39.66
832343	天秦小贷	6526	45.46	47.02	49.90	38.17
430247	金日创	6527	45.46	42.56	59.24	33.73
833235	ST瑞泽	6528	45.44	30.28	69.31	39.42
836811	永泰股份	6529	45.42	41.42	44.72	51.88
833357	斯贝尔	6530	45.42	35.05	67.51	34.70
831410	天和科技	6531	45.41	41.16	38.71	59.13
833364	森东电力	6532	45.41	46.75	48.81	39.63
831006	久易农业	6533	45.41	41.59	55.76	38.93
834115	中兴新地	6534	45.40	37.44	55.71	44.80
836162	广通传媒	6535	45.40	46.69	50.49	37.73
832523	天山黑蜂	6536	45.39	48.85	45.13	40.81
430370	谢裕大	6537	45.39	38.39	52.76	46.80
831087	秋乐种业	6538	45.39	50.00	40.99	43.92
835970	联发科技	6539	45.39	48.71	51.70	33.45
430739	银花股份	6540	45.38	40.09	48.17	49.67
836123	格雷特	6541	45.38	43.78	57.08	34.22
835624	德美隆	6542	45.38	48.40	41.94	45.05
835792	科力特	6543	45.37	53.21	38.77	41.88
833959	美心翼申	6544	45.37	49.36	50.90	33.39
830984	德邦工程	6545	45.36	34.33	52.05	53.27
832799	陆海石油	6546	45.36	41.82	49.62	45.48
832363	索科股份	6547	45.36	42.79	57.60	34.93
831655	马龙国华	6548	45.35	50.15	47.13	36.54
832940	东方化工	6549	45.35	43.77	49.49	42.82
836972	湘泉药业	6550	45.34	44.59	55.40	34.86
832436	弗克股份	6551	45.33	45.02	39.01	53.04

续表

挂牌代码	公司简称	排名	总体指数	透明度与治理指数	成长能力指数	创新能力指数
834618	置辰智慧	6552	45.33	46.11	58.17	29.50
832632	德安股份	6553	45.31	58.16	43.84	28.85
835375	华福环境	6554	45.30	37.60	56.28	43.57
832761	煜鹏通讯	6555	45.30	47.77	37.07	51.26
832998	雅昌股份	6556	45.29	35.13	48.27	56.20
430095	航星股份	6557	45.29	48.15	46.78	39.53
832841	天语和声	6558	45.27	60.43	53.55	14.38
831541	中节环	6559	45.26	48.23	39.34	47.87
430345	天呈医流	6560	45.26	49.67	46.52	37.59
832813	瑞博检测	6561	45.26	44.33	39.62	53.03
835841	圣安化工	6562	45.25	47.08	46.74	40.96
832451	神州电子	6563	45.25	45.42	44.04	46.41
834144	华创电子	6564	45.24	49.02	53.08	30.92
832140	戈兰迪	6565	45.24	44.63	46.30	44.89
835403	深担保	6566	45.23	41.85	58.77	34.44
430192	东展科博	6567	45.21	39.70	47.03	50.90
835813	任森科技	6568	45.20	49.62	52.35	30.75
832879	开瑞物流	6569	45.20	48.17	55.84	28.78
832292	曙光电缆	6570	45.19	46.36	50.89	37.01
835526	凌韩股份	6571	45.18	51.27	47.75	33.67
834042	欣宇科技	6572	45.17	37.28	56.83	42.94
831649	金宏泰	6573	45.16	47.88	40.88	46.23
430672	东安液压	6574	45.16	52.78	42.04	37.98
430450	正佰电气	6575	45.16	48.36	37.56	49.35
835246	合力海科	6576	45.15	41.29	53.09	41.47
835074	华芯开拓	6577	45.14	41.26	55.39	38.86
834896	世贸通	6578	45.14	45.00	57.46	31.21
834977	新亚自控	6579	45.14	57.40	44.72	28.31

续表

挂牌代码	公司简称	排名	总体指数	透明度与治理指数	成长能力指数	创新能力指数
834019	大自然	6580	45.13	47.28	48.40	38.34
834085	春秋园林	6581	45.12	58.52	44.95	26.41
832153	新邦股份	6582	45.12	44.67	57.78	31.22
430210	舜能润滑	6583	45.12	48.02	43.58	42.78
830882	佳龙股份	6584	45.11	41.39	52.80	41.51
833404	飞日科技	6585	45.10	39.67	38.96	59.81
832089	禾昌聚合	6586	45.10	34.27	54.45	49.65
835025	农凯股份	6587	45.10	48.94	51.39	32.45
832856	一滕股份	6588	45.06	39.89	54.96	40.98
837161	汉邦股份	6589	45.05	41.24	50.06	44.69
835138	宏兴股份	6590	45.05	45.51	53.90	34.26
834235	穗源科技	6591	45.05	42.32	52.42	40.45
834502	富海银涛	6592	45.05	56.01	44.17	30.60
834900	山东科耐	6593	45.04	52.05	40.49	40.39
836117	铁强环保	6594	45.04	55.12	45.04	30.81
834256	天地华泰	6595	45.02	49.91	45.53	37.54
833754	通源小贷	6596	45.02	48.01	47.60	37.83
830865	南菱汽车	6597	45.01	54.25	45.37	31.54
834259	中光高科	6598	44.99	46.87	50.98	35.45
832951	华进科技	6599	44.95	45.83	36.54	53.38
832845	木村树	6600	44.95	59.26	41.13	29.16
831636	三叶新材	6601	44.94	41.57	58.79	33.80
836828	佳音科技	6602	44.94	44.05	50.61	39.68
836005	特锐艺术	6603	44.93	50.59	45.30	36.50
430434	万泉河	6604	44.92	33.55	45.15	60.71
836717	瑞星股份	6605	44.92	51.08	45.10	36.02
834191	世博演艺	6606	44.92	41.32	61.22	31.27
834423	欧思瑞	6607	44.90	37.07	49.19	51.03

挂牌代码	公司简称	排名	总体指数	透明度与治理指数	成长能力指数	创新能力指数
834168	江苏蔚金	6608	44.89	49.24	47.16	36.13
836128	温声股份	6609	44.88	42.48	59.58	31.40
835835	川马股份	6610	44.87	43.40	59.77	29.84
835628	晨信光电	6611	44.87	43.81	54.79	34.97
830798	中外名人	6612	44.85	43.52	61.41	27.73
832930	徕兹科技	6613	44.84	48.36	36.59	49.32
831036	裕国股份	6614	44.83	38.42	54.34	42.97
832746	长明机械	6615	44.83	40.65	53.24	41.09
835634	百川科技	6616	44.81	48.73	47.32	36.40
831759	天河化纤	6617	44.81	47.28	45.34	40.72
430543	锐源仪器	6618	44.80	36.58	36.80	65.59
836657	银河长兴	6619	44.80	44.71	52.84	35.71
835989	德威企业	6620	44.80	49.04	50.81	31.94
835377	常乐铜业	6621	44.80	56.00	45.64	28.02
832468	向明轴承	6622	44.78	51.54	47.38	32.27
832233	阿法贝	6623	44.78	38.99	24.48	76.25
836952	贝特科技	6624	44.72	38.12	57.94	38.86
834663	华语传媒	6625	44.71	48.99	47.90	35.02
834486	德佑电气	6626	44.71	49.85	42.70	39.75
832590	恒德股份	6627	44.68	48.72	52.00	30.57
835894	美易在线	6628	44.68	41.74	42.35	51.49
835932	壹灵壹	6629	44.66	36.43	51.32	48.63
836517	志高股份	6630	44.64	44.85	46.43	42.29
830814	浩博新材	6631	44.64	56.44	39.06	34.39
831748	雅格股份	6632	44.64	50.48	46.87	33.82
835298	宇球电子	6633	44.62	43.52	48.07	42.23
835415	海德科技	6634	44.60	44.65	52.01	36.03
831807	维克液压	6635	44.58	39.13	49.41	46.73

挂牌代码	公司简称	排名	总体指数	透明度与治理指数	成长能力指数	创新能力指数
430651	金豹实业	6636	44.57	44.02	50.55	38.47
833481	巨立股份	6637	44.57	38.00	52.62	44.59
834574	德恩精工	6638	44.57	47.07	48.56	36.46
831261	天海科技	6639	44.57	29.55	58.52	49.73
834208	科迪环保	6640	44.56	52.80	39.08	39.23
831799	九华山酒	6641	44.55	42.85	51.17	39.35
831782	唯尔福	6642	44.55	46.71	52.57	32.30
834031	群大科技	6643	44.55	44.39	47.55	41.31
834243	紫竹慧	6644	44.54	48.25	51.75	31.02
834783	成也保理	6645	44.53	42.97	54.70	35.06
835386	日德精密	6646	44.53	44.64	46.45	42.17
430659	江苏铁发	6647	44.52	51.54	44.73	34.38
833688	天赐钙业	6648	44.52	39.35	53.77	41.20
832887	克里爱	6649	44.51	62.59	35.29	29.60
836743	三立股份	6650	44.51	50.94	45.88	33.87
832718	玖隆再生	6651	44.49	46.38	47.97	37.84
430377	海格物流	6652	44.48	45.01	53.84	33.00
831347	大禹阀门	6653	44.47	40.02	48.57	46.04
835735	远梦家居	6654	44.47	45.06	50.39	36.83
836607	永捷科技	6655	44.45	45.03	56.05	30.32
835198	松竹铝业	6656	44.44	47.62	49.04	34.69
832259	鸿发有色	6657	44.43	33.34	66.43	34.84
831066	圣维科技	6658	44.41	49.52	31.35	52.20
835026	金运电气	6659	44.38	44.76	50.71	36.59
836253	嘉和融通	6660	44.38	41.57	60.11	30.30
832615	双发股份	6661	44.38	50.60	39.23	41.52
834165	恒勃股份	6662	44.38	33.61	56.99	45.09
835345	泓升股份	6663	44.37	43.62	57.63	30.20

续表

挂牌代码	公司简称	排名	总体指数	透明度与治理指数	成长能力指数	创新能力指数
831987	煌盛管件	6664	44.36	47.71	47.94	35.51
831125	欧安电气	6665	44.35	41.74	45.08	47.19
831260	东方碾磨	6666	44.35	46.57	44.62	40.89
831451	亿海股份	6667	44.35	47.53	48.52	35.06
836528	源森油茶	6668	44.34	41.17	47.66	45.01
831547	唯益股份	6669	44.34	40.19	46.65	47.55
834435	东田药业	6670	44.32	41.21	41.48	51.98
834170	汉德股份	6671	44.32	37.28	41.56	57.41
832648	万峰电力	6672	44.31	44.96	42.47	45.52
833905	普瑞特	6673	44.31	48.49	43.69	39.12
834962	嘉宝股份	6674	44.30	43.90	56.61	30.73
833737	望湘园	6675	44.26	42.64	47.18	43.20
835915	国星股份	6676	44.23	42.40	59.48	29.30
833061	美轲股份	6677	44.21	47.45	46.05	37.51
833267	津海股份	6678	44.18	46.27	54.07	29.88
834453	顺炎新材	6679	44.18	44.06	40.71	48.34
836876	锦元黄金	6680	44.17	46.92	53.02	30.12
831017	星月股份	6681	44.15	42.34	45.79	44.83
430753	琼中农信	6682	44.15	41.99	60.15	28.83
831458	联科股份	6683	44.14	44.36	48.39	38.95
430669	现代环境	6684	44.14	39.78	54.04	38.92
831218	成丰股份	6685	44.12	43.93	50.36	37.24
834422	鑫光正	6686	44.10	47.26	45.38	38.16
831849	众工机械	6687	44.06	42.65	43.82	46.33
832905	信源小贷	6688	44.06	37.56	55.46	40.15
834334	朔方科技	6689	44.06	55.75	34.59	38.43
430093	掌上通	6690	44.06	52.02	45.01	31.73
832386	深凯瑞德	6691	44.05	55.32	19.91	55.87

挂牌代码	公司简称	排名	总体指数	透明度与治理指数	成长能力指数	创新能力指数
832780	科瑞生物	6692	44.05	44.73	44.39	42.69
833003	缔奇智能	6693	44.04	47.98	40.08	43.04
831446	亨利技术	6694	44.04	33.08	48.85	53.98
833705	中孚达	6695	44.02	39.10	54.54	38.89
836680	中天新材	6696	43.99	49.37	48.37	31.38
836349	长园长通	6697	43.99	44.09	47.64	39.68
833362	海通发展	6698	43.99	51.32	50.48	26.19
832398	索力得	6699	43.97	52.07	45.68	30.60
832256	大乘科技	6700	43.97	47.15	42.83	40.80
430717	源通机械	6701	43.97	49.74	46.55	32.86
835821	国际物流	6702	43.96	53.78	47.35	26.20
835271	大阳股份	6703	43.95	42.52	45.43	44.28
831952	华图股份	6704	43.93	55.38	43.50	28.27
834427	弘大能源	6705	43.92	52.55	40.76	35.37
834412	美合科技	6706	43.91	41.66	48.59	41.70
835728	柏克莱	6707	43.90	39.47	51.52	41.42
833276	竹林居	6708	43.88	41.29	47.03	43.91
830820	大族冠华	6709	43.85	49.87	43.85	35.36
832280	创元期货	6710	43.85	41.87	56.07	32.60
831948	世纪天源	6711	43.83	46.41	50.52	32.52
835678	三盛鑫	6712	43.83	52.10	46.24	29.38
835882	贝利特	6713	43.83	56.27	40.23	30.40
831542	贝斯塔德	6714	43.81	44.16	35.46	52.89
832456	恒坤股份	6715	43.81	40.94	46.56	44.69
834263	黔中泉	6716	43.78	48.34	47.23	33.37
832739	辰午节能	6717	43.77	40.69	50.65	40.23
832302	世昌股份	6718	43.77	42.57	51.95	36.07
830856	合矿股份	6719	43.77	37.88	44.42	51.32

续表

挂牌代码	公司简称	排名	总体指数	透明度与治理指数	成长能力指数	创新能力指数
832528	斯迈柯	6720	43.76	42.47	46.04	42.98
832492	金蓝络	6721	43.76	39.75	53.16	38.64
430132	国铁科林	6722	43.76	42.42	34.38	56.42
836297	瑞普电气	6723	43.74	49.98	47.89	30.15
834814	海天科技	6724	43.70	50.97	42.94	34.32
831615	禹成股份	6725	43.70	51.99	40.21	36.01
832888	天地人	6726	43.70	43.49	49.32	37.53
835647	大盛新材	6727	43.69	41.48	46.31	43.79
833430	八达科技	6728	43.65	38.46	52.56	40.74
835999	山海股份	6729	43.63	39.18	51.35	41.07
833077	伯肯节能	6730	43.62	39.44	50.23	41.91
832576	振新生物	6731	43.60	39.14	45.75	47.40
831953	天圣科技	6732	43.57	43.29	38.94	49.29
831780	中道糖业	6733	43.54	34.45	67.95	28.36
835133	双龙电机	6734	43.52	52.14	43.26	31.64
836436	浮力森林	6735	43.51	47.71	44.78	36.12
833342	滨江小贷	6736	43.50	49.13	46.51	32.11
833592	丰汇股份	6737	43.49	47.59	39.83	41.90
833228	中电国服	6738	43.47	44.74	54.42	29.12
831582	井利电子	6739	43.46	38.79	51.87	40.40
832604	中源欧佳	6740	43.45	42.51	50.79	36.33
834737	邦普刀具	6741	43.44	45.04	44.03	40.50
831571	大洋股份	6742	43.44	55.29	40.04	30.61
832565	松德资源	6743	43.43	44.55	49.29	35.14
835931	永宇冲片	6744	43.43	47.76	46.97	33.25
833317	粤珍小厨	6745	43.40	47.14	52.09	28.15
834917	苏立电热	6746	43.40	34.98	54.72	42.28
430749	金化高容	6747	43.38	50.72	35.34	42.24

续表

挂牌代码	公司简称	排名	总体指数	透明度与治理指数	成长能力指数	创新能力指数
832459	华澳能源	6748	43.37	48.18	46.20	33.34
831494	美居客	6749	43.35	41.08	52.83	35.70
833107	鸣利来	6750	43.35	37.77	43.04	51.59
832155	卫东化工	6751	43.34	40.13	47.01	43.67
836737	米科股份	6752	43.34	42.86	55.74	29.78
832383	大通物流	6753	43.34	51.89	43.61	30.96
832443	江隆股份	6754	43.33	50.68	40.68	36.01
831434	巨创计量	6755	43.33	47.45	34.00	48.23
430443	易丰股份	6756	43.32	46.01	44.85	37.78
833022	欧迈机械	6757	43.32	33.17	46.11	54.44
831659	远东钨业	6758	43.27	49.69	39.01	39.10
831411	三重股份	6759	43.26	35.49	51.68	44.56
832683	湖北祥锦	6760	43.23	44.64	46.30	37.70
831777	丽晶光电	6761	43.22	44.66	41.41	43.26
834022	华枫股份	6762	43.22	43.21	44.15	42.15
834210	明东电器	6763	43.21	45.43	49.67	32.67
834595	海岸钛业	6764	43.19	56.95	39.21	28.35
831110	ST 荣腾	6765	43.17	38.40	41.26	52.09
430195	欧泰克	6766	43.16	46.29	37.34	45.41
835649	汇展股份	6767	43.13	40.12	43.68	46.74
836228	新阳特纤	6768	43.12	43.58	47.63	37.31
833074	优万科技	6769	43.11	56.28	28.76	40.98
835533	国信股份	6770	43.10	29.28	58.20	45.29
430277	福乐维	6771	43.09	43.78	50.95	33.08
832375	宝达股份	6772	43.03	55.80	39.81	28.70
834150	云南钢构	6773	43.02	44.70	44.58	38.85
835513	金太阳	6774	43.00	48.92	55.61	20.17
831861	柏承科技	6775	42.99	48.92	41.93	35.84

续表

挂牌代码	公司简称	排名	总体指数	透明度与治理指数	成长能力指数	创新能力指数
835511	威达集团	6776	42.98	46.53	47.84	32.37
833603	澳森制衣	6777	42.95	43.37	52.28	31.66
831051	ST春秋	6778	42.95	56.74	49.77	15.66
834940	恩瑞达	6779	42.95	52.25	45.36	27.04
836999	新久利	6780	42.93	39.28	46.57	43.89
831485	科达建材	6781	42.92	48.49	38.34	40.31
835156	东巴谷	6782	42.90	34.21	56.53	39.50
832932	永恒股份	6783	42.88	49.30	47.45	28.59
835839	环丰食品	6784	42.84	42.33	53.25	31.62
835050	四川名齿	6785	42.81	49.83	39.58	36.63
833617	元本检测	6786	42.81	30.83	55.61	45.02
430422	永继电气	6787	42.79	43.28	46.79	37.52
831572	疆能股份	6788	42.77	43.40	43.57	40.97
836235	银奕达	6789	42.77	43.12	47.92	36.37
835673	木雅股份	6790	42.75	43.54	52.48	30.47
832330	中天管桩	6791	42.72	38.82	54.21	35.04
834347	天畅环保	6792	42.72	34.58	55.28	39.79
832691	路博石英	6793	42.72	51.80	38.01	35.30
830919	飞达股份	6794	42.71	44.98	51.32	29.61
832103	齐畅物流	6795	42.70	54.96	35.45	33.74
834875	喷施宝	6796	42.70	39.01	37.70	53.63
836542	东方帝维	6797	42.69	59.72	32.70	30.12
834232	水杯子	6798	42.69	38.92	45.81	44.41
836585	中天园林	6799	42.68	57.46	40.50	24.31
835443	博海新材	6800	42.62	48.97	37.61	39.42
430536	万通新材	6801	42.61	35.42	46.55	48.22
836865	成远爆破	6802	42.55	40.72	43.52	44.03
834888	ST康之家	6803	42.55	28.98	64.24	36.79

续表

挂牌代码	公司简称	排名	总体指数	透明度与治理指数	成长能力指数	创新能力指数
833081	顺博合金	6804	42.51	32.08	60.71	36.35
430466	新疆华油	6805	42.49	51.15	40.03	33.10
830839	万通液压	6806	42.47	45.69	37.14	44.05
430696	金银花	6807	42.47	49.53	31.32	45.31
833871	昌德微电	6808	42.45	44.89	47.21	33.54
430265	国威机床	6809	42.40	35.85	36.83	58.02
831959	香塘担保	6810	42.38	42.52	49.25	34.29
830802	金象传动	6811	42.36	43.24	42.02	41.52
834254	鼎润投资	6812	42.36	40.70	56.15	28.86
831968	德润环保	6813	42.32	53.15	38.80	31.07
835193	东立科技	6814	42.28	40.48	49.86	36.12
835699	伟盛节能	6815	42.27	45.73	42.79	36.79
835965	乔佩斯	6816	42.25	38.13	47.20	42.40
836319	通网技术	6817	42.24	40.98	45.14	40.68
836537	正润股份	6818	42.22	51.06	52.63	17.79
834308	黄商股份	6819	42.19	42.54	50.84	31.76
430741	格林绿化	6820	42.15	41.34	54.61	29.00
832475	欣欣饲料	6821	42.14	42.61	42.73	40.81
835281	翰林汇	6822	42.14	46.34	53.25	23.46
836839	玄德生物	6823	42.12	46.91	45.95	30.96
831528	尚真新材	6824	42.11	36.99	55.62	33.82
833025	天佳生物	6825	42.11	32.21	51.46	45.33
833691	宏洲新材	6826	42.09	36.14	48.67	42.95
832399	宁波公运	6827	42.07	39.40	49.32	37.52
835859	景鸿物流	6828	42.01	48.73	45.90	28.07
831667	优能控股	6829	41.98	57.86	37.20	25.06
833634	辉达股份	6830	41.87	39.23	41.98	45.47
834858	一卡通	6831	41.83	43.89	55.52	23.19

挂牌代码	公司简称	排名	总体指数	透明度与治理指数	成长能力指数	创新能力指数
831773	金巴赫	6832	41.81	36.43	58.72	30.00
832592	群龙股份	6833	41.79	45.07	44.54	34.00
832284	贝达化工	6834	41.69	42.64	37.98	44.58
834338	恒大淘宝	6835	41.68	45.43	49.29	27.65
836446	鑫联环保	6836	41.65	45.97	43.02	33.98
835480	北汽海华	6837	41.64	44.15	43.09	36.43
832880	长泰源	6838	41.62	46.14	43.74	32.80
836076	蛇口船务	6839	41.61	45.05	46.24	31.47
832273	华鹰玻璃	6840	41.59	43.27	43.41	37.14
831737	地浦科技	6841	41.47	34.47	49.08	42.61
833794	优诺股份	6842	41.47	39.07	39.48	47.13
833208	良品电商	6843	41.42	37.93	42.97	44.56
832178	递家物流	6844	41.40	35.11	57.34	31.97
835777	易光达	6845	41.38	43.16	56.66	21.31
831329	海源达	6846	41.36	42.57	47.25	32.91
832143	海昌华	6847	41.36	42.31	59.18	19.58
835168	宗源营销	6848	41.31	42.86	47.35	32.18
833021	高深橡胶	6849	41.28	43.02	46.98	32.30
831803	炫泰文化	6850	41.22	51.27	44.12	23.71
835295	联通人力	6851	41.17	44.57	48.35	28.14
834610	佳和小贷	6852	41.16	47.76	50.57	21.03
832819	啸创股份	6853	41.10	49.47	40.88	29.53
833374	东方股份	6854	41.01	30.95	55.49	38.57
832040	神木药业	6855	40.98	36.54	55.88	30.13
833368	江苏新能	6856	40.96	36.66	53.03	33.18
831039	国义招标	6857	40.93	38.11	53.09	30.97
835081	远方生态	6858	40.93	41.13	48.39	32.09
835919	草原宏宝	6859	40.88	41.54	48.12	31.63

续表

挂牌代码	公司简称	排名	总体指数	透明度与治理指数	成长能力指数	创新能力指数
430278	连能环保	6860	40.86	40.98	37.37	44.70
831124	中标节能	6861	40.82	36.18	52.67	33.77
832354	益运股份	6862	40.82	29.18	57.94	37.61
834104	海航期货	6863	40.75	38.55	46.28	37.52
834606	拥湾资产	6864	40.60	38.53	47.97	35.06
831579	三信股份	6865	40.48	32.18	59.49	30.37
831749	大和恒	6866	40.37	43.62	40.12	36.08
833410	百味斋	6867	40.36	28.18	62.60	32.01
832237	美好世界	6868	40.30	50.09	38.00	29.13
833325	德迈斯	6869	40.28	42.19	31.21	47.99
831671	东方传动	6870	40.16	48.86	33.39	35.65
831227	宜运股份	6871	40.13	39.70	48.71	30.86
832993	高飞集团	6872	40.11	48.16	38.64	30.44
833458	悦为电商	6873	40.06	57.87	31.49	24.75
834944	联圣发展	6874	39.95	48.00	38.86	29.85
834087	康芙莱	6875	39.94	44.56	38.24	35.39
831871	万隆精铸	6876	39.90	30.53	54.31	36.59
832049	广德环保	6877	39.87	40.92	45.53	31.92
835587	爱侣健康	6878	39.87	31.56	41.52	49.68
833893	亿民照明	6879	39.82	38.92	40.41	40.40
832858	中信科技	6880	39.77	39.40	45.03	34.26
834151	恒基股份	6881	39.58	38.99	37.24	43.10
832295	富泰股份	6882	39.47	40.74	48.96	26.79
831573	佳盈物流	6883	39.43	45.45	37.50	33.14
831249	朗源科技	6884	39.37	55.06	24.94	33.80
832066	和道股份	6885	39.23	35.87	50.08	31.50
836969	恒邦物流	6886	39.17	41.43	45.97	28.19
835232	特毅股份	6887	39.16	45.72	39.29	29.75

挂牌代码	公司简称	排名	总体指数	透明度与治理指数	成长能力指数	创新能力指数
832748	豫新股份	6888	39.14	33.83	35.26	51.09
832333	渤商大百	6889	39.14	37.40	49.83	29.32
830788	运通四方	6890	39.11	35.79	45.89	35.99
834981	ST实杰	6891	38.97	28.80	52.68	37.57
430246	佳星慧盟	6892	38.90	36.27	32.72	49.72
833400	东惠通	6893	38.72	40.94	48.40	24.48
836524	蔚蓝集团	6894	38.72	45.94	39.14	28.05
833704	千里马	6895	38.56	45.81	36.77	30.37
834335	蓝岛环保	6896	38.41	32.41	43.25	41.32
832020	恩施商贸	6897	38.29	40.10	49.22	23.21
834397	新安金融	6898	38.09	45.93	36.62	28.71
834544	糖友股份	6899	37.91	34.45	47.15	32.16
832300	宏源车轮	6900	37.76	28.29	42.96	45.16
430025	石晶光电	6901	37.72	33.43	42.11	38.73
832042	高健实业	6902	37.54	37.55	34.07	41.50
834854	名颂科技	6903	37.52	28.16	56.52	28.89
833303	恒光科技	6904	37.45	43.04	37.12	29.93
836505	鹏升锻造	6905	37.36	44.55	42.56	21.25
831924	海天物联	6906	37.26	37.76	42.80	30.21
831656	中港股份	6907	37.21	31.25	47.69	33.60
836062	金色未来	6908	37.21	45.03	41.15	21.66
832957	矽瑞股份	6909	37.06	33.94	38.63	39.66
832732	亚夫农业	6910	37.04	50.72	38.15	16.45
831720	诚赢股份	6911	36.82	43.33	26.70	39.24
833978	龙广传媒	6912	36.69	24.76	47.99	40.56
834420	云田股份	6913	36.53	33.05	58.02	16.77
834429	钢宝股份	6914	36.00	36.63	35.20	36.04
833860	力诚百货	6915	35.92	36.22	40.06	30.74

续表

挂牌代码	公司简称	排名	总体指数	透明度与治理指数	成长能力指数	创新能力指数
430291	ST 中试	6916	35.70	35.03	42.53	28.80
430232	ST 桦清	6917	32.89	24.81	35.36	41.45
831653	科利尔	6918	32.61	39.35	24.60	32.29
831156	浩祯股份	6919	30.56	33.28	32.36	24.65
430441	英极股份	6920	26.56	22.64	35.40	21.93
430231	ST 赛诺达	6921	26.39	30.73	26.51	20.14

图书在版编目（CIP）数据

中国新三板公司投资者保护评价报告．2016／谢志华等著．
—北京：经济科学出版社，2016.12
（会计与投资者保护系列丛书）
ISBN 978 - 7 - 5141 - 7564 - 6

Ⅰ．①中… Ⅱ．①谢… Ⅲ．①上市公司 - 会计分析 -
研究报告 - 中国 - 2016 Ⅳ．①F279.246

中国版本图书馆 CIP 数据核字（2016）第 303261 号

责任编辑：齐伟娜
责任校对：杨　海
责任印制：李　鹏

中国新三板公司投资者保护评价报告（2016）

谢志华　张宏亮　王力军　王久立　等/著
经济科学出版社出版、发行　新华书店经销
社址：北京市海淀区阜成路甲 28 号　邮编：100142
总编部电话：88191217　发行部电话：88191540
网址：www.esp.com.cn
电子邮箱：esp@esp.com.cn
天猫网店：经济科学出版社旗舰店
网址：http://jjkxcbs.tmall.com
北京季蜂印刷有限公司印装
787×1092　16 开　22 印张　440000 字
2016 年 12 月第 1 版　2016 年 12 月第 1 次印刷
ISBN 978 - 7 - 5141 - 7564 - 6　定价：49.80 元
（图书出现印装问题，本社负责调换。电话：010 - 88191502）
（版权所有　翻印必究　举报电话：010 - 88191586
电子邮箱：dbts@esp.com.cn）